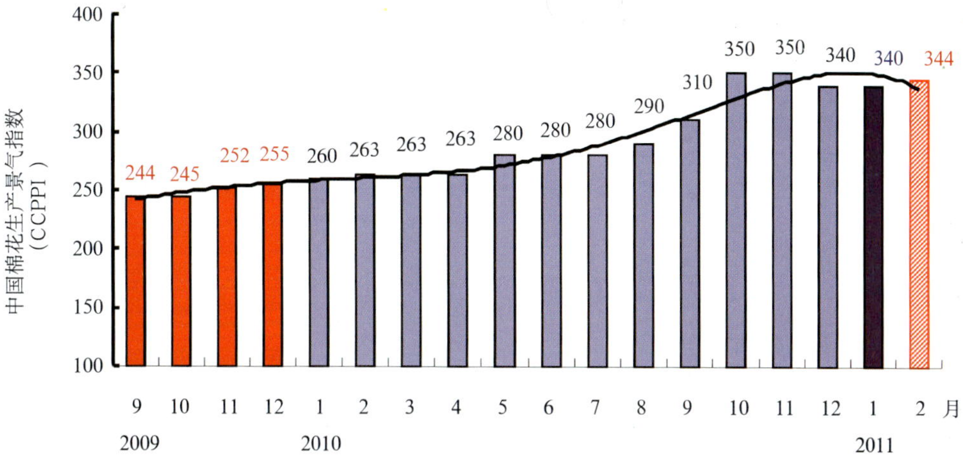

图1 2009年9月—2011年2月中国棉花生产景气指数（CCPPI）变化

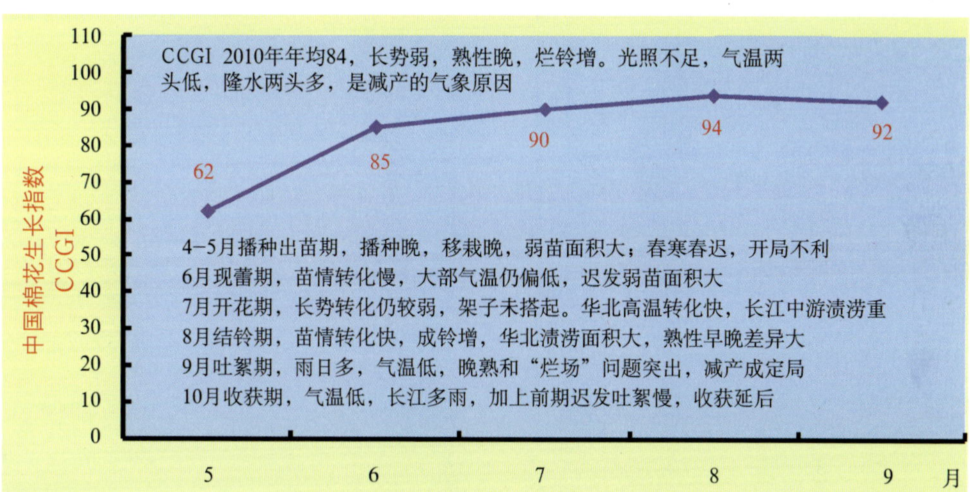

图2 2010年中国棉花生长指数（CCGI）变化

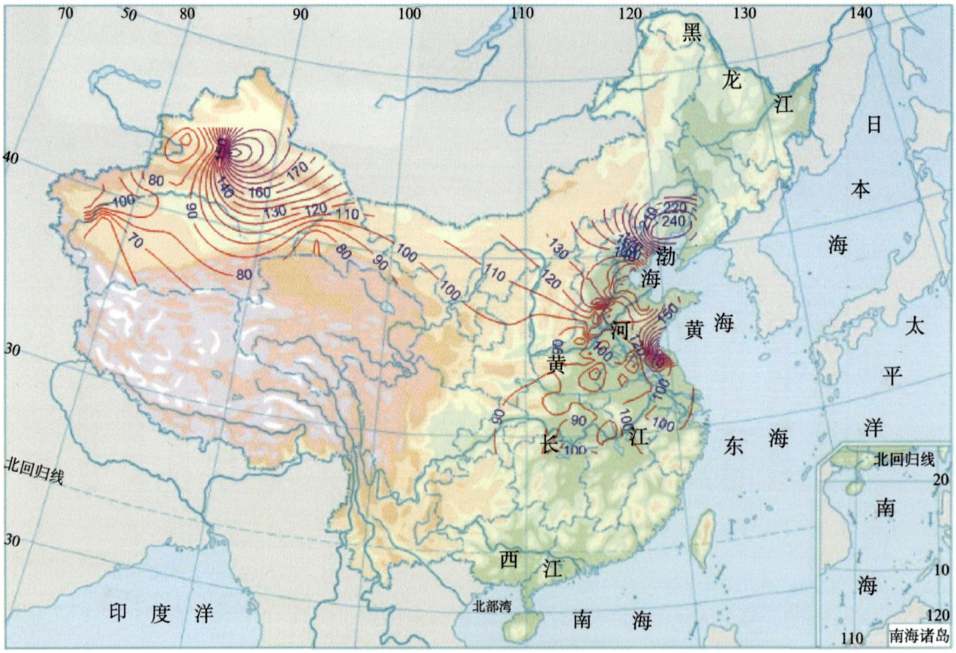

图3　2010年5月CCGI等值线图

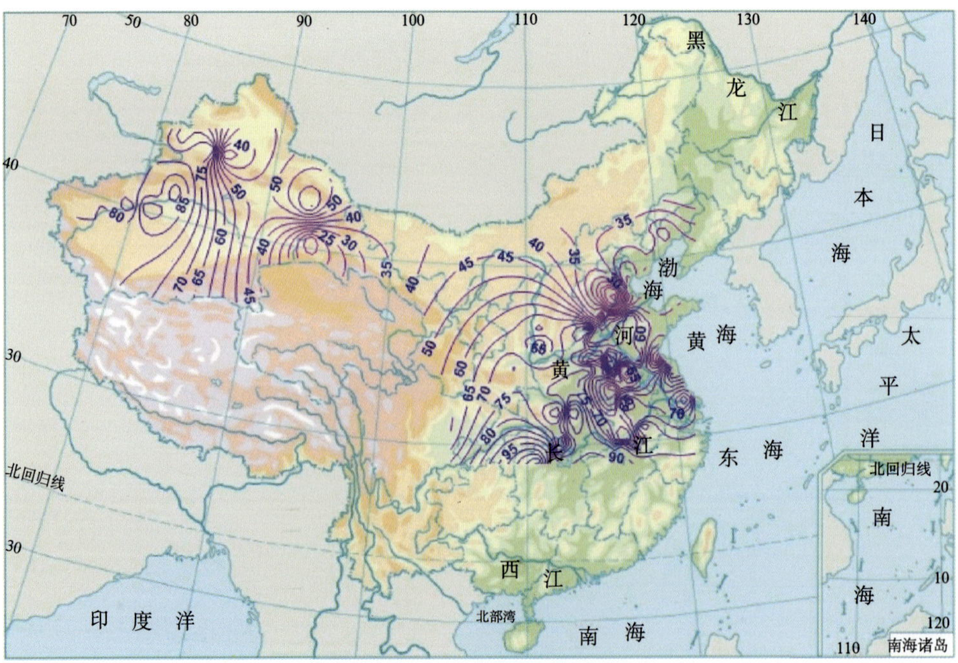

图4　2010年6月CCGI等值线图

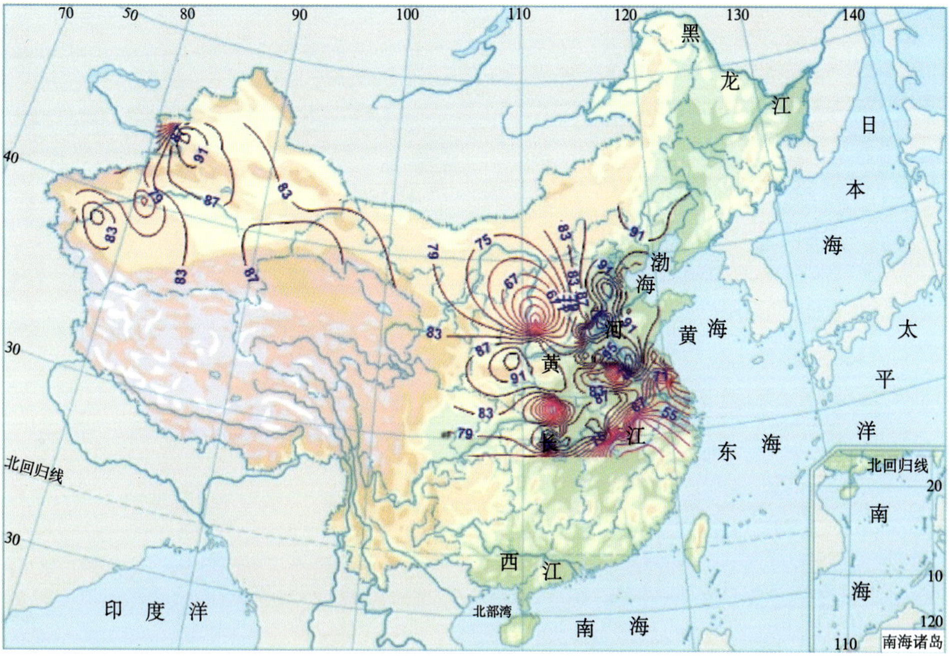

图5　2010年7月CCGI等值线图

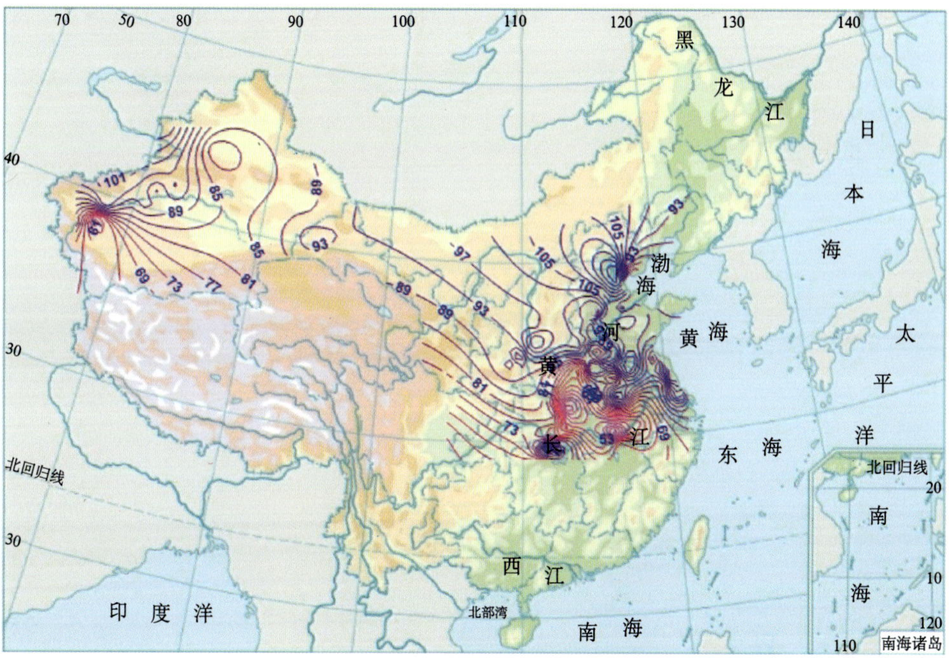

图6　2010年8月CCGI等值线图

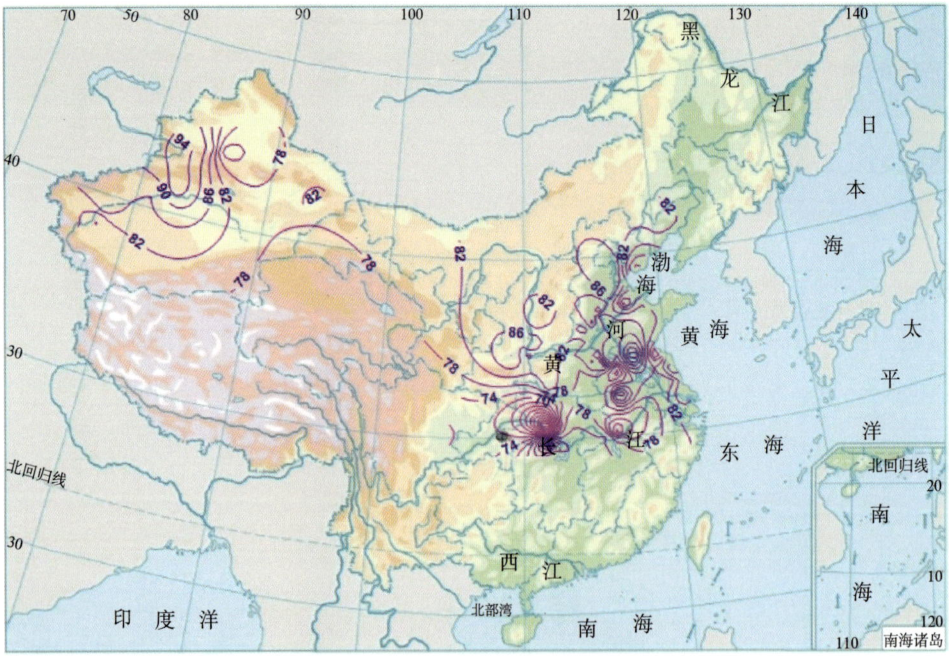

图7　2010年9月CCGI等值线图

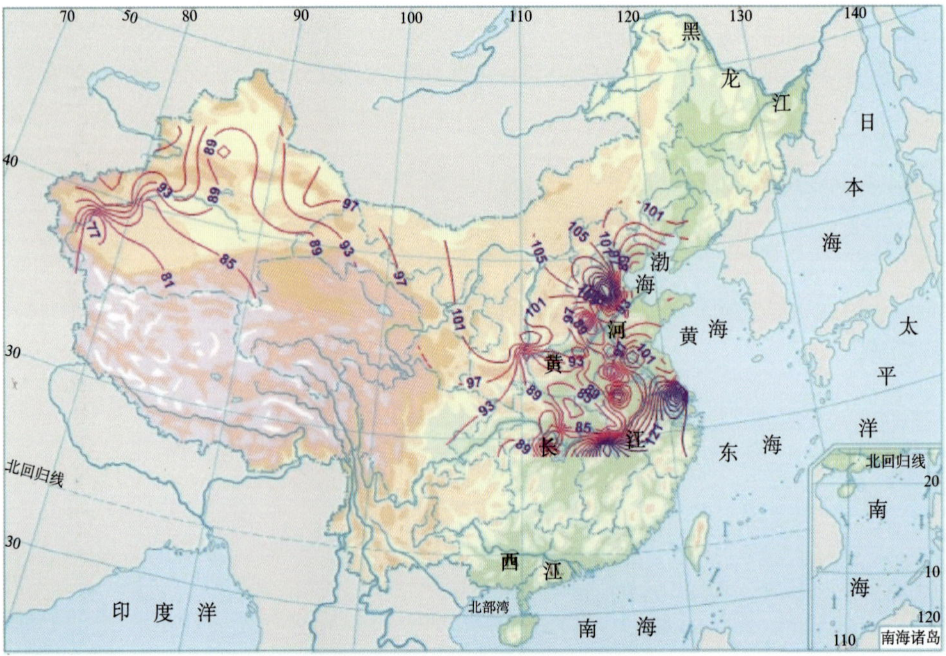

图8　2010年全年CCGI等值线图

Report on China's Cotton Production Prosperity 2010

中国棉花景气报告

2010

中国棉花景气报告

2010

毛树春　主编

中国农业出版社

内容提要

分析2010年全国棉花产业经济运行情况，中国棉花生产景气指数（CCPPI）、中国棉花生长指数（CCGI）、中国棉花价格指数（CC Index）和棉花期货的变化，并作出预测。加入WTO第九周年对我国棉花生产、纺织和贸易等影响的评价。专题研究“十二五”时期棉花生产发展战略问题，以及全球棉花60年贸易和全球棉花消费中心转移问题。收录2010年《中国棉花生产景气报告》及主产区棉花述评。可供政府部门、科研和推广、协会、学会、商会、农民合作组织、涉棉企业、公司、大专院校农学、农经、“三农”问题研究以及宏观发展战略专家阅读。

本书计量转换关系：

1. 亩为非法定单位，1亩=666.67平方米=1/15公顷
2. 斤为非法定单位，1斤=500克=1/2千克
3. 担为非法定单位，1担=50千克=1/20吨
4. 1磅=0.454千克
5. 棉花年度指从当年的9月1日到翌年的8月31日。
6. 同比，即本期（月、半年、一年）数据与上一年同期（月、半年、一年，为减数和分母）数据之比的百分率。
7. 环比，即本月数据的平均值与上月数据平均值（为减数和分母）之比的百分率。
8. “十五”、“十一五”时期，分别指2001—2005年和2006—2010年。

主　编：毛树春

撰稿人：毛树春　李亚兵　冯　璐　张宋佳
姬广坡　马　琳　高　鹏　王丹涛
邵佳蕊　马爱芳　郭利双　张教海
别　墅　田绍仁　夏绍南　郑曙峰
王　维　杨长琴　张培通　董合忠
李维江　张冬梅　林永增　史俊东
杨苏龙　夏志明　邢红宜　崔建平
李雪源　孔庆平　邓福军　周亚立
朱朝阳　韩迎春　王国平　张末喜
李　菲

编　务：冯　璐　朱巧玲　芦建华

前　言

(一)

2010 年是棉花产业经济积极向好的一年。国家继续采取积极的财政政策和适度宽松的货币政策。棉花纺织消费、纺织品服装居民消费和出口都呈大幅增长态势，纺织品服装“土豆效应”和“口红效应”在后危机时代均已兼得，比较优势得到全面充分彰显。

2010 年是气候异常的一年。棉花生长季节呈现光照“两头少”、气温“两头低”和降水“两头多”的基本特征。棉花生产前期开局不利，中期有所好转，后期越来越差；不利天气影响大，灾害月月有，成灾面积大，绝收面积多。单产减幅大，由于面积基本持平，总产减幅大。受经济向好和通货膨胀影响，棉花产值、收益、成本和价格呈现“四个高涨”态势。

1. 面积持平、单产减和总产减。据中国棉花生产监测预警数据，2010 年全国样本籽棉产量 223.7 千克/亩，同比减 14.6%。播种面积 7 542 万亩，基本持平；与国家统计局 2010 年 3 月快报数（后同）7 275 万亩，吻合率 96.5%；监测总产 569.5 万吨，同比减 76.1 万吨，与国家统计局 597 万吨，吻合率 95.4%；监测单产 75.5 千克/亩，减幅 11.8%（实际减幅 14.6%），与国家统计局快报数 82.1 千克/亩，吻合率 92.0%。

2. 消费旺盛。2010 年棉纱产量 2 738.7 万吨，同比增 13.8%，高于当年 GDP 10.3%的增长率。纺织品服装居民消费以 24.8%的高速增长，支撑产业发展。纺织品服装出口 2 065.3 亿美元，同比增 23.7%。此外，纺织业投资继续大幅增长。

3. 四个高涨。一是产值高涨。2010 年棉花主产品产值 2 433.2 元/亩，同比增 774.2 元/亩，增 46.7%。二是收益高涨。棉花主产品收益 1 190.6 元/亩，同比增幅 97.9%，净增 589.1 元/亩，均创新高。三是成本高涨。每千克皮棉成本 15.5 元，同比增 38.2%，皮棉成本高涨源自生产成本的高涨。四是价格高涨。与供需基本面、流动性充足和通货膨胀，以及投机炒作紧密相关，中国棉花价格指数年均值 19 374 元/吨，涨幅 51.3%。Cotlook A 指数的年均值 103.67 分/

磅，涨幅64.4%。可见，产值和收益增长源自价格的高涨。

4. 进口大幅增长。2010年进口原棉284.5万吨，同比增86.3%；进口额56.56亿美元，同比增167.5%。进口棉平均单价1 988美元/吨，同比涨43.6%。在进口的大宗农产品中，棉花位列大豆、食用植物油之后的第三位。

（二）

《中国棉花生产景气报告》是农业部、国家发展和改革委员会自1997年以来资助的项目，自2007年以来成为农业部、财政部公益性行业（农业）科研专项棉花简化种植项目（3-5）、国家棉花产业技术体系等项目的组成部分。该报告是由中国农业科学院棉花研究所毛树春研究员主持，组织全国30多家棉花科研机构组成项目组，按合同计划研究的成果。

《中国棉花生产景气报告》2010年50多期呈送国务院、农业部、国家发展和改革委员会、财政部、科技部等国家政府部门，中国纤维检验局、中国农业发展银行、中国棉花协会等；以及新、鲁、冀、鄂、湘、皖、赣、苏、津、晋、秦、川和新疆生产建设兵团等棉产区农业主管部门，并供协会、商会、农民合作组织和多类型公司参考，成为市场主体决策支持的好帮手。

《中国棉花景气报告2010》的撰写，得到中共中央政策研究室、中国棉花协会、国家统计局、中国棉纺织行业协会、中国纤维检验局、全国棉花交易市场、中国农业发展银行、郑州商品交易所和农业部农产品贸易促进中心等的大力支持，对此深表感谢。

农业部棉花高产创建和国家棉花产业技术体系“千（公）斤棉”竞赛的经验总结得到参加创建省市区农业厅（局、委）、新疆生产建设兵团农业局以及体系、综合试验站多位专家的鼎力支持，在此表示衷心的感谢！

本书的出版，是对政府，以及涉棉产业各主体急需信息的一种补充，也是认识和了解棉情的一种工具。由于《中国棉花景气报告》为系列出版物，信息和数据不断更新，观点不断修正，错误在所难免，恳请批评指正。

毛树春

2011年5月

目　录

第一章

2010年棉花产业经济运行情况分析

2010年，国家继续实行积极的财政政策和适度宽松的货币政策，经济全面向好，市场流动性过剩，GDP增长10.3%，居民消费价格指数（CPI）上涨3.3%。棉花产业各环节呈现积极的向好形势，棉纱产量增幅两位百分数，纺织品服装居民消费和出口旺盛，新棉供不应求，价格一路飙升，创历史新高。然而，植棉面积基本持平，加上气候异常，单产减幅大，总产减幅大，品质下降，供求矛盾加大。由于新棉价格高开高走，农民减产增收，且收益颇丰，是资金流动性过剩、通货膨胀的受益者。

2010年全球经济增长恢复至4.8%，我国纺织品服装出口2065.3亿美元，同比增23.6%。国内消费旺盛，限额以上服装鞋帽、针织类零售连续5年以两位百分数增长，2010年增速24.8%，同比增速快4个百分点。

本章分析2010年全国棉花产业经济运行的基本情况，论述中国棉花生产景气指数在棉花产业经济预警中的作用，中国棉花生长指数在棉花生产、生长和产量形成中监测发挥的作用，中国棉花价格指数和中国棉花期货的运行走势。

第一节　2010年中国棉花生产景气指数分析

一、中国棉花生产景气指数（CCPPI）模型及其含义

中国棉花生产景气指数（China Cotton Production Prospective Index—CCPPI）是反映中国棉花生产和消费平衡状况，以及生产、消费和价格走向和走势的一种指标，旨在寻找科学表达中国棉花生产发展的前瞻性指标。模型

表达：

$$CCPPI=f(t, p, m, c)$$

式中：t——时间阶段变量；

p——产量水平变量因素，含最终产量与趋势（过程）产量，是一系列因素的综合作用结果，其中包括中国棉花生长模型；

m——市场水平变量因素，含原棉进出口模型和原棉消费模型；

c——国家棉花库存或储备水平变量因素，含建立的适宜消费/库存比模型。

模型中，设 p= f（x，y，z），x 表示棉花生产量，y 表示棉花进口量，z 表示期初库存量；

设 m = f（a，b，c，d），a 表示纺织消费量，b 表示棉花民用量，c 表示期末库存量，d 表示损失量。

CCPPI =100 时，棉花产销大致平衡，植棉效益一般；棉花生产呈稳定走向，种植规模保持相对稳定。CCPPI<100 时，棉花产>销，资源过剩，植棉效益将会降低；棉花生产呈缩减走向，种植规模要适当调减。CCPPI>100，棉花产<销，资源短缺，植棉效益将会提高；棉花生产呈扩大走向，种植规模要适当扩大。CCPPI >200，表明棉产业经济跃上高台阶，呈旺盛景象，消费基数大，生产规模基数大，棉花种植规模呈现继续适当扩大的走向。CCPPI<50，表示棉产业经济处于低位，呈极度萧条景象，消费基数小，生产规模基数小，棉花种植规模呈现继续缩减的走向。

二、2010 年棉花产业景气综合分析

2010 年是棉花产业经济恢复、全面回升和积极向好的一年，同时也是流动性过剩和通货膨胀高企的一年，CCPPI 比 2009 年回升 50 点。

上半年经济向好，CCPPI 从 1 月最高值 260 上升到 6 月的 280（图 1－1），升 20 点；5 实际运行情况是 1—6 月棉纺产能增长幅度小，出口回升，危机对棉花产业经济影响基本消除。

下半年通货膨胀明显，过剩货币推动价格上行，加上棉花减产以及收获困难，CCPPI 直线上升，从 7 月 280 上升到 11 月的 350（图 1－1），升 30 点。11 月中旬国家出台控制措施，棉价有所回落。但棉纺产量增长和消费增长势头均未减，加上减产预期明朗，出口增加，内需增多，价格飙升，呈现出资源短缺、消费旺盛、流动性过剩，推动棉价全面高涨。

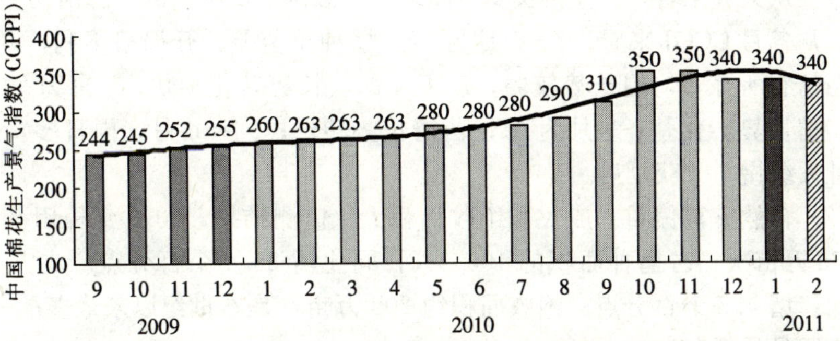

图1-1　2009年9月—2011年2月中国棉花生产景气指数（CCPPI）变化

第一阶段，1—6月棉纱产量1 278万吨，同比增幅15.9%。中国棉花价格指数（CC Index）上扬，从1月的14 932元/吨稳步上升到6月的17 894元/吨，涨幅19.8%。3—4月农民籽棉售价出现明显的“翘尾现象”。

第二阶段，7—12月棉纺产量1460.8万吨，同比增幅12.5%。CC Index从7月的18 333元/吨下降到11月的28 542元/吨，涨幅高达55.7%；12月回落到27035元/吨，减幅5.3%。农民新棉售价一路高涨，12月明显回落。

三、2010年棉花生产预测及实证检验

（一）面积持平，单产和总产减幅达到两位百分数，产值和收益增长两位百分数，是2010年全国棉花生产的真实写照

总结2010年全国棉花生产呈现“一平两减两增”态势。

1. 面积持平，单产减和总产减的特点明显。中国棉花生产预警监测数据，播种面积7 542万亩，基本持平。与国家统计局2010年3月快报数（后同）7 275万亩，吻合率96.5%；监测总产569.5万吨，与国家统计局597.0万吨，吻合率95.4%；监测单产减12.4%为75.5千克/亩，与国家统计局82.1千克/亩，吻合率92.0%。

普遍晚熟，品质下降。整体看，2010年收获季节三大产区持续多雨低温高湿，烂铃多，僵瓣花率高，“高等级”比例减少。熟性方面，全国普遍晚熟10天以上，其中华北平原、长江中游和南疆因“烂场”收获滞后。

2. 2010年气候年景较差。

（1）CCGI年均值为84。2010年年均值为84，表明棉花长势差于2009年

一成半。从天气来看，日照两头少中间多，气温两头低中间高，降雨两头多中间少。从各月 CCGI 来看，4—5 月为 62，播种出苗差，开局很不利；6 月为 85，苗情有所好转，但长势较弱；7 月为 90，长势转化加快；8 月为 94，秋发，苗情长势转化快；9 月为 91，苗情长势转弱；9—10 月，雨日多，烂铃增，吐絮缓慢，收获延后。

(2) 自然灾害偏重。成灾和绝收面积大。监测结果，2010 年棉田受灾面积 7473 万亩次，占播种面积的 100.3%，同比增 28.4 个百分点。成灾 1336 万亩次，增 4.3 个百分点。绝收面积约 205 万亩，是本世纪以来最多的一年。三大产区月月都有灾。

(3) 从生物灾害来看。病虫害中重度发生，“两萎病”偏轻发生的特点明显。

(二) 采收和交售进度慢

1. 采收和交售进度缓慢。由于前期迟发，后期晚熟，2010 年采收进度是本世纪最缓慢的一年。9 月底，采收进度达到一半为正常。2009 年采收进度本来就慢。2008 年 9 月底采收进度为 45.6%，2010 年则慢 13.5 个百分点。9 月华北平原秋湿烂铃，南疆多雨吐絮进度缓慢，长江中游 9 月下旬和 10 月上旬仍多雨低温，进一步延缓吐絮和采收（表 1-1）。然而，9 月下旬和 10 月上旬北疆气温回升，加快吐絮和采收，但晚熟棉田吐絮仍较慢，11 月底全国采收基本结束。

表 1-1　2010 年 12 月 31 日全国及三大流域棉花采收进度

单位：%

项　目	9 月		10 月		11 月		12 月 15 日		12 月 31 日	
	2009	2010	2009	2010	2009	2010	2009	2010	2009	2010
全国	37.2	32.1	86.9	77.3	98.8	96.2	97.1	97.1	97.9	99.8
长江流域	42.5	26.6	81.8	71.1	98.4	94.9	97.7	97.0	99.2	99.0
黄河流域	43.9	41.2	90.5	88.6	99.3	98.6	95.7	98.1	95.7	100.0
西北内陆	26.1	19.1	85.6	68.9	98.4	94.4	98.4	94.4	99.0	99.8

资料来源：中国棉花生产预警监测数据。

2. 交售进度慢。由于采收进度慢，加上价格一路走高，惜售现象存在，2010 年新棉交售进度并不快。正常年景 10 月底交售基本过半，2010 年慢 2.3 个百分点（表 1-2），11 月底交售比重达到 70%。加上棉农惜售，期待高价，到 12 月底棉农仍有存棉两成多。

表1-2 2010年全国及三大流域棉花交售进度

单位：%

项目	9月		10月		11月		12月15日		12月31日	
	2009	2010	2009	2010	2009	2010	2009	2010	2009	2010
全国	10.0	8.3	48.3	46.0	71.0	71.9	80.0	78.2	94.2	81.5
长江流域	14.8	8.1	55.3	54.5	80.2	79.9	90.8	83.8	95.3	85.1
黄河流域	6.8	3.9	31.9	31.6	53.7	57.3	65.2	60.7	89.4	66.9
西北内陆	11.0	13.2	65.5	56.4	82.8	82.6	92.4	93.3	95.6	99.8

资料来源：中国棉花生产预警监测数据。

（三）新棉价格一路上扬，大幅回升七八成

2010年新棉价格高开高走，一路上扬（表1-3）。据中国棉花生产监测预警数据，从9月开秤时的9.50元/千克一路上扬到10月底的10.98元/千克，涨幅15.6%。局部最高价达到12元/亩，年内涨幅两成多。

2010年新棉均售价10.94元/千克，同比涨73.4%。此外，由于9月降水多，田间湿度大，籽棉水分含量高，僵瓣花率高。仅僵瓣花的售价达7元/千克。籽棉均售价高于2008年4.69元/千克的133.3%。

表1-3 2010年12月31日全国及三大流域籽棉售价

单位：元/千克

项目	9/30		10/31		11/30		12/15		12/31		均价	
	2009	2010	2009	2010	2009	2010	2009	2010	2009	2010	2009	2010
全国	6.34	10.98	6.34	10.98	6.58	10.69	6.47	10.73	6.47	10.59	6.31	10.94
长江流域	6.46	10.82	6.46	10.82	6.58	10.71	6.63	10.95	6.61	10.66	6.27	10.73
黄河流域	6.30	10.73	6.30	10.73	6.84	11.30	6.61	11.39	6.63	11.21	6.42	11.23
西北内陆	6.32	11.38	6.32	11.38	6.25	9.98	6.15	9.83	6.16	9.85	6.09	10.76
其中兵团	6.32	9.83	6.32	9.83	6.58	10.69	6.15	9.33	6.16	9.32		

资料来源：中国棉花生产预警监测数据。因二次结算，9—12月全国均价不含新疆生产建设兵团。

从产区来看（表1-3），黄河流域售价最高为11.23元/千克，涨4.81元/千克，涨幅74.9%为最大。其次是西北内陆，售价最高10.76元/千克，涨4.67元/千克，涨幅76.8%。第三是长江流域，售价10.73元/千克，涨4.46元/千克，涨幅71.1%。

尽管新棉价格一路上扬，棉农仍惜售，期盼更高价。主要源自局部减产幅

度大，加上植棉成本高涨，在粮棉重叠产区，植棉还是不如种粮合算。

（四）产值、收益和成本高涨

中国棉花生产监测预警结果，2010 年单产大减，产值、收益和皮棉成本呈现“三高”特点，即：产值高涨、收益高涨和皮棉成本高涨。

2010 年全国样本籽棉产量 223.7 千克/亩（表 1－4），同比减 14.6%。三大流域产量，长江 208 千克/亩，同比减 2.8%；黄河 197.6 千克/亩，同比减 15.9%；西北 261.5 千克/亩，同比减 18.5%。

1. 产值高涨。全国棉花主产品产值 2010 年 2 433.2 元/亩，同比增 774.2 元/亩，增 46.7%。三大流域产值，长江 2 362.4 元/亩，增 1 031.9 元/亩，77.6%；黄河 2 227.9 元/亩，增 669.3 元/亩，增 42.9%；西北 2 698.0 元/亩，增 727.7 元/亩，增 36.9%。

2. 收益高涨。2010 年，全国棉花主产品收益 1 190.6 元/亩，同比增 589.1 元/亩，增幅 97.9%。长江 1 134.1 元/亩，增 758.1 元/亩；黄河 1 209.0 元/亩，增507.7 元/亩；西北 1 206.1 元/亩，增 572.1 元/亩。长江流域收益增幅最大为 211.5%。

3. 成本高涨。按样本皮棉产量 83.2 千克/亩计，每千克皮棉成本 15.5 元，比 2009 年增 4.3 元/千克，增 38.2%。皮棉成本高涨源自生产成本的高涨。据中国棉花生产监测预警数据，2010 年生产成本大幅上涨 17.5%为 1 242.6 元/亩，增185.1 元/亩。其中物化成本占 44.6%为 554.5 元/亩，涨 13.5%；人工费用占 45.1%为 560.8 元/亩，涨 21.7%；固定成本占 4.7%为 58.9 元/亩，减 18.5%；间接费用占 5.5%为 68.5 元/亩，增 90.6%。

表 1－4　2010/2011 与 2009/2010 年度棉农籽棉销价和产值收益比较

棉　区	籽棉售价（元/千克）		比 2009 年度增（%）	主产品产值（元/亩）			主产品收益（元/亩）			
	2010/2011 年度	2009/2010 年度		2010 年	2009 年	比 2009 年增（%）	2010 年	2009 年	比 2009 年增 元/亩	比 2009 年增 %
全国	10.94	6.31	73.3	2 433.2	1 659.0	46.7	1 190.6	601.5	589.1	97.9
长江流域	10.73	6.27	71.1	2 362.4	1 330.4	77.6	1 171.1	376.0	795.1	211.5
黄河流域	11.23	6.45	74.1	2 227.9	1 558.6	42.9	1 110.4	701.4	409.0	58.3
西北内陆	10.76	6.09	76.7	2 698.0	1 970.3	36.9	1 148.6	634.0	514.6	81.2

资料来源：中国棉花生产预警监测数据。

（五）棉花生产补贴有限

据中国棉花生产监测预警数据，2010年全国有77.0%的样本农户获得补贴，同比增4个百分点，补贴资金16.5元/亩，减0.7元/亩，减4.0%。其中棉花种子补贴15元/亩，覆盖所有产棉省市区。

三大流域补贴：长江23.5元/亩，黄河18.4元/亩，西北10.2元/亩。

四、2010年棉花消费预测及实证检验

2010年棉纺产能继续大幅增长，纺织品服装居民消费和出口旺盛。

（一）棉纱产量再创新高，增幅高达两位百分数，产销两旺

棉花是纺织工业的原料，棉纺是原棉消费的动力源泉。2010年棉纱产量2 738.7万吨，同比增幅13.8%，高于10.3%的GDP增长率。同时纺织品产销率继续保持98.4%的高位，销售形势好，为近6年以来的最高水平。2010年3月预测棉纱最高增幅9%为2 572万吨，预测值与实际值的差值6.4%，吻合度94.8%。

分析2010年棉纱产量（图1-2）两位百分数增长的主因：一是国内增长拉动消费。特别是应对危机连续2年实行积极的货币政策，流动性增加，居民消费增长，限额以上服装鞋帽、针织类零售增速24.8%，同比增加4个百分点。二是全球经济增长有利于消费，国际货币基金组织10月预测2010年全球增长率为4.8%，纺织品服装出口增长。

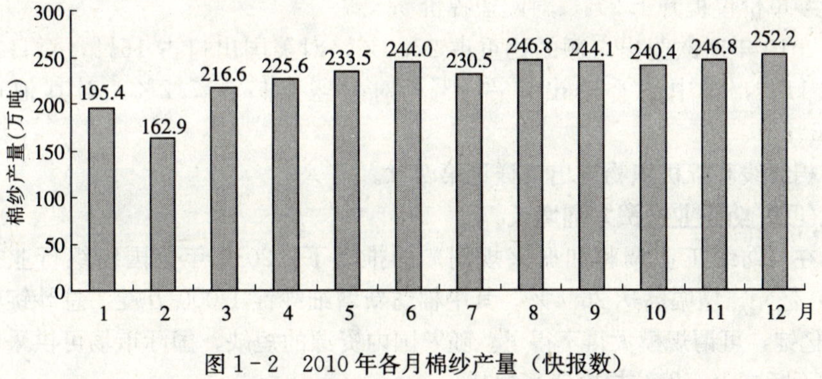

图1-2　2010年各月棉纱产量（快报数）

原棉消费基数很大，正与年初预测一样，金融危机背景下，我国棉纺原棉消费1 000万吨的格局不会变，2010年纺纱用棉达到1 300万吨，同比增3.3%。

此外，2010 年规模以上企业布产量 800 亿米，同比增 6.2%。

（二）纺织品服装居民消费高速增长，支撑产业发展

我国是纺织品消费大国，纺织服装消费保持增长的态势。据国家统计局公报，在“扩内需”的支持下，2010 年限额以上批发和零售业零售额中，服装类增长 24.8%，同比增速快 4 个百分点。而服装价格全国下降 2%，其中城市下降 2.2%，农村下降 1.6%。

（三）纺织品服装出口大幅增长

据《海关统计》快报数，2010 年纺织品服装出口 2065.3 亿美元，同比增速 23.7%；年进口 202.3 亿美元，同比增长 20.3%。

2010 年全国货物出口总值 15 779.32 亿美元，纺织品服装出口占其比重的 13.1%。全年实现贸易顺差 1 864.7 亿美元，增 24.1%；占全国货物贸易总顺差的 101.8%，比 2009 年增 25.2 个百分点。即纺织品服装为全国货物出口净顺差的贡献者。

在出口份额中，纺织品出口 770.5 美元，同比增 28.4%；服装及其衣着附件出口 1 294.8 亿美元，同比增 20.9%。

在服装出口 1294.8 亿美元中，棉纺织品及服装占 722.2 亿美元，增长 23.4%，但增幅减 5.3 个百分点；占整个纺织品服装出口额的 36.4%，所占比例比 2009 年减 5.6 个百分点。

全年纺织品服装出口价格指数为 122.0%，其中纺织品出口价格指数为 110.5%，服装价格指数为 128.5%，服装出口单价平均提升 6.1%，对美国出口服装单价仅提升 1.2%，对欧盟提价 5.5%。

2010 年对欧盟出口额的比重占 22.0%，对美国出口占 16%，对日本出口占 11%，对中国香港出口占 7%，对东盟出口占 7.2%，对其他市场占 36%。

棉纱线和棉机织物进出口详见第四章。

（四）纺织业投资大幅增长

在《纺织工业调整和振兴规划》的推动下，2010 年全国纺织行业投资 2 230 亿元，增幅高达 26.4%。其中棉纺新增细纱锭 1 000 万锭，总纱锭突破 1.2 亿锭，可谓规模大得不得了。随着国内资源的短缺，国际市场可供采购资源的不断减少，棉纺规模应当缩减。

棉纺织业从沿海向中西部的转移进程加快。中部的河南、湖北、湖南和安徽转移投资大幅增长，西部重庆、四川和新疆的转移承接能力增强，其中四川规模跃居西部第一，新疆快速扩大，新增棉纺纱锭 150 万锭。从产业发

展来看，向中西部转移的步伐要放慢，应吸取 20 世纪 90 年代东锭西移的教训。

五、2010 年棉花价格预测及实证检验

2010 年国内外棉价一路走高，受资源短缺的供需基本面影响，收获低于市场预期，加上采收进度慢，流动性充足和通货膨胀，以及投机炒作，进入新棉季节全球棉价一路飙升。

中国棉花价格指数（CC Index 328）年均值为 19 374 元/吨，同比涨 6 570 元/吨，涨幅 51.3%。预测高价位在 16 000 元/吨水平上，差 21.0%。Cotlook A 指数年均值为 103.67 分/磅，同比涨 40.93 美分/磅，涨幅 64.4%。分析 2010 年棉价变化特点如下：

（一）国内棉价高涨

其中 1—8 月稳步走高。CC Index 从 1 月的 14 932 元/吨上涨到 8 月的 18 124 元/吨，涨3 192 元/吨，涨幅 21.4%。9—12 月高涨。新棉价从 9 月的 19 324 元/吨涨到 11 月的 28 542 元/吨，涨 9 218 元/吨，涨幅 47.7%。其中 8 月市场预期棉花收获，新棉即将上市，8 月有所回落。11 月国家调控和整顿市场，价格环比下降 1507 元/吨，回落 5.2%。

CC Index 2010 年年内高低相差涨 13610 元/吨，变幅 91.1%。

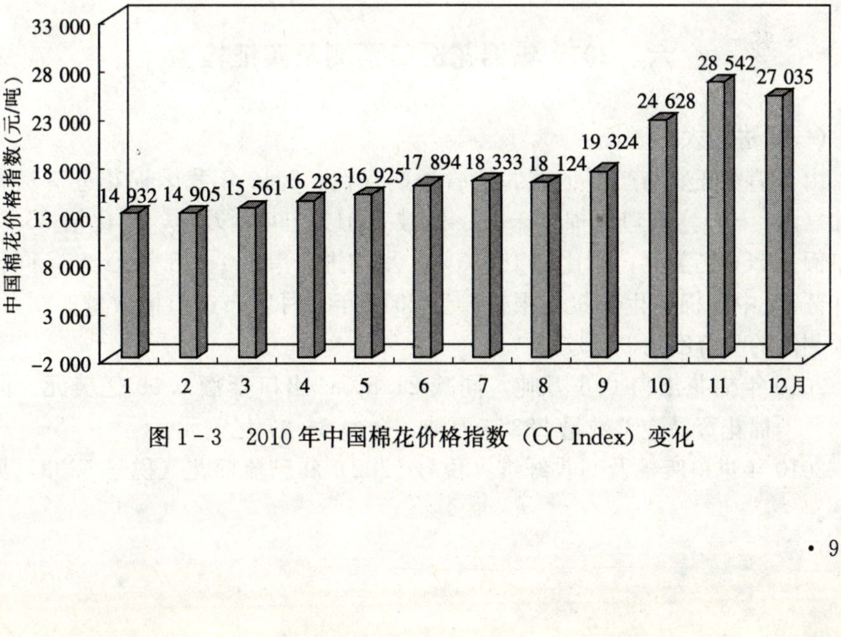

图 1 - 3　2010 年中国棉花价格指数（CC Index）变化

（二）国际棉价高涨

2010 年 Cotlook A 指数一路走高（图 1－4）。其中 1—8 月稳步走高，A 指数从 1 月的 77.39 美分上涨到 8 月的 90.52 美分，涨 13.13 美分/磅，涨幅 17.0%。9—12 月高涨，从 104.73 美分涨到 168.22 美分，涨 63.49 美分/磅，涨幅 60.6%。其中 7 月预期丰收，环比下降 8.88 美分/磅，回落 9.5%。

A 指数在 2010 年年内，高低相差涨 90.83 美分/磅，变幅 117.4%，高于国内 26.3 个百分点。

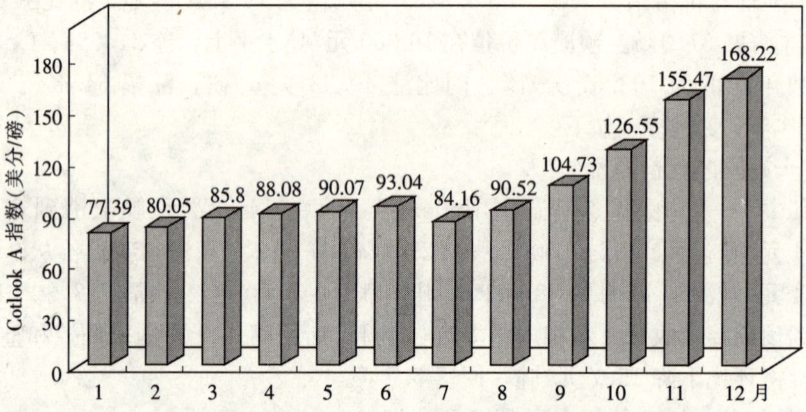

图 1－4　2010 年 Cotlook A 指数变化

六、2010 年棉花进口预测及实证检验

（一）进口大幅增长

由于消费旺盛与产不足需的矛盾长期存在，2010 年我国棉花进口量大幅增加（图 1－5）。进口原棉（未梳，税号 5201）284.5 万吨，同比增 86.3%；进口额 56.56 亿美元，同比增 167.5%。平均进口单价 1 988 美元/吨，同比涨 43.6%。《中国棉花生产景气报告》于 2010 年 3 月发布进口棉数量 300 万吨，与预测值的吻合度为 94.6%。

2010 年棉花出口 0.6 万吨，同减 21.8%；出口金额 0.09 亿美元，同减 49.2%。棉花贸易逆差数量 283.9 万吨，金额 56.47 亿美元。

2010 年进口废棉及回收纤维（税号 5202）和已梳棉花（税号 5203）见第四章。

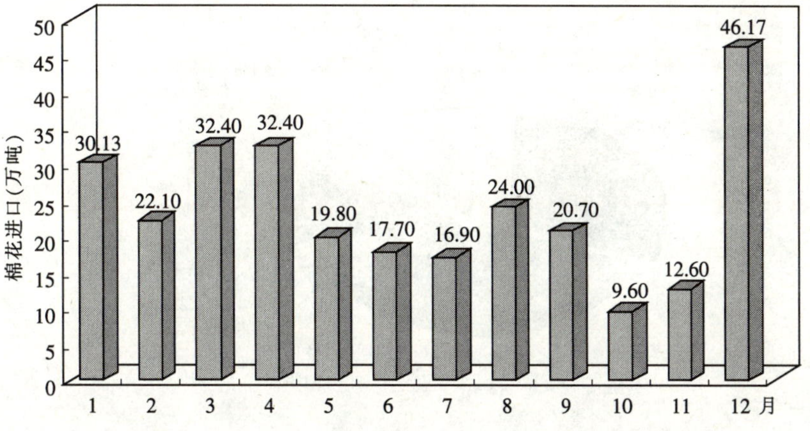

图 1－5　2010 年棉花进口量 284.5 万吨各月分布

（二）进口来源地

2010 年进口棉花来自的国家或地区多达 30 多个，按进口数量和金额排序（图 1－6、图 1－7，见附录 9）：

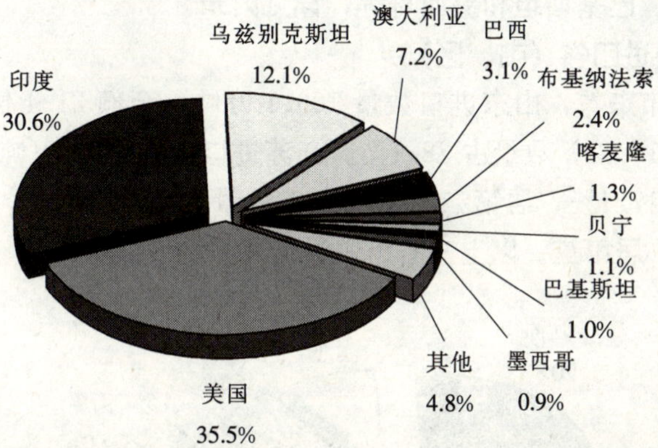

图 1－6　2010 年中国棉花进口国或地区前 10 位的数量比重（％）

从美国进口排第一，数量 100.9 万吨，金额 20.0 亿美元，数量占进口比重的 35.5％；

从印度进口排第二，数量 86.8 万吨，金额 17.4 亿美元；数量占进口比重的 17.4％；

从乌兹别克斯坦进口排第三，数量 34.5 万吨，金额 6.9 亿美元；数量占进口比重的 12.1％；

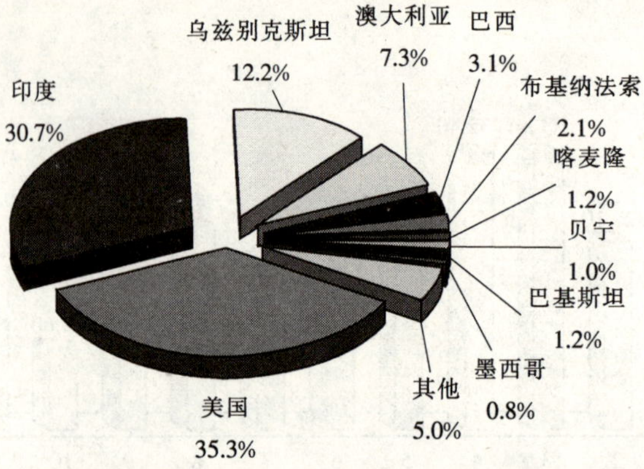

图 1-7　2010 年中国棉花进口国或地区前 10 位的金额比重（%）

从澳大利亚进口排第四，数量 20.5 万吨，金额 4.2 亿美元；数量占进口比重的 7.2%。

以上 4 个国家数量占全国进口的 85.4%，其他还有巴西、布基纳法索、贝宁、喀麦隆、巴基斯坦和墨西哥等，详见附录 9。

（三）主要进口省（市、区）

从各地省市来看，山东进口数量 109.1 万吨，金额 21.4 亿美元，居第一（图 1-8 和图 1-9），数量占 38.4%。江苏进口数量 59.1 万吨，金额 11.8 亿美元，数量占 17.1%，居第二。上海进口数量 23.4 万吨，金额 4.6 亿美元，数量占 8.1%，居第三。以上三省市占进口总量的 67.3%。

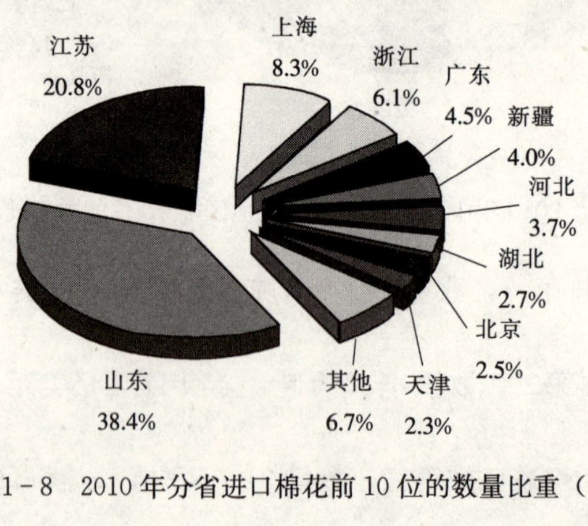

图 1-8　2010 年分省进口棉花前 10 位的数量比重（%）

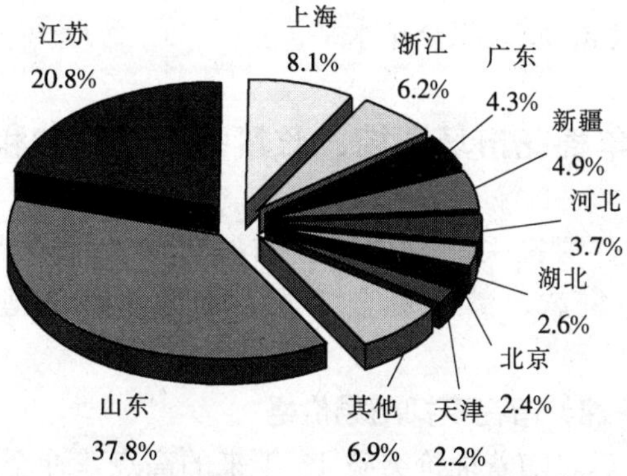

图 1－9　2010 年分省进口棉花前 10 位的金额比重（%）

（四）关于进口棉质量问题

关于进口棉质量，全国没有发布公告，据从互联网搜索，2010 年进口棉短重、降级等质量问题较多，检测出掺杂使假案例。

据江苏省出入境检验检疫系统的情况通报，全省检验 63.8 万吨，货值 10.9 亿美元。进口棉的品级、强力、细度不合格率有所下降，长度的不合格率有所上升。主要问题：一是部分进口批次的品级降级幅度大、降级比例高、纤维细度偏粗、偏细，强力偏低的问题仍然比较突出。二是一些特殊质量问题：棉包破损现象仍然存在，造成棉花被污染；部分棉花有霉变腐烂现象，在进口印度棉花中发现存在较多异性纤维和大量棉籽。三是货物重量方面，重量短少问题仍然比较突出，平均短重率为 0.91%。为此建议：用棉企业要加强原棉到货的验收工作，第一时间通知相关检验人员到现场实施检验，严格按照《进出口棉花检验检疫工作规范》，协助抽样、称重，未经检验不得销售、使用。一旦发现棉花有品质、重量等问题要及时通知境外供货方，确保对外索赔顺利成功。

德州市出入境检验检疫局 12 月检验来自印度的进口棉花 150 吨，合同金额 49.997 万美元，折合人民币 330 多万元。经检测发现，这批棉花中竟掺杂 40%以上的废棉，是典型的以次充好、涉嫌欺骗的行为，致使无法正常使用。

七、2010 年棉花期货市场

2009/2010 年度，棉花期货交易活跃，期望价格持续走高。郑州商品交易所棉花总成交量7.79亿手，同比增长80.3%；成交金额39.54万亿元，同比增长161.7%，均远超2009年全年水平。

八、2010年棉花市场调控、政策性银行贷款和质量检验

针对资源短缺，国家采取追加配额和抛售储备棉等措施，起到一定效果；及时发放收购贷款，满足资金需求，加强市场管理，确保市场运行平稳。

（一）抛售储备棉，旨在平抑市场价格

2010年6月以后，随着棉价突破10年来的高点，冲至18 000元/吨的高位。为确保年度交接时期的棉花供应及价格稳定，国家抛储预案酝酿出台。8月10日起，首批60万吨储备棉开始抛售，竞卖底价为标准级净重16 500元/吨。由于首批储备棉成交价格持续走高，竞争激烈，9月中旬有关部门再度追加40万吨。10月20日，抛储全部结束，其中2009年度成交23万吨，2010年度成交77万吨，全年抛储170万吨。

由于资源短缺，抛储棉不仅没有平抑市场价格，反而抬高市场价格，纺织业界对此意见很大。

（二）追加配额外进口棉

为应对供需缺口及棉价上涨，国家在2009年末即增发滑准税配额100万吨，并在5月和6月两次增发了80万吨和86.8万吨，加上配额内的89.4万吨，全年配额总量达到356.2万吨的历年新高。全年实际进口284.5万吨，同比增长86%，为近4年来最大量，也是除2006年之外的历史次高点。同时，由于国际棉价也大幅上涨，进口棉价格大幅提高，创历史新高，全年平均进口价格1 993美元/吨，同比上涨44%。

2010年延续2008—2009年滑准税计算方法。当进口棉完税价格高于或等于11 914元/吨时，按570元/吨从量计征关税；当进口棉花完税价格低于11 914元/吨时，按5%～40%计征关税。

按算术平均值计（表1－5），2010年Cotlook A指数1%关税到港价18 360元/吨，滑准税到港价18625元/吨，两者相差极小。

（三）农发行政策性收购贷款和资金回笼

2009/2010年度，农发行各级机构共投放棉花贷款734.98亿元。其中，投放收购贷款336.11亿元，支持企业收购皮棉243.7万吨，支持收购量占当年全国棉花总产量的38%；投放产业化龙头企业棉花贷款253.84亿元；投放

棉花调销贷款125.39亿元；投放棉花良种、预购、流转、技改贷款合计19.64亿元。农发行新疆分行共发放收购贷款240.39亿元，支持企业收购皮棉166.5万吨，支持收购量占当年新疆棉花总产量的66%左右。

表1-5 2010年关税价差对比表

单位：元/吨，美分/磅

月份	中国棉花价格指数（CC Index328）	Cotlook A指数	FC Index M	汇率	1%关税到港价	10%关税到港价	价差（10%-1%）	滑准税到港价
1	14 932	77.39	80.06	6.828 0	13 954	15 180	1 226	14 262
2	14 905	80.05	81.13	6.827 3	14 137	15 379	1 242	14 443
3	15 561	85.8	86.83	6.827 1	15 116	16 445	1 329	15 412
4	16 283	88.08	89.1	6.826 2	15 503	16 867	1 364	15 796
5	16 925	90.07	91.27	6.826 4	15 877	17 274	1 397	16 166
6	17 894	93.04	94.17	6.827 8	16 378	17 820	1 442	16 662
7	18 333	84.16	89.44	6.810 2	15 526	16 892	1 366	15 818
8	18 124	90.52	93.13	6.780 2	16 088	17 504	1 416	16 375
9	19 324	104.73	108.62	6.789 5	18 756	20 409	1 653	19 016
10	24 628	126.55	136.5	6.725 0	23 297	25 355	2 058	23 513
11	28 542	155.47	158.99	6.675 4	26 904	29 284	2 380	27 084
12	27 035	168.22	170.89	6.649 0	28 789	31 337	2 548	28 951
年均	19 374	103.67	106.68	6.782 8	18 360	19 979	1 618	18 625
涨跌	6 570	43.41	41.76					

（四）2010年棉花质量检验与市场监管

1. 质检体制改革继续推进。2010年度是深化棉花质量检验体制改革的第一年。至2009年度，棉花质检体制改革5年推行期满，棉花产业取得了长足进步。

一是截至2011年2月底，申报公证检验企业1 834家，送检企业1 494家，同比增加67家，占申报数量的81.5%。已完成检验量240万吨，与上年度基本持平，其中新疆检验量175万吨，约占全国总检验量的72.9%。预计全年检验量250万吨左右。二是法律法规完善健全。1998年棉花质检体制改革开始后，修订了《棉花质量监督管理条例》、《棉花加工资格认定和市场管理暂行办法》、《棉花细绒棉》（GB1103）、《棉花包装》（GB6975）等法律法规，制定了《棉花质量检验体制改革加工企业基本技术要求》、《棉花质量公证检验信息管理系统条码编码规则》、《棉花质量仪器化公证检验加工企业抽样管理办法（试行）》等办法，形成了制度体系。三是加工企业集中度提高。通过整合、重组和竞争淘汰，企业数量减少；质改企业设备更新改造基本完成。新疆、甘肃等改革推进较快的省份，新体制企业收购加工占总收购量的80%以上，年产量2 500吨以上的占新体制企业数量的40%左右。四是结合历年数据，2006—2008年度新体制五项质量指标中，品级和马克隆值趋于下降，长度、断裂比强度和长度整齐度趋于上升。2009年度新体制棉花各指标检验结果均有大幅度下降，整体质量水平明显下滑。

2. 加强市场监管。根据2010年11月8日国家发展和改革委员会、农业部等7家关于稳定棉花市场、规范流通秩序的安排部署，以及12月1日，国家工商总局关于加强棉花市场秩序监管的紧急通知，经过市场整顿，游资炒作势头初步得到遏制，流通秩序有所好转。

2010年新棉上市以来，全国纤维检测系统出动监督执法人员1.1万次，检查棉花企业3 984家次，立案查处棉花质量案件684起，涉案金额1.37亿元，查获掺杂使假窝点12个，拆除国家明令禁止的用于加工的小皮辊机、小锯齿机和土打包机75台套。

新疆地方和兵团组织专门力量加大巡回检查，重点检查无照收购、无证加工等违法行为，加大对社会游资租厂或委托收购加工的排查力度。截至2010年11月底，共检查收购加企业1 622家，查处市场违法案件130起。新疆生产建设兵团责令11家超经营范围收购棉花的企业进行整改，惩罚了3家违规对外出租加工设备和企业。山东省取消了40家不合格企业的加工资格。

九、2011/2012年度棉花展望

（一）2011/2012年度我国棉花展望

中国棉花生产景气指数（CCPPI）2011/2012年度250～300，回落50点，预测棉花产业经济走向为“消费高位持平或下降，面积温和扩大，进口持平或下降，价格高位下行”。整个棉花产业情景比金融危机时还要严峻和复杂，其中资源严峻短缺为首位。预测2011年将是结束纺织业“黄金期”的转折点年景，一批棉纺企业不得不停产或倒闭，棉纺产量2 738.7万吨可能是一个历史顶点或离顶点不远的数据，提出棉纺业的投资和转移需谨慎的警告。供决策参考。

（二）棉花消费呈高位持平或下降

我国纺织原棉消费自 2007 年增长到 1 000 万吨之后，几乎每年净增 110 万吨。受国内资源严峻短缺、产棉国自用消费增长以及高价位等的影响，预测 2011 年棉纺产量将持平或略有下降。受全球可供进口资源减少的影响，预计进口量持平或下降。

（三）植棉面积呈温和扩大态势

受高价的拉动，预计植棉面积将呈温和增长态势。然而，面积增长幅度摒弃传统“高价即涨”模式，不会超过两位百分数。分析指出，当棉价上升到合理的价位之后，粮棉经作物的竞争已从比价转向技术和服务上来。只有解决植棉费劳、费工、费时、费钱的“四费”问题之后，棉花生产才能步入新一轮稳定发展轨道，解决这一问题急需轻简化栽培和机械化管理支持，以及社会化服务作为保障，即“三化”决定棉花的成败。

（四）棉价呈高位下行态势

分析 2011 年棉价走向的因素尽管十分复杂，但有几点趋势走向：

一是宏观政策取向。2011 年国家实行“积极的财政政策和稳健的货币政策”，1—3 月 3 次上调人民币存款准备金率 0.5 个百分点，2 月上调金融机构一年期存款、贷款准备金率 0.25 个百分点，目的是管理通胀预期，防止通胀恶化。预计今后还将采取措施大幅收缩流动性，下半年物价上涨的势头将被遏制，全年价格将呈下行走向。

二是“稳定物价”是 2011 年国家经济运行的头等大事。温家宝总理 2 月 1 日在春节团拜会和 2 月 2 日在山东考察时一再强调，要坚决防止物价上涨过快，通过发展生产、保障供给、搞活流通、加强监管，保持物价总水平稳定。

三是国际输入性通胀因素。发达经济体进入通胀期，以及石油、食用油和粮食等价格普遍上涨，全球通胀将推动国内的通胀。

四是全球棉花生产的不确定性和总产的不可预见性加大。

综上，关键看国内，如果紧缩银根、压缩通胀的调整措施到位，CPI 控制在 4%上下，价格将理性回归，新棉价格下行的可能性大。按 2010 年 10—12 月 CC Index 均价 26 809 元/吨，测算回落 10%即 24 128 元/吨与回落 5%即 25 469 元/吨可能性大，即预期新棉价将在 24 000～26 000 元/吨之间。比 2011 年1—2 月27 953～29 603 元/吨均价回落 3 000～4 000 元/吨，减幅一成。

（五）棉花资源进入极度短缺期，棉纺业规模应收缩

受原棉资源短缺、棉价高企、信贷收缩以及成本上涨等综合因素影响，特别是资源的严峻短缺，争夺资源的战斗早已打响并且竞争愈加激烈，加上信贷

收缩，预计2011年将有一批棉纺企业停产甚至倒闭，因此棉纺产量2 738.7万吨可能是一个历史顶点数据，2011年将持平或下降，不得不结束连续10年快速增长的“黄金期”。受资源紧缺，倒逼棉纺企业深化改革，加快调整，提高附加值和品牌效应。针对棉花纤维的稀缺性，中国纺织工业协会会长杜钰洲(2011)提出，棉花天然纤维将主要发展中高档纺织品，甚至奢侈品。

棉纺业投资要谨慎，规模要收缩。据国家统计局3月1日公布的数据，2010年全国纺织行业投资2 230亿元，增幅高达26.4%；其中棉纺业完成投资960.3亿元，同比增20.9%，棉纺新增细纱锭1 000万锭，总纱锭突破1.2亿锭，可谓规模大得不得了，随着国内资源的短缺，国际市场可供采购资源的不断减少（表1-8)，棉纺规模应当收缩。

转移步伐也应放慢。棉纺织业转移进程加快，中部河南、湖北、湖南和安徽转移投资大幅增长，西部重庆、四川转移承接能力增强。新疆规模快速扩张，新增纱锭150万锭。从可持续发展来看，棉纺产业转移步伐应放慢，应吸取20世纪90年代“东锭西移”的教训。

(六)本世纪第二个十年全球棉花增量将放慢，可供我国采购原棉增加难度大

关于我国棉花进口量，加入世界贸易组织9年来，我国累计进口1 812万吨，占全球市场份额的22.9%，年均200万吨，2006年为最多的一年，进口达364.2万吨；2010年为次高年，进口284.5万吨。分析原因，本世纪头十年，全球棉花产量增长进入快车道，总产2 333.2万吨，比90年代增长21.3%，净增408万吨；也是出口增长最快的10年，10年平均出口740万吨，比90年代增长153万吨，增幅26.0%。然而，进入本世纪第二个十年，全球棉花总产和出口将呈缓慢增长甚至下降趋势，既有生产发展的周期性，气候变化和极端天气危害，全球粮食安全，也有产地自用增加等原因。像我国第一进口来源地美国因发展生物质能源，生产量和出口量都减少；我国第二大进口来源国印度因大力发展棉纺织业，自用棉大幅增加，出口量并不多。我国其他主要进口来源地澳大利亚和非洲，其生产极不稳定，可供进口资源有限。

十、稳定棉花生产的对策和建议

我国是棉花消费大国，稳定面积对保障基本供给事关重大，保障居民消费需棉650多万吨，面积至少8 000万亩。稳定发展生产，提高棉花的供给能力，使棉花竞争从比价转向技术和服务的新需求上来。要坚持“三手抓”（详见第五章专题研究）。

（一）稳定棉花生产的对策和建议

“三手抓”对策。一手抓强化科技兴棉和社会化服务，提升核心竞争力。当前和今后要在轻简化栽培、机械化管理和社会化服务方面取得重大进展，突破“一前一后”的关键技术，“前”即机械化移栽，解决40%棉田人工育苗移栽问题；“后”即机械化采收，解决籽棉收摘费工费钱问题。新疆兵团开了个好头，2010年机采面积250多万亩，力争“十二五”普及，新疆地方也在积极示范；但是长江、黄河还没有破题，建议国家把棉花“机栽、机采”列入重大专项，组织科研力量集中攻克，切实解决“四费”问题。

二手抓政策扶持，出台最低价，提高政策的调动能力。从3月25日中国棉花协会长沙会议传出利好消息，国家出台临时性收储预案。低于国家确定的19 800元/吨的收储价格，国家将按规定价格全部收储。预案涉及13个产棉省市区，时间为当年9月到次年3月。

三手抓储备和投放，提升市场的吸纳和控制能力。

此外，今后棉纺企业要生存和发展，资源是第一要素，要稳定棉花供给，棉纺企业要向“第一车间”延伸，积极参与棉花生产基地建设，把资金投入从工厂设备转向棉田和农业。

（二）2011年棉花发展政策展望

1. 棉花在全国大宗农产品贸易中的地位。加入WTO之后的9年，棉花在国内大宗农产品的贸易地位大幅提升，棉花的贸易地位仅次于大豆和食用植物油，位列第三（表1-6）。

2. 2011年中央支持棉花的政策。2011年继续高产创建，示范片为200片；继续实行良种棉补贴，开展棉花轻简化育苗移栽示范。

2011年中央“一号文件”的关键词是“水”。《中共中央、国务院关于加快水利改革发展的决定》（即“一号文件”）出台一系列加快水利发展的新举措。久违了30多年的农田小水利又回来了。

决定指出，“十二五”新增农田有效灌溉面积4 000万亩。到2020年，基本完成大型灌区、重点中型灌区续建配套和节水改造任务。结合全国新增千亿斤粮食生产能力规划实施，在水土资源条件具备的地区，新建一批灌区，增加农田有效灌溉面积。实施大中型灌溉排水泵站更新改造，加强重点涝区治理，完善灌排体系。健全农田水利建设新机制，中央和省级财政要大幅增加专项补助资金，市、县两级政府也要切实增加农田水利建设投入，引导农民自愿投工投劳。

表1-6　2002—2010年棉花进口数量及其在大宗农产品中的贸易地位

单位：万吨，亿美元

年份	进口棉花		进口大豆		进口食用植物油		按进口额计，棉花在国内大宗农产品贸易中的地位
	数量	金额	数量	金额	数量	金额	
2010	284.5	56.56	5 480	250.81	687	60.26	棉花第三，食用植物油第二，大豆第一
2009	153	21.11	4 255	187.87	885	58.95	棉花第三，食用植物油第二，大豆第一
2008	211	34.92	3 744	218.12	816	89.77	棉花第三，食用植物油第二，大豆第一
2007	246	34.79	3 082	114.72	838	62.36	棉花第三，食用植物油第二，大豆第一
2006	364	48.68	2 827	74.88	671	31.52	棉花第二，食用植物油第二，大豆第一
2005	257	31.96	2 659	77.78	621	28.15	棉花第二，食用植物油第二，大豆第一
2004	191	31.76	2 023	69.79	676	36.65	棉花第三，大豆第一
2003	87	11.69	2 074	54.17	541	25.79	棉花第三，大豆第一
2002	18	1.86	1 132	24.82	319	13.10	棉花第四，大豆第一

注：贸易地位按进口金额多少排序。资料据各年《海关统计》整理。

加快推进小型农田水利重点县建设，优先安排产粮大县，加强灌区末级渠系建设和田间工程配套，促进旱涝保收高标准农田建设。因地制宜兴建中小型水利设施，支持山丘区小水窖、小水池、小塘坝、小泵站、小水渠等“五小水利”工程建设，重点向革命老区、民族地区、边疆地区、贫困地区倾斜。大力发展节水灌溉，推广渠道防渗、管道输水、喷灌滴灌等技术，扩大节水、抗旱设备补贴范围。积极发展旱作农业，采用地膜覆盖、深松深耕、保护性耕作等技术。

提高防汛抗旱应急能力。尽快健全防汛抗旱统一指挥、分级负责、部门协作、反应迅速、协调有序、运转高效的应急管理机制。加强监测预警能力建设，加大投入，整合资源，提高雨情汛情旱情预报水平。建立专业化与社会化相结合的应急抢险救援队伍，着力推进县乡两级防汛抗旱服务组织建设，健全应急抢险物资储备体系，完善应急预案。建设一批规模合理、标准适度的抗旱应急水源工程，建立应对特大干旱和突发水安全事件的水源储备制度。加强人工增雨（雪）作业示范区建设，科学开发利用空中云水资源。

3. 加大生产支持力度。继续开展棉花高产创建活动，拟新增200片至400片；继续实行良种棉补贴；新增轻简化育苗移栽示范项目，在9个产棉省市建立万亩轻简化育苗示范，推进代育代栽模式，探索破解棉花轻简化和社会化服务新模式。

十一、2011/2012年度全球棉花产销形势展望

受全球经济复苏、消费拉动的影响，特别是受全球棉价回升和销售利好的影响，预测2010/2011年度全球面积和总产呈恢复性增长态势（表1－7）。2010/2011年度全球总产增长169万～173万吨，比2009/2010年度增7.2%～7.4%。受价格利好的影响，ICAC 1月预测2011/2012年度全球棉花总产将达到2 730万吨，超过2006/2007年度2 600万吨历史的最高水平。预测美国、印度、巴基斯坦、巴西等国的植棉面积增长，全球棉花产量增加200万吨，增幅7.9%。但产量增长数据要到2011年8月以后才能见分晓。

表1－7　国际机构对2011/2012年度全球棉花生产、消费和库存预测

单位：万吨

预测机构和时间		产量		消费量		期末库存		2011/2012年度产消差
		2010/2011	2011/2012	2010/2011	2011/2012	2010/2011	2011/2012	
USDA	2010年1月	2 340	2 236	2 420	2 490	1 327	1 126	－254
	2011年1月	2 513		2 538	2 671	932		－68
ICAC	2010年1月	2 340	2 218	2 420	2 393	1 075	1 053	－175
	2011年1月	2 510	2 730	2 460	2 530	940	1 130	－33?

全球棉花消费回升。1月USDA和ICAC预计2010/2011年度全球棉花消费量2 420万～2 460万吨（表1－7），比2009/2010年度增2.8%上下。

全球棉花出口增长。2010/2011年度出口量为830万～835万吨，比2009/2010年度增100万吨上下，增幅14.0%。由于生产减少、消费增加，全球库存量比2010/2010年度减少288万～395万吨，增幅23.5%～29.7%。ICAC 1月预测2010/2011年度出口增50万吨，增幅6.0%。

全球棉价回升。2010/2011年度Cotlook A指数为101美分/磅，比2009/2010年度回升29美分/磅，增幅29%。预测2011/2012年度全球价格存在的不确定性增加。

（撰稿：毛树春　中国农业科学院棉花研究所，国家棉花产业技术体系）

第二节 2010 年中国棉花市场运行情况分析及 2011 年展望

2010 年全球经济遭遇复苏过程中的通货膨胀，中国也未能幸免，以粮、油、蔬菜等为代表的农副产品价格交替上涨，代表着人民生活成本和企业生产成本的 CPI 和 PPI 指标一路走高，政府适时退出金融危机时期的适度宽松调控政策，转入常态政策，并呈现收紧趋势。

为应对金融危机，刺激经济复苏，各国政府相继从 2008 年起投入大笔资金用于拉动经济，2009 年末随着经济复苏向好，一些国家选择退出刺激政策，但美国为防止微弱复苏之后的二次探底，继续实施量化宽松政策，造成全球流动性泛滥，加重了全球的通货膨胀。中国国内在 4 万亿元投资带来流动性过剩，天气因素造成农产品减产，以及输入性通胀的共同影响下，经济过热和通胀预期不断提高。数据显示（图 1－10），CPI 从 1 月的 1.5%一路上涨至 11 月的高点 5.1%，创下 28 个月的新高；PPI 从 1 月的 4.3%涨至 5 月的高点 7.1%，创近 20 个月的高点。为保障物价稳定，应对通胀压力，政府两次加息，六次上调存款准备金率，调整后一年期存款利率为 2.75%，大型金融机构存款准备金率达到 18.5%的历史高点。年末宏观调控更是打出组合拳应对投机炒作、物价上涨。所以 2010 年也可概括为“通胀来袭，调控应对”的博弈之年。

2010 年棉花会同其他农产品上涨，由于消费需求随经济复苏明显增加，棉花产量下降并面临新年度继续减产的局面，棉价持续大幅上涨，并从 9 月进入新年度开始加速上涨。中国棉花价格指数（CC Index 328 级）从年初 14 879 元/吨的，上涨至 11 月中旬的最高 31 302 元/吨，涨幅 110%。中国棉花收购参考价（328 级）从年初的 3.48 元/斤，涨至 11 月初的最高 7.06 元/斤，涨幅 103%。

一、2010 年棉花市场回顾

2010 年，国内棉花价格呈现中前期温和上涨，新年度开始后加速上涨，以及年末的回落后小幅反弹走势。具体分为以下三个阶段（图 1－11、图 1－12）：

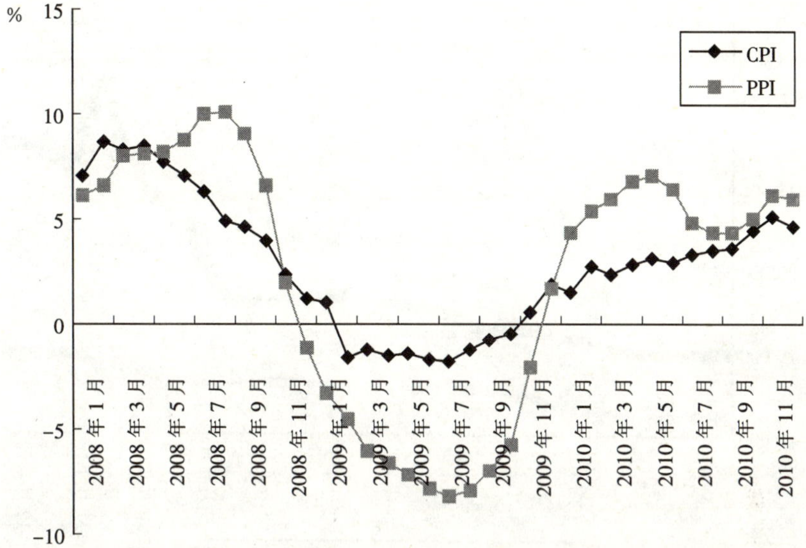

图1-10 2010年居民消费者物价指数（CPI）和工业品出厂价格指数（PPI）

（一）第一阶段：1月至8月，相对温和的波动上涨阶段

本阶段CC Index 328从年初的14 879元/吨涨至8月末的18 005元/吨，涨幅21.0%（图1-11）。

受到2009/2010年度棉花减产，中高等级棉产量下降的影响，进入2010年以来，棉花价格持续坚挺。同时纺织产销形势旺盛，棉纱价格大幅上涨，棉花需求增加，对棉价上涨形成良好支撑，棉花与棉纱形成互相助推上涨的趋势。而2010年春播开始以来，持续受到低温、降水少等不利气候的影响，前期播种普遍推迟，中期黄河与长江流域接连出现持续降雨，对棉花产量和品质造成不利影响，对棉价形成持续的利多支撑。

为应对供需缺口及棉价上涨，国家在2009年末即增发滑准税配额100万吨，并在5月和6月两次增发了80万吨和86.8万吨，使全年配额总量达到360万吨的历年新高。进入6月以后，随着棉价突破10年来的高点，冲至18 000元/吨的高位，为确保年度交接时期的棉花供应及价格稳定，国家抛储预案酝酿出台，并在8月10日新年度开始前正式实施。

（二）第二阶段：9月至11月中旬，加速冲至历史高位阶段

本阶段CC Index 328从8月末的18 005元/吨快速冲高，至11月11日达到历史高点31 302元/吨，涨幅达74%（图1-11、图1-12）。

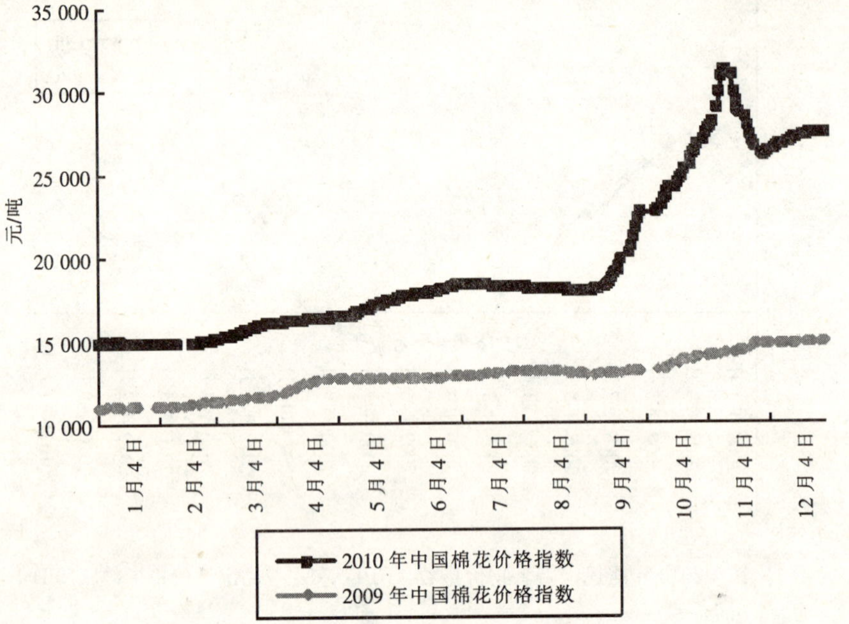

图 1-11 2009—2010 年中国棉花价格指数（CC Index）

进入新年度以来，由于新棉上市推迟、棉花减产降质等，一方面加剧了市场的供求紧张局面，另一方面造成市场看涨预期强烈。虽然储备棉投放持续进行，在 9 月末第一批 60 万吨投放结束后继续增加投放 40 万吨，居高不下的抛储价格不但难以平抑现货市场的高涨情绪，而且抛储棉的性价比较高，价格持续上涨甚至对现货形成一定的带动。籽棉开秤即超过 4 元/斤，并在 10 月中下旬大量棉企入市后突破 6 元/斤，于 11 月 10 日前后达到 7 元/斤左右的历史新高。中国及全球性的减产造成供求偏紧，国际棉价持续大幅上涨；而中国缺口形势更为严峻，市场长期看涨；加之周边农产品在受灾减产及通胀预期之下迅速上涨，多个因素助推棉价不断创出新高，涨幅居农产品前列，其中不乏投机资金趁机炒作，棉价存在一定的虚高成分。这也为接下来的调控之下出现下跌埋下了伏笔。

（三）第三阶段：11 月下旬至年底，回落后小幅反弹

本阶段 CC Index 328 从 11 月中旬的历史高位 31 302 元/吨，下跌至 12 月初的 26 164 元/吨，12 月小幅反弹至 27 508 元/吨，下跌幅度 5 138 元/吨，反弹幅度 1 344 元/吨（图 1-11、图 1-12）。

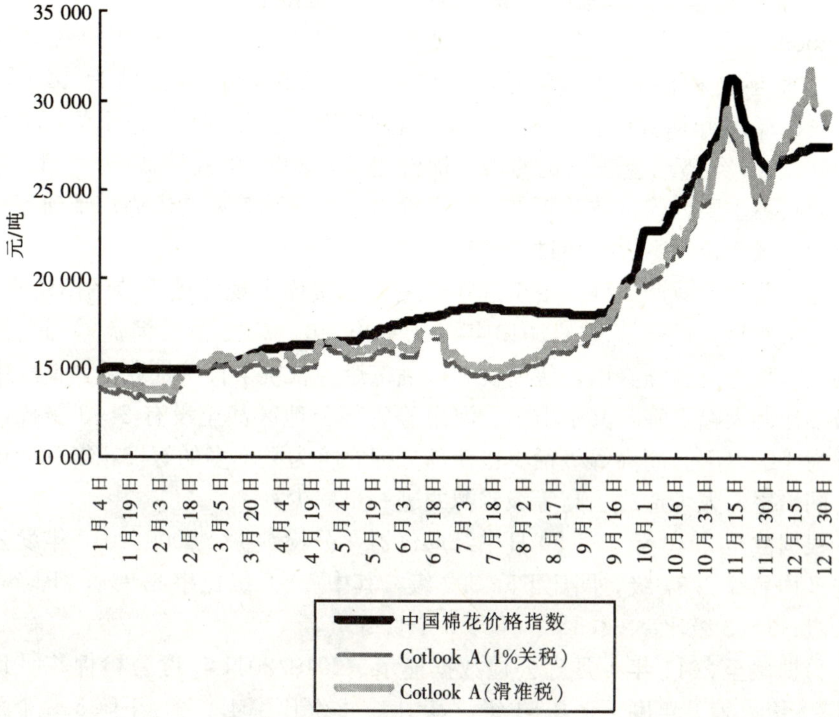

图 1－12　2010 年中国棉花价格指数（CC Index）与 Cotlook A 指数

农产品接连大幅上涨引发国家“组合拳”调控，重点锁定玉米和棉花，受此影响投机炒作资金出逃，电子盘首先回落，棉花现货随后回调，市场成交有所转淡，观望情绪加重。由于纺织产销形势整体较好，价格传导较为顺畅，随着棉价下滑，纺企库存减少，进入 12 月纺企补库需求略有增加，而棉企和棉农方面的惜售情绪略增，市场行情低位小幅反弹。但因买卖双方对价格存在分歧，成交难以上量。临近元旦，纺企有提前放假的情况，棉农交售和棉企收购也转入冷清。2010 年的最后一段行情以清淡成交收场。

二、影响 2010 年棉花价格的主要因素

2010 年，棉花供需因产量下降、纺织生产全线复苏，呈现较大缺口，这成为支持棉价上涨的最主要因素。此外，流动性过剩及农产品减产造成的通货膨胀、物价上涨，成为棉价不断刷新历史高点的外围支撑。

(一)棉花连续两年减产，高等级棉比例明显降低

2009/2010 年度和 2010/2011 年度棉花连续两年减产，据国家统计局数据，2009 年播种面积 7 425 万亩，总产 640 万吨，减幅分别为 14.0%和 15.0%；2010 年播种面积 7 275 万亩，总产 597 万吨，减幅分别为 2.0%和 7.0%。2008 年遭遇金融危机冲击，棉价走低；2009 年减种减产，2010 年继续小幅减种主要因棉价波动频繁，粮食价格及相关政策更具优势；受到不利气候影响，减产幅度则大大超过了减种幅度。

除棉花直接减产以外，由于近年来主产区接连出现夏秋季节的雨涝灾害，影响品级质量，这种情况在 2010 年尤为突出，6、7、8 月黄河流域和长江流域接连出现大范围强降雨，伏前桃和伏桃霉烂，秋桃生长条件变差，造成中高等级棉比例大幅下降，其中山东、河南等省部分地区甚至没有 2～3 级棉，全部降为 4 级以下。而高等级稀少也使部分棉农将为数不多的好棉花搀到癞棉花里一同出售，人为造成了高等级资源的进一步减少。

根据截至 2010 年 4 月 30 日中纤局仪器化公检数据，2009/2010 年度公检棉花平均品级 3.34 级，同比下降 0.2 级，其中 1～2 级比率 9.9%，下降 6 个百分点；1～3 级比率 63.5%，下降 9 个百分点。

另据截至 2011 年 1 月底公检数据显示，2010/2011 年度公检棉花平均品级 3.85 级，较上年度下降 0.51 级，其中 1～2 级比率 4.6%，下降 5.3 个百分点；1～3 级比率 36.1%，下降 27.4 个百分点。

(二)纺织消费大规模复苏，用棉需求增加

2010 年受到世界经济全面复苏的影响，纺织消费需求明显增加，上游成本传导顺畅，多数纺织企业收获了多年来难得一见的丰厚利润。但与此同时，在经营状况好转驱使下，企业扩大产能动力增加，扩锭计划列上日程，这也加大了行业产能过剩的压力。

1. 企业产销顺畅，利润达近年来最好水平。 2010 年纺织行业在全球经济复苏带动下，产销形势全面好转，企业纱线出货顺畅，价格保持上涨。尤其在 4 月之前，由于下游一片旺市，纺企主动上调皮棉采购价格，形成下游助推上游原料上涨的局面。4 月后棉花资源总量和结构的矛盾愈显突出，棉价的强势局面不断巩固，形成了上游成本助推下游纱线上涨的局面。虽然终端的消化速度和能力持续受到质疑，但上下游联动性一直较强，价格传导总体顺畅。纱线的总体上涨速度超过棉价，据中国棉花信息网数据统计（图 1 - 13），年末针织 32S 达到 34 800 元/吨，较年初上涨 14 200 元/吨；Index328 达到 27 508 元/吨，较年初上涨 12 629 元/吨，棉纱上涨超过棉花 1 500 多元。此外，由于

棉花减产、下游产销形势较好，纺企普遍提前加大了原料库存储备，库存越早、成本越低。得益于上述两个原因，2010 年纺织企业普遍从纺纱织布中获得了丰厚利润，经营状况达到了近年来的最好水平。据相关数据显示，全年纺织业利润突破 2 000 亿元，利润增幅有望达 40%。

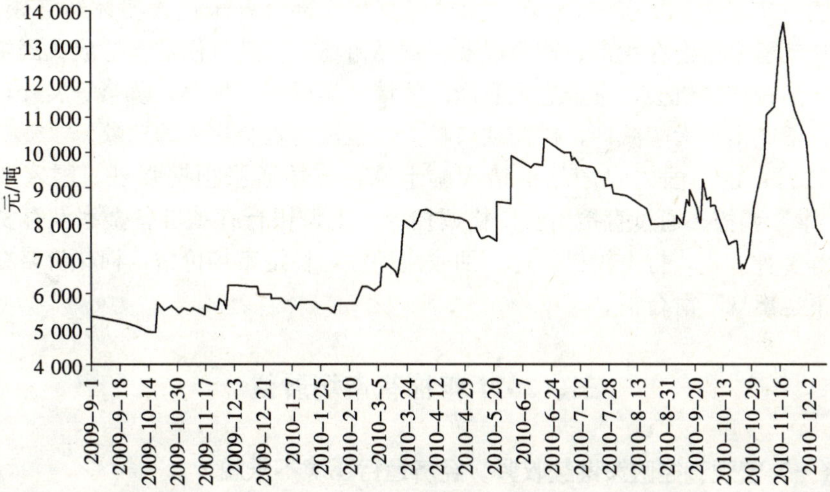

图 1-13　2010 年 32 支普梳纱与标准级棉价差价走势图

2. 出口全面恢复，投资大幅增长。据海关统计，2010 年全国累计出口纺织品服装 2 065.3 亿美元，同比增幅 23.6%，全年出口额已超过了 2008 年金融危机影响前的水平，我国纺织品出口迎来了全面复苏。从出口国别上看，排在前三位的美国、日本、中国香港出口额分别增加了 28.0%、5.0%和 7.0%，美国出口市场的明显恢复是最大的亮点。

另据工业和信息化部相关数据，2010 年 1—11 月纺织行业 500 万元以上项目固定资产投资总额达 3 508.08 亿元，同比增长 29.54%，增速较上年同期提高 20 个百分点，比全国工业投资增速高 6.84 个百分点。具体从棉纺行业看，实际完成投资额累计同比增长 21.9%，比上年同期增速提高 14 个百分点。

另外从纺机市场销售情况看，2010 年我国纺机市场迎来了近 20 年来罕见的供不应求的局面，前三季度完成工业总产值 576.61 亿元，同比增长 48.58%，达到历史同期最高水平；实现利润总额 34.18 亿元，同比增长 1.72 倍，比利润率最高的 2007 年同期增长 62.85%。

（三）市场流动性过剩加之农产品受灾减产，外围支撑行情上涨

国际市场上，由于美国在金融危机后继续实行量化宽松货币政策，国际市场流动性充裕。加之农业大国持续受到不利气候“厄尔尼诺”和“拉尼娜”现象的影响，粮食等大宗农产品减产预期强烈，资金参与炒作之下国际农产品价格呈现持续上涨。

国内市场上，2008年4万亿元投资有相当部分并未进入实体经济领域，大量流动资金游走在股市、期市以及收藏品市场，借助气候灾害造成我国粮食等农产品减产的机会，资金进入农产品领域，对绿豆、生姜、蔬菜等展开轮番炒作，棉花由于大幅减产，供需缺口扩大，也成为资金进入的对象。

11月，由于国内农产品价格大幅上涨，市场通胀预期强烈，国家展开“组合拳”调控，通过直接出台价格调控令，上调银行存款准备金率及存贷款利率等多种方式，打击投机炒作，回收流动性，稳定市场价格，棉花价格在调控之下也出现下滑行情。

三、2011年棉花市场展望

（一）宏观调控政策继续收紧，经济运行环境不乐观

进入2011年，截至3月18日国家已经三次上调存款准备金率，一次加息，调整后大型金融机构存款准备金率达到20%的历史高点，商业银行一年期存贷款利率分别为3.0%和6.06%。但是市场的通胀预期依然强烈。1月和2月全国CPI同比均上涨4.9%，其中2月数据继续高于市场预期，此外2月PPI上涨7.2%，环比扩大了0.6%。由于预期全年货币供应量不会大幅降低，粮食和农副产品供应形势仍没有明显改观，而来自国际市场的输入性通胀压力可能继续加剧，因此2010年稳定以农产品为首的物价总水平，控制市场通胀预期仍然任务艰巨，这也是温家宝总理在政府工作报告中把“稳定物价总水平”列为2011年政府首要任务的重要原因。受此影响，2011年宏观调控不会放松，扩大央票发行、上调存款准备金率、加息等措施仍可能被轮番使用。企业运行的资金环境将较为紧张，贷款难度加大，资金使用成本增加可能在年内成为常态，将对企业经营构成压力。

此外，人民币对美元继续保持升势，3月7日中间价达到6.565 1的汇改以来新高，较年初升值0.9%。2010年6月央行继续推进汇率形成机制改革以来，年内人民币累计升值3.6%左右。在国际经济复苏前景不明情况下，人民币升值将进一步削弱企业利润空间和竞争力。

除了上述因素，2011年通胀压力加大将对居民的消费产生影响。根据央行3月中旬最新公布的调查结果，2011年一季度，虽然居民收入情况向好，但在当前物价、利率以及收入水平下，居民的储蓄意愿更高，消费意愿降至1999年来最低。这将直接影响纺织品服装内销数量的增加及价格上涨，对目前纺织服装行业过剩产能形成压力。

（二）年度后期资源紧张 新棉面积扩大幅度有限。

从年度资源供应情况看，由于国内棉花大幅减产且降质明显，后期来自供应量和等级结构的矛盾仍将继续并可能更为突出。国际市场美棉供应进入后期，印度政府限制出口，澳大利亚棉花减产，诸多因素使后续供应难以有效扩充，在3—4月到港高峰过后，国际资源将较为吃紧。受此影响，棉花将在较高价位区间运行，且中高等级棉扛价能力更强。

4月中旬以后，全国棉花将开始春播。从目前各机构的预测情况看，普遍高于2010年，增幅在4%～10%不等。棉价高涨的带动作用不容忽视，特别在长江产区，由于气候相对稳定，近年植棉增产增收较为明显，扩种积极性相对较高。但在西北的新疆和黄河流域产区，由于竞争性作物种植收益突出，外出打工工资持续上涨，加之黄河流域近年连续出现夏秋涝灾，减产影响植棉收益，2011年植棉将以稳定或小幅增加为主。在此种植意向下，预计棉价上涨的动能将受限，但影响程度仍要看实播面积和天气情况，以及其他因素的综合影响。

（三）纺织消费存在变数

1. 企业成本压力普遍较大。值得注意的是，2010年纺织产销形势一片大好主要得益于纺企原料库存早、成本低，棉花和棉纱一路上涨，后者涨幅还超过了前者，企业打了一个“时间差”，赚得“盆满钵满”。2011年这种形势将难以再现，首先一般企业当前棉花库存多则一月，少则10天甚至随用随买，仅少数大企业库存了90～120天乃至更长时间，企业的棉花成本普遍处于高位；其次棉纱上涨困难，销售形势不乐观，一些精梳生产厂家甚至都感觉到利润空间越来越小，普梳企业的压力更大。此外，企业面临的用工成本、环保成本、资金使用成本不断提高，综合成本压力难以回避。

2. 如果棉价继续上涨，纺企倾向用化纤替代，但替代程度有争议。无论出于生产的考虑还是根据下游订单调整配棉，如果棉价在30 000元以上继续上涨，企业普遍面临增加化纤配比。化纤价格的竞争力是一方面，但并不是主要原因，因为从2010年初棉涤和棉粘的价差就早已超出正常值，比价优势明显。主要影响因素还是价格的向下传导，棉价传导在2011年并不乐观，市场对高成本越来越难接受。但市场对化纤的替代程度也存在争议，虽然棉价的上涨直接造成终端产品涨价，影响消费量的增加，但消费者是否乐意接受更多的化纤产品，有偏好的问题，也需要较长的时间，替代性很难在短期内体现。而一些小纺企感觉替代性很强，可能与其市场份额小有关，如果大量企业转产化纤，可能面临市场有限、恶性竞争的情况。

3. 内销和外销市场受经济复苏及通胀等形势影响。2011 年纺织消费市场将继续受到经济复苏形势的影响。一方面美国经济复苏可能仍较坎坷，欧盟债务危机仍可能卷土重来，日本大地震短期影响其国内市场消费，长期相对利好，亚洲国家继续受到通胀压力的影响。纺织品服装出口难以重现金融危机之后的大幅反弹，稳中有增的趋势将考验中国纺织品的国际竞争力。内销市场的增加有赖于通胀预期的控制及居民收入的增加，这直接与国家的宏观调控和经济运行情况紧密相关。

（撰稿：张宋佳　全国棉花交易市场）

第三节　2009/2010 年度中国棉花期货市场运行情况分析

2010 年以来，面对复杂的宏观经济形势，郑州商品交易所（简称“郑商所”）深入贯彻中央一号文件精神，加强市场监管，培育上市品种，积极研发新品种，安全组织交易，防范市场风险，发挥市场功能，努力开创科学发展的新局面，实现了市场持续稳定健康发展。2009/2010 年度，郑商所各品种总成交量 7.79 亿手，同比增长 80.3%；成交金额 39.54 万亿元，同比增长 161.7%，均远超 2009 年全年水平。根据美国期货业协会（FIA）统计，2009/2010 年度棉花期货成交近 78 389（＝ICE：444.32＋ZCE：77 944.65）万手，是全球增长最快的品种，排名全球农产品期货类合约第 8 位。郑商所在全球 53 家期货交易所中总排名第 12 位，比 2009 年的第 14 位上升 2 位。

郑商所上市棉花期货 6 年多来，市场不断发展和成熟，有力推动了中国棉花产业的持续健康发展。

一、2009/2010 年度郑棉期货市场基本情况

2009 年以来，伴随着金融危机对宏观经济的影响，棉价波动加大，企业

参与度显著提高，市场规模得以快速提升。

从市场成交量和成交金额来看，2009/2010 年度（2009 年 9 月 1 日至 2010 年 8 月 31 日）成交期货合约 5 684.3 万手（每手 5 吨，合计 2.84 亿吨）；成交金额 4.7 万亿元（图 1－14）；分别是 2008/2009 棉花年度成交量的 5.9 倍，成交金额的 8.1 倍；等于上市 6 年来成交总量的 52.2%。2004 年 6 月棉花期货上市以来，截至 2010 年 8 月底，累计成交合约 10 882.3 万手（每手 5 吨，合计 5.4 亿吨）；成交金额 8.3 万亿元。

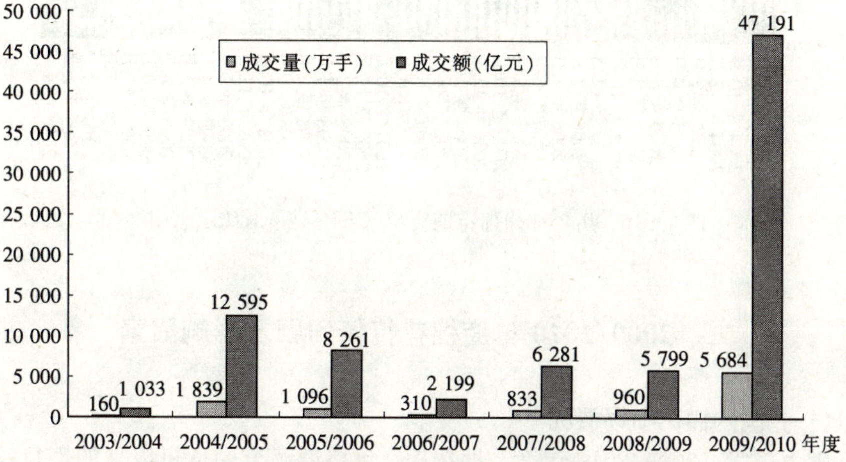

图 1－14　棉花期货历年成交量和成交金额示意图

数据来源：根据郑州商品交易数据。

从持仓量和仓单注册量来看，棉花期货上市以来，持仓量一直不高，2009/2010 年度有较大改观，持仓量最大增加至 59 万多张。持仓量的增加意味着涉棉企业的参与度提高；6 个年度，共注册棉花仓单 28 160 张（每张仓单 20 吨，折 56 万吨）。仓单是连接期现货市场的纽带，保障了期现货价格关系的合理，促进期货市场发现价格功能的发挥。

从郑州棉花期货市场与美国棉花期货市场对比来看，ICE 作为全球最早的棉花期货交易中心，其市场规模一直高于其他市场。2009/2010 年度情况有所变化，从 2009 年 12 月起，郑商所棉花期货市场交易量超过了 ICE。连续 4 个月维持棉花期货交易超过 ICE（截至 2010 年 8 月）（图 1－15）。表明郑商所棉花期货的市场规模和影响力理应不断提升，反映出棉花生产大国、消费大国和贸易大国国际地位的提升。

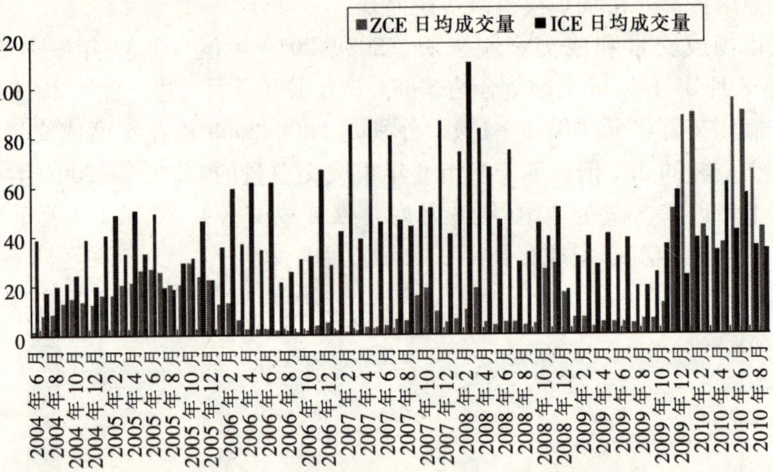

图 1－15　历年郑州棉花期货与 ICE 交易量对比示意图

二、2009/2010 年度棉花行情回顾及影响因素

（一）国内棉花市场情况

国内现货：2009/2010 年度，棉花现货价格继续金融危机以来的恢复性上升，整个年度持续了震荡走高的态势。年度升幅 39.4%，从比较数据来看，棉花现货价格恢复到金融危机之前的价格高度。

国内期货：同期棉花期货出现了交投踊跃的喜人局面。从市场来看，功能性指标、流动性指标、效率性指标和市场深度及参与度指标创出新高，同时期货和现货的关联度增强。从波动的角度，期货同国内现货基本同步，走出逐步收高的态势，率先走出了金融危机以来的最大升幅，也创出了棉花期货开出以来的新高。影响因素分析如下：

1. 供求关系影响。伴随着经济的回暖，纺织行业产能的复苏以及减产等综合性因素影响，国内棉花的供需关系发生了实质性的变化。与上一棉花年度相比，供求基本平衡甚至供给略大于需求转化成了供给紧张、用棉需求旺盛的局面。USDA 预测，2010 年我国棉花产量 696.7 万吨，减产 100 万吨左右。消费量 1 088.6 万吨，恢复到金融危机之前水平。从产消关系上看，2009/2010 年度缺口 391.9 万吨，而这个缺口必须通过库存因素去消化，库存消费比再次上升，成为本年度棉花期现市场行情上涨的主要因素。

2. 气候导致减产降质。2009/2010棉花年度受到棉花种植面积减少，5月之后的主产区的气候仍然偏冷，影响了苗情。到了后期减产降质比8－9月预计更严重。

3. 年度初期工业库存见底，国家储备见顶。这是2008/2009年度金融危机和应对金融危机的措施所造成的结果，国家储备增加到272万吨，工业储备降低到历史低位，这也是一对结构性矛盾。

4. 价格上升，越收越高。看涨抢收使得棉农、轧花厂、棉商的惜售和存货心里强化，收购价格一路上升，收购成本一路上升，越收越高。期间棉纤维和棉副产品相互拉动，棉纱和棉花价格相互推动。

5. 投资推动。近年来世界各主要经济大国均采取了扩张的财政金融政策，美国金融危机前双赤字数额巨大，金融危机后采取了更加扩张的政策。

流动性宽裕使得棉花可以作为一项抵御通货贬值的大宗基础原材料，受到了资金的追捧。年度棉花期货总持仓量，成交量创出历史新高。因此，年度棉花期货和现货价格上升，相对金融危机来说，带有恢复性的性质，呈现资源紧张、消费拉动、成本推进、投资推动的特征。

（二）国际棉花期货市场情况

相对于较稳健的郑州棉花期货而言，ICE纽约棉花期货2009/2010年度走势显得更加凌厉，年度涨幅为45.5%，但也反映了世界棉花价格的强势局面和内在影响因素。伴随着全球性需求增长的因素，国际棉花期货也率先于其他期货品种恢复到金融危机之前价格水平。影响因素如下：

1. 全球供需矛盾。金融危机之后，世界各国的经济开始复苏回暖，全球性消费逐步增加，根据USDA预测，2009/2010年度全球总产2 210.9万吨，与往年相比处在相同的水平上。其中，中国产量696.7万吨，与往年相比相对减产；印度产量505.1万吨，美国产量265.4万吨，巴基斯坦产量209万吨，巴西产量118.7万吨。世界棉花消费量为2 580.6万吨，增加184.1万吨。由于世界棉花有将近200万吨的供给缺口，因此棉价受到供需失衡的影响，全球棉花期、现货价格在2009/2010年度有了较大幅度的增长。

2. 中印大国消费量增加。部分发展中国家遭受金融危机冲进相对较小，且通过政府强有力的救市措施很快得以复苏，比如中国、印度产消大国，棉花产业是民族工业的重要组成分，与其他产业相比率先复苏。据USDA预测，中国棉花消费量增130.6万吨，印度增41.3万吨。在总产与消费增加背景下，我国对世界棉价上涨的贡献最为明显。

三、2009/2010 年度郑棉期货市场主要特征分析

(一) 市场基础日益扎实，交易量有较快增长

2009/2010 年度，特别是 2009 年 11 月以贴近现货、仓单非通用为核心的棉花期货合约规则修订以后，郑州棉花期货从交易量、持仓量、交割量等指标均大幅增长。

1. 交易量大幅增长。作为反映期货品种流动性的重要指标。郑棉期货交易量稳步上涨，2009 年达 4 267 万吨，2010 年交易量大幅增加到 15 753 万吨（图 1－16），首次超越美棉期货交易量。以上数据说明，随着郑棉期货市场运行机制的不断完善，参与郑棉期货交易的投资者数量逐年增加，在 2010 年达到较高水平。

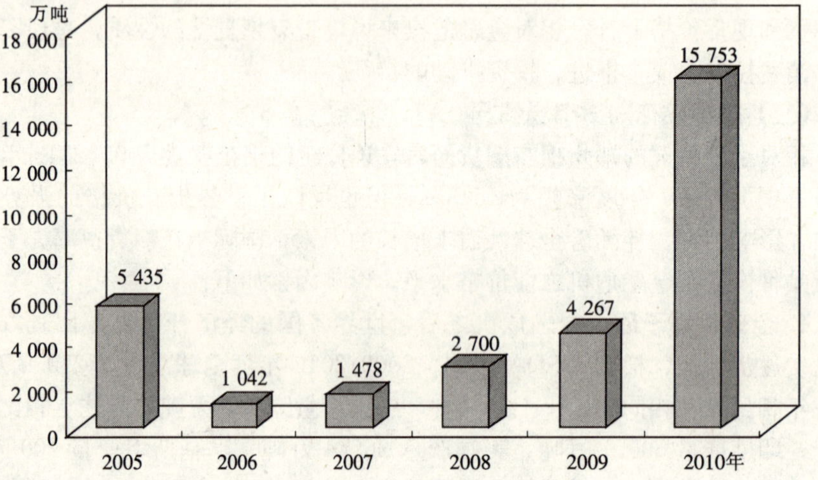

图 1－16　郑棉期货年度交易量单位

数据来源：郑州商品交易所。

2. 持仓量增加。郑棉期货持仓量稳中有升，2009 年 5 453 万吨，2010 年持仓量大幅增加到 15 510 万吨，比上年增长 184.4%，棉花期货市场规模逐年增大（图 1－17）。

3. 交割量增加。2009 年交割量减少至 4.32 万吨（图 1－18），是受金融危机以及国家储备政策的影响，当年国家收储量 270 万吨，达到史无前例的水平。2010 年交割量增加到 16 000 万吨，也创新高。

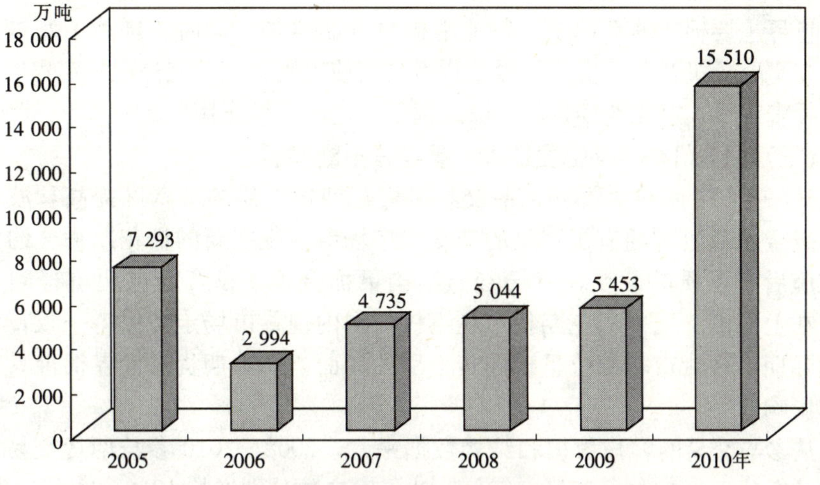

图1-17　郑棉期货年度持仓量

数据来源：郑州商品交易所。

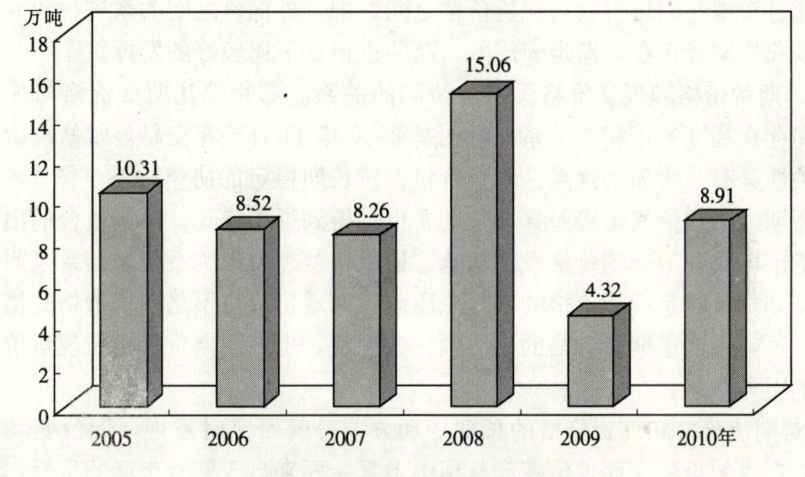

图1-18　郑棉期货年度交易量

数据来源：郑州商品交易所。

（二）价格上涨幅度较大，反映棉花基本供求趋势

郑州棉花期货平均价格指数涨幅32.6%，国内棉花现货CC Index 328指数涨幅39.4%，美棉期货指数涨幅45.5%，美国棉花7大现货市场综合指数涨幅64.4%。

供求矛盾是棉花期、现货价格涨幅较大的主要推力，伴随着世界经济复苏，世界主要棉花消费国纺织行业消棉量开始增加。同时各国为了刺激经增长，在金融危机背景下实施的强效货币政策使得资金流动充裕，一定程度上增加了投资需求，对棉花期货的上涨起到了一定的助推作用。

（三）日内价格波动幅度加大，参与者不断增加

2009/2010年度，郑州商品交易所棉花期货交易的活跃度提高，波动性方面较金融危机时期有了明显的恢复，市场参与度在新的棉花期货合约修改并实施后有了质的改变，市场参与结构更加合理，投资套保比重得到了优化。在上年度，国内棉花期货市场不仅与国内现货市场走势保持一致，而且与国际期、现货市场棉价呈现同步上涨的局面，郑棉期货对世界棉价具有一定的影响。

从参与交易的客户数据和结构数据来看，2008—2010参与期货交易客户增长速度分别为61%、17%、73%；法人客户数分别增长18%、30%、47%，法人结构更加合理。

（四）与国内外期现价格基本趋同，期货功能初步发挥

通过对棉花期货价格与现货价格之间，中、外棉价之间关系进行研究，可以发现郑棉期货正在逐渐走向成熟，功能也得到了比较好的发挥。

1. 期货价格和现货价格保持着协和的关系。郑州棉花期货价格与现货价格之间存在高度的正相关关系。特别是2009年11月棉花交易规则修改后，这种相关性又有了明显的提高。两货价格保持长期稳定的协整关系（图1-19），即使短期内出现价格走势差异，长期看也会得到逐步修正，协调整合的出现表明期货市场具备一定的价格发现功能。通过格兰杰因果关系检验结果表明，我国棉花期货价格是现货价格的格兰杰原因，而现货价格不是期货价格的格兰杰原因。这就说明了期货价格的走势领先于现货，也表明期货价格对现货价格有一定的引导作用。

对期货价格和现货价格的长期变动方差分解研究时发现，期价变动主要来自于自身的贡献，而现价变动从历史上看主要来自于期货市场的贡献，有相当一部分来自于现货市场的贡献。这说明期货在我国棉花交易中居于相对引导性的位置。

交割是期货与现货联系的纽带，也是期货价格与现货价格的协和之本。研究发现，历次最后交易日期货价格与现货价格的一致性保持良好，波动范围稳定，同时具备了套期保值功能的基础实现条件。

2. 投资和套保匹配。从套保和投资动态关系看，投资者到位情况逐步充

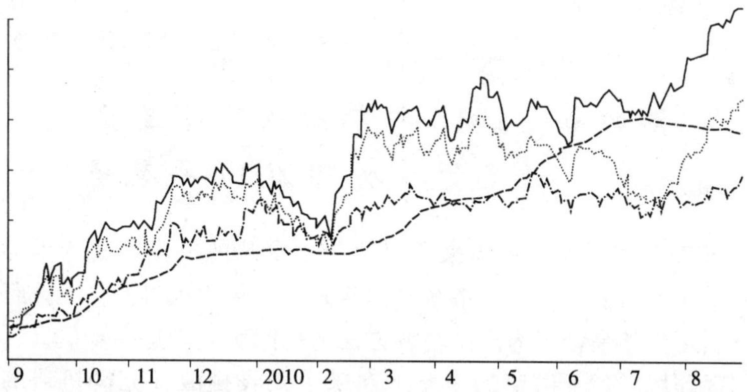

图1－19 2009/2010年度国内外棉花期、现货价格走势图

数据来源：郑州商品交易所，中国棉花信息网，ICE。

分，前期市场工作做得比较扎实，产业链机构客户开户总数呈逐步增长的态势。套保比重和投资比重对成交量、持仓量的协调关系以及对价格波动的贡献度情况合理。

3. 市场效率指标方面。流动性，作为市场主要效率性指标的棉花期货流动性逐年提高，呈现厚积薄发的局面。标志性指标成交量比率超过美棉期货。在波动率方面，棉花期货无穷平均波动率平稳于0.66%，2010年均波动值0.74%，周波动均值1.39%，月波动均值3.0%，取短、中、长不同的时间跨度评介该指标均在波动合理阈值之内。

4. 积极发挥社会功能。在对资源配置、信息传输、决策参考、规范市场行为、引导信用、提升产品质量、产业升级、促进现货市场完善与发展、服务“三农”以及促进其他社会效益方面发挥了积极作用。积极开展宣传教育工作，提升投资者素质水平。2010年交易所开展“三业”活动，促进了期货市场的功能发挥，实现了“农民增收、种植增量”、参与企业获得稳健规模效益的良好社会效应。

在棉花产业经济得到了快速发展的同时，棉花期货同样走出了健康发展的势头，表现为期现关系协和，套保、投资规模匹配，市场活跃度和流动性日渐充分，社会效益显著，符合走向定价中心的发展方向。可以预见，随着我国宏观经济的健康快速发展，金融改革的逐步深化，棉花产业经济的做强做大，新合约规则的施行完善，棉花期货将会更好地实现预期资源配置的效果和效率，更好地为国民经济服务。

（撰稿：姬广坡　郑州商品交易所）

第四节　2010年棉纺织行业经济运行分析及2011年展望

2010年对我国棉纺织行业来说是极为不平凡的一年。这一年棉纺织业经历了几十年不遇的好年景，市场产销两旺，销售收入过万亿元，行业平均利润率创出历史新高，国内产品在各方面的国际影响力进一步提高，整个行业也在国际环境极为不确定的情况下迎来了既具挑战又充满机遇的“十二五”开年。

一、棉纱、棉布产量都呈两位百分数增长

据国家统计局统计（图1-20），2010年全国规模以上企业累计纱产量为2 717万吨，同比增长13.5%；全年单月纱产量除2月较低外总体呈现小波浪式增长。全国规模以上企业累计布产量655.5亿米，同比增长19.5%，全年各月产量基本稳定，并保持增长势头，全社会累计布产量约800亿米。

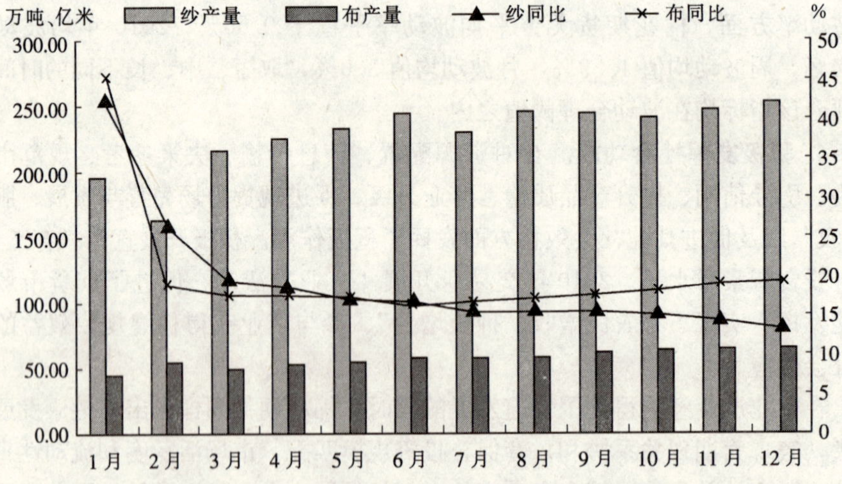

图1-20　2010年全国纱布产量增长情况图

数据来源：国家统计局。

分省情况看，2010年规模以上企业累计纱产量较大的省份依次为山东省、江苏省和河南省，3省合计约占全国纱产量的57.6%，在产量较高的前6个省份中，河南、湖北、福建3省的同比增速超过全国同比增速。2010年规模以上企业累计布产量超过80亿米的依次为浙江省、山东省和江苏省，3省合计约占全国布产量的59.0%，在累计产量较高的前6个省份中，湖北、河北和河南3省同比增速超过全国增速水平。

二、棉制纺织品及服装出口呈两位百分数增长

海关进出口统计数据显示，2010年棉制纺织品服装累计出口金额772.22亿美元，约占纺织品服装出口总额的36.4%，同比增长23.4%，低于纺织品服装出口金额同比增速约0.4个百分点。全国棉制纺织品服装累计进口65.31亿美元，约占纺织品服装进口总额32.1%，同比增长19.7%，低于纺织品服装进口额增速0.7个百分点。可见，我国棉制纺织品服装对纺织品服装贸易总顺差贡献率达37.0%。

（一）棉纤维进口增长显著，棉纱线进出口双双两位数增长

2010年累计进口原棉283.6万吨，同比增长85.9%；进口均价2.0美元/千克，同比增长43.2%。2010年累计净进口棉纱线58.74万吨，净进口金额9.62亿美元，进口均价2.9美元/千克，低于出口均价约1.4美元/千克。

2010年累计净出口棉织物70.2亿米，净出口额91.1亿美元，出口均价1.37美元/米，低于进口均价0.6美元/米。

从棉纱线品种看（图1-21），进口以普梳棉纱为主，累计进口数量同比增长12.8%，累计进口金额同比增长56.1%，进口均价同比增长37.8%；出口以精梳棉纱为主，累计出口数量同比减少2.9%，累计出口金额同比增长32.9%，出口均价同比增长36.9%。

在当下全球棉花资源日趋紧张的形势下，棉花原料价格持续高位运行，化纤短纤的替代作用越发显得重要，需求自然也随之扩大。2010年全国化纤短纤出口量达74.4万吨，同比增长35.8%；出口金额11.7亿美元，同比增长52.6%；出口均价1.6美元/千克，同比增长12.1%。

（二）棉织物出口保持较高速度增长

从棉织物品种看，坯布在我国棉织物出口中占绝对优势，单月出口数量方面，2月较低，10月出现激增，随后两个月有所回落；色织布（不含牛仔布）呈现波浪式上升；牛仔布自7月以来呈现下降趋势，11月略有回升。

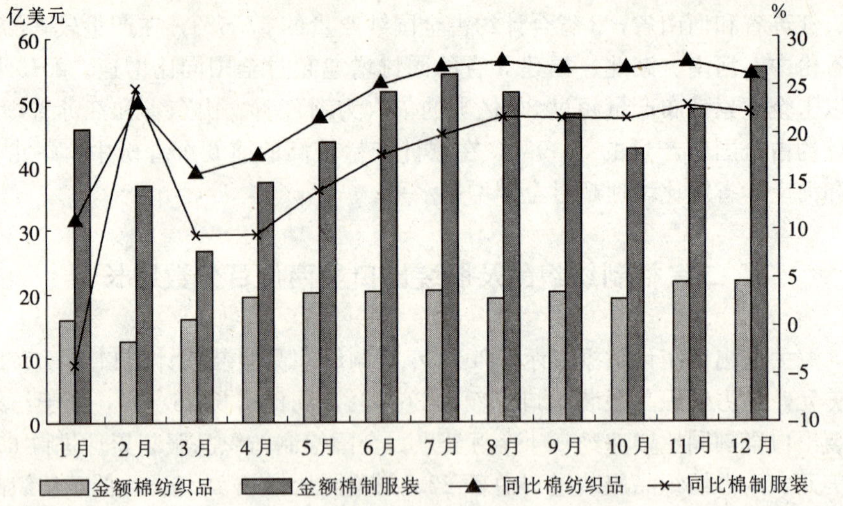

图1-21 2010年全国棉纺织品及服装出口情况图

数据来源：海关总署。

（三）进出口市场呈现新格局

出口方面，我国棉纺织品主要五大出口市场的市场份额合计占到56.9%，其中中国香港和东盟以绝对的优势占据前两位，东盟市场以40.7%的同比增长速度位居榜首；相比之下，美欧市场仍处于复苏期，我国在日本市场的份额也正在减小。我国在新兴市场的出口方面，孟加拉、越南、贝宁及印度尼西亚等国值得关注。

我国棉纺织品进口市场较出口市场相比更具多元化，此5大市场合计占进口总额的28.2%，其中东盟市场在我国的市场份额更为突出，正以强劲的势头加快抢占我国的进口市场份额，而日本和中国香港双双出现同比负增长；欧盟和美国则有不同程度增长。

三、棉纺织行业实际完成投资呈两位百分数增长

2010年全国棉、化纤纺织加工业（以下称棉纺织行业）累计实际完成投资960.3亿元，占纺织行业实际完成投资的43.7%，同比增长20.9%。全国棉纺织行业累计施工项目2 629个，同比增长4.0%；其中新开工项目数1 922个，同比增加4.3%；累计竣工项目1 618个，同比减少0.3%，占施工总项

目的 61.5%。

分区域看，2010 年中部和西部地区占比与前两年相比明显增长，尤其是中部地区增长幅度大于西部地区，东部地区占比下降幅度也逐年加大。

从对设备的投资方面看，2010 年上半年市场需求的火爆直接带动了纺机市场容量增加，尤其以中高端棉纺设备需求最为旺盛。

四、原料及纱布市场全线上涨

（一）原料

国内棉花原料价格自 2009 年 10 月开始走高之后，2010 年受天气、下游需求、库存、资金、心理预期、游资炒作等多因素影响波动较大，全年基本处于上升的状态。原料成本占企业生产成本的比重上升，风险加大。

总体上看，一季度和二季度市场价格分别处于平稳调整和温和上涨状态；8 月国储棉的投放预期缓解了市场紧张的气氛，但新棉推迟上市却大幅度地抵消了其作用，9 月棉花价格开始较大幅度走高；10 月起价格飙升，经历了暴涨阶段，11 月 11 日在国家宏观政策调控下下跌，12 月初再次开始反弹至年底。

在棉花供应量有限、价格高位运行的时代，加大化纤使用量无疑是纺织企业重要的选择和出路之一。整体而言，2010 年粘胶短纤和涤纶短纤的需求量出现了大幅提升，其价格也随着棉花价格而波动，走势与棉花价格基本保持相一致。

从图 1－22、图 1－23 可以看出，2010 年棉花价格走势可以大致分为以下六个阶段：

1. 平稳运行阶段。2010 年开年延续了 2009 年的上涨之势，棉花价格小幅上升。2 月初临近春节小幅回落，春节过后又开始回升，此阶段棉花价格一直在 15 100 元/ 吨上下浮动。

2. 稳步上升阶段。3—7 月上旬，棉花价格平稳快速上升。企业经营风险加大。第二季度棉纱市场与纱线市场形成了互助互推的阵势。

3. 平稳波动阶段。7 月中旬—8 月底，在储备棉投放等宏观政策影响下棉价基本平稳波动。

4. 快速上涨阶段。9 月进入 2010/2011 新的棉花年度，受新棉推迟上市、棉花质量下降等多种因素的影响，棉价在此期间并未像往年一样下降反而是大幅上涨。尽管国家加大了宏观调控力度，一方面向市场投放了 100 万吨国家储备棉，另一方面针对控制大宗商品涨价出台了一系列政策措施，但 10—11 月

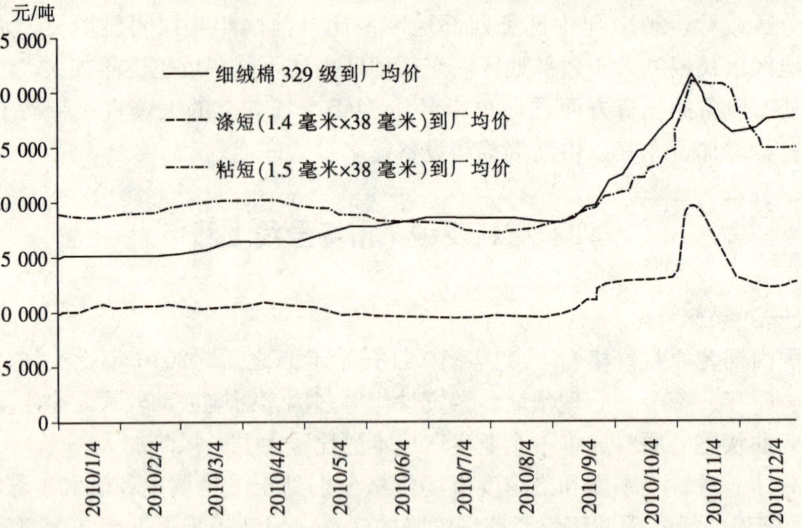

图 1－22　2010 年棉花及粘胶短纤、涤纶短线原料价格变化

数据来源：中国棉纺织行业协会跟踪数据。

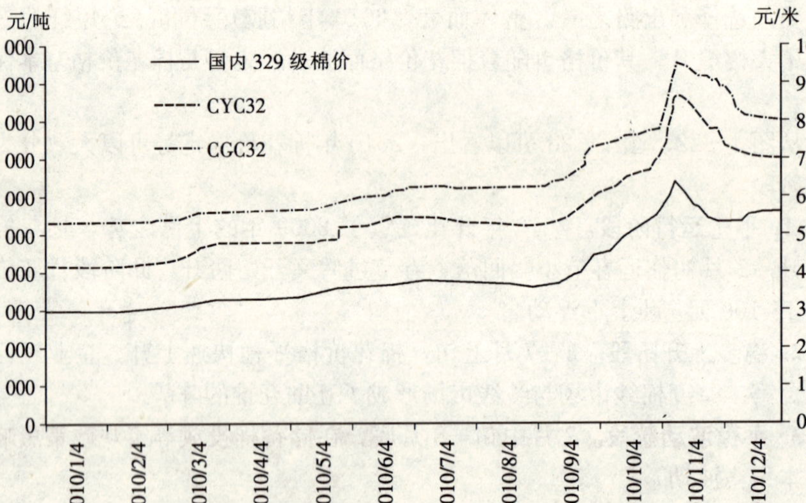

图 1－23　2010 年棉花原料及纱布市场价格变化

数据来源：中国棉纺织行业协会跟踪数据。

棉价仍接连创下新高，并于11月上旬突破3万元大关。

5. 快速回落阶段。棉价在11月11日触顶后出现回落，随后棉纺企业、棉加工企业、棉农三方展开了拉锯战，均持观望态度。棉农惜售，加工厂收购谨慎，棉纺企业采购缓慢，纱线价格也随之下跌。直至12月初，棉价历经20多天累计下跌4 000～5 000元/吨。

6. 小幅反弹阶段。进入12月中旬，有些企业开始少量补库采购，棉价稳步上涨，纱布市场受棉花成本的支撑，价格坚挺，但销售状况平淡。

（二）纱布市场

总体上讲，2010年纱布价格走势与棉花价格较为相似。与往年不同的是，纱布市场价格对原料价格的跟涨几乎同期，未出现明显滞后现象，变化节奏之快对企业的经营和资金是一次严峻的考验。

2010年1—8月纱布市场价格相对稳定；9月以来棉花原料、纱、布价格均保持高位运行并不断创出历史新高；直至12月底市场价格仍处于较高水平。32支普梳纱和32支纯棉坯布全年均价分别达到约27 000元/吨和6.5元/米。

纱布市场全年走势可分为以下几个阶段：

1. 稳中有升阶段。1—2月市场价格平稳运行，32支普梳纱和32支纯棉坯布两个月均价分别为20 746元/吨和5.3元/米；3月受需求带动，纱布价格随原料价格上涨而跟涨；4月5月中旬跟随原料价格恢复平稳运行。

2. 快速上涨阶段。5月下旬—6月中旬市场现货趋紧，库存同比下降，纱线和原料价格互助互推，价格再次大幅上升，市场订单充足，坯布价格受需求带动和上游纱线的推涨，价格大幅攀升，跟涨也较为迅速，前期原料贮备丰富或坯布存货较多的棉纺织企业盈利可观，而现买现产的企业风险相对较大，32支普梳纱价格和32支纯棉坯布6月均价分别达约26 300元/吨和6.0元/米。

3. 回归理性阶段。6月下旬市场再次趋于平稳，需求减少，成交气氛减弱；7月市场回归理性，企业接单数量减少，价格也在成交时出现一定幅度的让利，8月底，部分坯布产品价格下跌，随后价格维稳。

4. 加速冲高阶段。9月初随着原料价格的不断拉升，纱线价格也快速上涨；9月5日以后，市场成交活跃，受上游纱线价格暴涨影响，坯布代表品种成交均价也屡创新高，出口型企业的海外订单报价日益上调，但订单数量随之减少；一些企业11月11日32支普梳纱和32支纯棉坯布价格分别达到43 000元/吨和9.4元/米。

5. 急速下跌阶段。 11月12日在国家强有力的调控下，纱线市场价格急速下跌，坯布市场价格回落相对略缓；12月传统淡季到来，订单明显减少，下旬纱布价格受原料价格支撑逐渐止跌，受国内当时货币政策的影响，加上春节前企业加速资金回笼，实际成交清淡，一度有价无市。

五、棉纺织行业质效表现较好

（一）从业人数恢复性增长，劳动生产率继续提高

2010年1—11月全国棉纺织行业规模以上企业（以下称棉纺织企业）数量12 238户，同比增长4.6%；其中亏损企业数998户，同比下降35.7%；亏损面占8.15%，同比下降6个百分点，延续上半年亏损面持续减小的趋势。

2010年1—11月全国棉纺织行业规模以上企业全部从业人员平均259.2万人，较去年同期相比增长约3.0%，受全年市场需求较好，开工率较高以及工资待遇增长等因素影响，实现了自金融危机以来的恢复性增长。

2010年1—11月我国棉纺织行业全员平均劳动生产率（按工业总产值计算）为44.52万元/人，同比提高约26%。

（二）产销值、主营收入均过万亿元，利润率达历史高位

2010年1—11月全国棉纺织企业工业总产值（当年价）11 539亿元，同比增长29.5%；出口交货值898.7亿元，同比增长25.4%；工业销售产值（当年价）11 355.7亿元，同比增长29.7%；主营业务收入11 400.0亿元，同比增长30.9%。上述四个指标基本上保持了2010年上半年以来的高速增长，除出口交货值外均超过了1万亿元。

2010年1—11月全国棉纺织企业主营业务利润1 195.0亿元，同比增长41.0%；利润总额576.0亿元，同比增长66.3%。

自金融危机以来，全国棉纺织行业在探底后复苏有力，1—11月棉纺织行业主营业务利润率10.48%，利润率再次创下历史新高至5.05%。

（三）产销平衡，运转顺畅，资产结构合理

2010年1—11月全国棉纺织企业产销率为98.41%，达到近6年以来的最高水平；流动资产周转率2.92次。总体来看，产品销售情况较好，运转较为顺畅。

2010年1—11月全国棉纺织企业资产负债率为56.7%，延续近年来下降的趋势。

六、2011年棉纺业形势展望

（一）国际环境具有复杂性和不确定性，外需增长动力依然不足

世界经济复苏将是一个曲折漫长的过程，2011年国际市场需求增长空间较为有限。美国、日本经济复苏明显放缓，欧洲经济内部失衡加剧，后续增长乏力。美欧日等发达经济体失业率依然处于历史高位，消费、投资需求的恢复仍低于预期。美欧日等主要经济体宏观政策自顾倾向强化，贸易保护主义升温。许多国家利用本币贬值手段提振经济、促进出口，人民币升值压力较大，企业汇兑风险和竞争压力都在增大。

（二）国内各种要素成本不断上升，企业经营压力持续增加

一方面，2011年国内经济仍将保持平稳较快发展，“十二五”规划实施将给经济注入新活力新动力。另一方面，国内原材料价格上涨，劳动力成本上升，短期内必会挤压企业利润空间，但是从长远看有利于促进加快经济结构调整和发展方式转变。

（三）棉纺织行业进入转型升级的关键时期

在国际形势不确定和国内通胀压力较大的宏观经济环境下，棉纺织行业进入重要的战略机遇期，发展道路任重而道远。

目前棉纺织行业的发展正处于稳步向好的阶段，预计2011年在需求拉动下的产业经济发展良好。纱、布产量将进一步增长，技术进步及淘汰落后进程加快，产品结构进一步调整，产业区域布局得到优化，固定投资总额稳中有增。行业协会工作将重点加强品牌培育及标准化建设，加大节能降耗力度，提高专业人才数量和素质，提高科技进步贡献率和产品附加值，推动产业结构的调整和发展方式的转变，实现行业的可持续发展。

（撰稿：马琳　中国棉纺织行业协会）

第五节　2009/2010年度棉花信贷发放与管理情况回顾

2009/2010棉花年度正值后金融危机时期，国内外经济缓慢复苏，出口形势逐渐好转，纺织行业迅速回暖，棉花需求大幅增加；受灾害天气影响，全球棉花产量减少，供求失衡导致棉花价格一路高涨；加之新疆地区“七·五”事件的恶劣影响，棉花收购面临新的挑战。中国农业发展银行面对复杂局面，切

实履行政策性银行职能，一方面，继续发挥棉花收购资金供应主渠道作用，积极支持符合条件的企业开展收购，保证收购资金的及时足额到位和棉农利益的顺利实现。另一方面，在棉价一路高涨的情况下，积极参与制定宏观调控政策，多次参加国储棉出库联席会议，有力配合国储棉抛售，维护市场的基本稳定；同时，从大局出发，适当控制棉花收购贷款投放的节奏，以避免助推棉花价格在短期内过快上涨。总的看，2009/2010年度，农发行认真执行了国家宏观调控要求，棉花收购信贷资金供应和管理工作取得显著成效，受到了国家有关部门的肯定和支持。

2009/2010年度，农发行各级机构共投放棉花贷款734.98亿元。其中，投放收购贷款336.11亿元，支持企业收购皮棉4 873万担，支持收购量占当年全国棉花总产量的38%；投放产业化龙头企业棉花贷款253.84亿元；投放棉花调销贷款125.39亿元；投放棉花良种、预购、流转、技改贷款合计19.64亿元。其中农发行新疆分行共发放收购贷款240.39亿元，支持企业收购皮棉3 329万担，支持收购量占当年新疆地区棉花总产量的66%左右。

一、积极支持棉花收购，做好信贷资金供应工作

2009/2010年度，农发行各级机构坚持“区别对待、有保有压、择优扶持”的原则，认真做好贷款资格认定、网点布局、资金供应、制定应急预案等各项准备工作，适时支持贷款企业入市收购，积极向地方党政汇报，取得支持，确保了棉花收购信贷工作顺利开展。

（一）深入调研、及早部署，为棉花信贷工作打好基础

1. 先后多次组织调研组赴新疆等主产区就棉花购销形势、质检体制改革、新疆“7·5”事件对新棉收购影响等开展专题调研，召开3次新棉收购形势分析座谈会，分别听取有关部门、棉花和纺织协会以及企业意见，全面掌握棉花市场形势，为科学制定信贷政策提供更加全面的依据。

2. 及早谋划部署收购信贷工作，掌握工作主动。及时制定并下发2009年度棉花信贷工作意见以及棉花“双线”政策文件，并于9月中旬召开全国新棉收购信贷工作会议，对新年度棉花收购资金供应进行全面部署。

3. 认真做好收购贷款资格认定工作。各级行合理布局收购网点，以方便棉农售棉为前提，力争不出现收购“空白点”。2009/2010年度，共有866家棉花企业取得农发行收购贷款资格。各级行还按要求做好资金计划的安排和落实，有力保证了收购信贷资金的及时足额供应。

（二）积极主动、加强管理，支持棉花收购顺利进行

1. 在收购过程中，针对棉花价格的持续上涨，充分运用网络视频手段与新疆、湖北、湖南和安徽等主产省分行及14个重点主产地市二级分行会商棉花信贷工作，关注收购动态，把握好贷款投放的节奏和进度。

2. 抓好重点时段敏感时期的工作，制定应急预案，严防问题发生。对棉花价格异常变动、跨省收购、额度超限以及新疆可能出现问题等做了充分考虑，制定周密的应对预案。

3. 在国庆前下发紧急通知，对资金供应等做了精心安排，确保节日期间新棉收购资金供应平稳、有序进行。

4. 根据企业所处区域棉花产量、企业加工能力、往年收购量、贷款上线、企业风险承受能力等因素综合核定企业收购贷款额度，做好贷款的核准和备案，及时足额发放，支持企业开展收购。

5. 在收购过程中，各级行主动加强与当地发改委、行业协会等有关部门的沟通和协调，积极通过新闻媒体等途径大力宣传农发行信贷政策，对收购中出现的问题及时向当地政府汇报，争取支持，确保了收购信贷工作的顺利进行。

二、积极配合国家宏观调控，维护棉花市场稳定

2009年度，受国内外经济复苏、棉花减产、纺织需求大幅增长等多方面因素影响，棉花价格一路高涨，价格指数由年度伊始的12 977元/吨上涨至年度末的18 005元/吨，涨幅高达38.75%。为平抑棉花市场价格，农发行先后多次参与国家发改委召开的联席会议，对当前棉花市场形势进行分析、讨论，并与发改委等部门联合下达抛售国储棉政策，分3次共抛储170万吨，有力地缓解了棉花价格过快上涨的局面。在棉花价格高位运行的情况下，为避免助推价格在短时间内进一步走高，农发行综合考虑各种因素，合理确定贷款风险控制线和贷款上线，适当控制贷款发放的力度和速度，同时积极引导企业顺应市场行情加快销售进度，有效地配合了国家宏观调控政策的顺利开展。

三、帮助企业正确研判市场，做好信息服务

在保证棉花收购顺利进行的同时，农发行密切关注棉花市场形势，充分

考虑到外围实体经济和国家宏观调控政策对棉花市场的双重影响，多次组织棉花主产省召开棉花市场形势分析视频会议，了解棉花购销情况以及收购企业和深加工企业的经营情况，对棉花市场形势进行全面的研究分析；发挥资源优势，指导分行积极为企业提供信息服务和价格指导，帮助企业正确研判市场，适时提醒企业增强风险意识，抓紧有利时机销售棉花，规避市场风险。同时，利用农发行整体系统优势，为购销企业和纺织企业搭建棉花供需衔接平台，促进信息资源和信贷资源的优化整合和合理利用。2009/2010年度，在贷款企业和各级农发行的共同努力下，农发行棉花收购贷款运行情况良好，不仅确保了棉花收购的顺利进行，同时也做到了年度结束时贷款本息的收回，企业净利润同比大幅提高，真正意义上实现了银企双赢的目标。

四、加强对全产业链支持力度，促进棉花产业发展

2009/2010棉花年度，随着国内外经济企稳回升，纺织行业迅速回暖，出口回升，订单增加，开工率提高，产品价格上涨，企业利润大幅增加，纺织市场行情甚至超过了历史最好年景。为缓解纺织企业在金融危机后出现的资金短缺困难，抓住机遇，促进棉纺产业以及整个棉花产业链的可持续发展，农发行适时加大对纺纱、织布、印染、服装等棉花下游行业的支持力度，延伸产业链条，扩大贷款规模，通过支持一批实力强、效益好、具有较强带动辐射作用的优质龙头企业，有效配合国家经济刺激政策，带动整个纺织行业快速回暖。截至2010年8月末，2009/2010年度农发行共发放产业化龙头企业贷款253.84亿元，同比增加65.26亿元；支持棉花产业化龙头企业497家，同比多支持42家。此外，农发行还通过棉花良种经营贷款、良种繁育贷款、棉花技改贷款、棉花流转贷款、棉花调销贷款等形式从多个环节、多个角度对棉花产业进行支持，共发放相关贷款145.03亿元，有效促进了整个棉花产业链的健康发展。

五、采取有效措施，防控信贷风险

在做好信贷资金供应的同时，面对一路高涨的棉价和复杂的收购市场，农发行坚持封闭管理有效措施，加强对企业自筹资金、风险准备金和经营者风险担保金的管理，积极推行担保贷款方式，同时大力推广棉花库存第三方监管，

切实加强对收购棉花质量的监督，有效降低了信贷风险。

1. 坚决贯彻封闭管理有效措施。按照“钱随棉走，专款专用，库贷挂钩，封闭运行”的要求，强化对企业资金流和物资流两条线的监督管理。

2. 积极推行担保贷款方式。结合各地实际，在保证收购资金有效供应的同时，积极推行抵押担保、质押担保、保证担保等担保贷款方式，降低贷款风险。

3. 加强风险管理。继续加强对企业自筹资金、风险准备金和经营者风险担保金等企业“三金”的管理，鼓励企业多用自有资金参与棉花收购，督促企业不断积累和补充自有资金，逐年提高自有资金所占比例。

4. 第三方监管。进一步完善棉花库存第三方监管，印发了与全国棉花交易市场合作的新三方合作协议文本，进一步规范和推动了贷款形成棉花库存的第三方监管，提高了棉花库存监管水平。

5. 强化棉花收购质量的监督管理。农发行各级行在收购开展过程中，高度重视企业收购棉花的质量问题，严格按照国家有关文件要求，监督企业执行棉花收购“一试五定”制度，杜绝企业虚提衣分、虚高等级、收超水棉、混等混级现象；督促企业全面抓好各环节排除异性纤维工作，切实改善“三丝”问题；积极配合国家棉花质检体制改革，密切与质检部门合作，定期不定期对企业收购加工的棉花进行抽检，及时掌握企业棉花质量情况。

（撰稿：高鹏　中国农业发展银行客户二部）

第六节　棉花质量检验体制改革进展情况

一、棉花质量检验体制改革进展

全国的棉花流通体制改革，在国家宏观调控下，主要依靠市场机制实现棉花资源合理配置的新体制为目标，自1998年起，先后放开棉花价格、流通渠道和棉花收购。作为棉花流通体制改革的重要组成部分，棉花质检体制改革以改革棉花质量检验体制为手段，实现整合棉花加工资源、维护棉花流通秩序、提高棉花加工质量、加强国家宏观调控的目的。至2009年度，棉花质检体制改革5年推行期满，棉花产业取得了长足进步。

（一）法律法规完善健全

棉花质检体制改革开始后，按照改革推行要求和棉花产业发展实际，有关部门先后修订了《棉花质量监督管理条例》、《棉花加工资格认定和市场管理暂行办法》、《棉花细绒棉》（GB1103）、《棉花包装》（GB6975）等法律法规，制定了《棉花质量检验体制改革加工企业基本技术要求》、《棉花质量公证检验信息管理系统条码编码规则》、《棉花质量仪器化公证检验加工企业抽样管理办法（试行）》等办法，形成了一整套制度体系。

（二）棉花加工业集中度明显提高

棉花质检体制改革以来，加工企业通过整合、重组，以及市场竞争中的自然淘汰，企业数量大为减少；规划内棉花加工企业设备更新改造基本完成，加工能力基本满足中国棉花加工需求。棉花加工业的集中度和加工规模提高，新疆、甘肃等改革推进较快的产棉省，新体制企业收购加工可占当年度棉花总收购量的80%以上，年产量2 500吨以上的加工企业占新体制企业数量的40%左右。

（三）新体制企业加工技术、管理水平和营销能力明显提高

新体制企业质量保证能力明显增强，企业管理水平普遍提高，棉花加工业正逐步向标准化、信息化、规模化、产业化方向发展。新体制企业通过更新改造设备，加工能力和技术水平大为提高，普遍使用计算机技术进行管理和销售。各企业为保证应用先进设备的效率和适应不断扩大的收购加工规模，普遍加强对技术人员、管理人员和营销人员的培训教育，增添专业技术人员。部分较大规模的加工企业已经由原先的单一销售方式逐步向现货交易、电子撮合、期货交易、交售国家储备等多种经营方式转变，根据市场行情决定销售模式，拓宽产品销售渠道，增强企业抗风险能力，提高企业经济效益。

（四）棉花质量监管有效性提高

棉花质检体制改革前，棉花加工企业数量多，且较为分散，难以对其实施全程监管。改革后，针对棉花市场格局和主要质量问题的变化，各产棉省依据本省情况调整监督检查重心，将监管重点放在送检样品真实性等方面，将查处重点落实到虚高皮棉等级和掺混回收棉等质量违规违法行为上。在企业数量减少、收加时间延长的情况下，通过高密度、不间断的巡回检查，使棉花质量监督工作的有效性得到明显提高，企业质量义务履行情况大为改观，质量违法违规行为减少，切实起到了规范市场、提高质量、促进产业健康发展的良好作用。

（五）企业质量意识提升

随着棉花质检体制改革的不断深入，尤其是仪器化公证检验工作的全面推

行和逐包质量检测数据的即时公布，有力地促进了新体制企业质量意识的提高。据监督抽查统计结果，新体制企业质量意识、执行标准情况明显优于旧体制和无证企业，皮棉品级相符率高 30.3 个百分点，长度、马克隆值相符率高 24 个百分点。由于引入了新的工艺设备，籽棉烘干工序可有效控制皮棉回潮率在标准范围内，异性纤维和杂质的排除效率得到改善，棉花加工质量有所提高。

（六）棉花质量检验新体系已建成

使用大容量纤维测试仪快速、科学、准确测定内在质量是质检体制改革的重要环节。经过 5 年建设，全国建成仪器化公证检验实验室 89 家，配备大容量纤维测试仪 392 台，在加工环节提供仪器化、普遍性权威检验的检测体系已基本建成，检验能力可基本满足国棉仪器化检验需求，检验规模跃居世界第一。适应仪器化检验要求，反映更多内在物理性能指标的棉花标准已经全面施行。理解质量检验体制改革内容和要求、掌握新体制加工工艺和质量检验工作要求及技术规范、具有较强责任心和良好职业道德的技术人才队伍已经建立。实验室内部质量控制、检验技术规程、责任追究等制度健全。同时数据采集分析系统和检验质量监控系统等国际领先的技术手段保证了实验室检验程序和水平一致，检验结果重复性显著提高。

二、全国棉花质量情况

结合历年数据来看，2006—2008 年度新体制棉花的五项质量指标中，品级和马克隆值趋于下降，长度、断裂比强度和长度整齐度趋于上升。2009 年度新体制棉花各指标检验结果均有大幅度下降，整体质量水平明显下滑。

品级整体趋势持续下降，变化特点是 3～4 级比率稳中有升，平均每年上升 6.2 个百分点，2009 年度增加趋于平缓，同比上升 0.5 个百分点。高等级棉比率逐年下降，平均每年下降 8.1 个百分点，2009 年度同比下降 6.0 个百分点。与此同时，低等级棉比率交替升降、趋于上升，2009 年度上升 5.4 个百分点；平均品级持续下降，平均每年下降 0.2 级。

长度整体趋势前期稳中有升，2009 年度明显下降，变化的特点是长度很长的比率明显下降，30～32 毫米级比率先升后降，幅度约为 3～4 个百分点，2009 年度下降 9.0 个百分点；长度很短的比率先减少后增加，25～27 毫米级比率前期逐年下降，2009 年度则增加了 8.2 个百分点；平均长度前期相对稳定、微量增加（每年增幅不足 0.1 毫米），而 2009 年度下降 0.4 毫米。

除 2008 年度略有回升外，马克隆整体趋势下降，整体变化趋势特点是 A 级缓慢减少，平均每年下降 3.2 个百分点，2009 年度同比下降 1.1 个百分点；除 2008 年度有所减少外，C 级比率趋于增加，2009 年度增加 14.2 个百分点，增幅明显。

断裂比强度的年度差异较大，大体而言强力很好和很差的趋于减少，强力中等趋于增加，断裂比强度整体水平前期趋于上升，2009 年度明显下降。

长度整齐度的变化趋势明显分为前、后两期：前期长度均匀性很高的逐年增加，长度均匀性中等和很低的逐年减少，长度整齐度整体水平前期稳步上升，2009 年度明显下降。

三、棉花质检体制改革面临的形势

棉花质检体制改革推行 5 年来，取得了很大成绩和进步，但是也面临一些难点，主要包括：

（一）新体制企业实力有待进一步提高

新体制企业之间的经营能力、抗风险能力存在较大差距，在新旧企业并存的改革过渡期中，新体制企业不足以覆盖市场棉花加工需求，难以全面接管市场，经营能力有待进一步提高。据新体制企业反映，希望国家继续落实只收储新体制棉花、发放进口棉配额与购买新体制棉花挂钩等现行扶持政策，借鉴美国等国的成功经验，将公证检验数据作为实施棉花生产补贴、新体制企业信贷等政策的基础数据，进一步加大对新体制企业的扶持力度。

（二）诚信体系建设需要完善

按照改革方案要求，棉包重量、回潮率、含杂率检验和检验样品抽取都由新体制加工企业负责，这对加工企业的诚信和自律意识提出了很高的要求。但是在 2008 年度收储过程中，10 家新体制企业质量弄虚作假行为被查实通报；用棉企业多次反映棉包亏重现象严重，有的还反映棉包质量和通过条形码查询的公证检验结果相差很大，甚至到厂棉包条形码都被撕掉，失去了查询公证检验结果的依据。在诚信体系不健全的情况下，这种检验样品及重量结果由加工企业提供的模式难以得到买方的认可。可以考虑适度调整，将棉花取样和重量纳入公证检验或由第三方负责取样和称重，保障进入市场销售、附有公证检验证书的棉花的质量信誉。

（三）用棉企业对改革内容了解较少

随着棉花质检体制改革的深入推进，特别是2008年度收储政策的实施，新体制棉花认知度大幅提高。用棉企业使用新体制棉花比率大幅上升，特别是部分规模以上企业积极购买使用新体制棉花，部分企业应用仪器化公证检验结果指导生产配棉。但是由于改革方案中没有在用棉环节深化改革的内容，因此用棉企业普遍对改革的具体内容和目的知之甚少，对仪器化检验提供的棉纤维内在指标所代表的意义以及在生产过程中如何具体应用进行配棉生产还不太了解。同时，用棉企业购买新体制棉，主动要求供方提供仪器化公证检验结果不多，尤其是在经营、运输环节还会出现棉包条码丢失、毁损的情况，影响了用棉企业使用仪器化公证检验结果。

（四）棉花质检体制改革技术基础工作需要加强

一是现行标准中仪器化检验没有完全取代感官检验，主要是色特征级检验没有取代品级检验，收购、加工、经销、使用各方缺乏对色特征级的认识，市场还普遍使用品级结果作为结算主要依据。需要进一步完善标准体系，研究制定中国棉花色特征分级体系推行工作实施方案，解决色特征分级推行中涉及的贸易结算、组批、合约、交易制度、配棉应用等问题。二是用棉企业提出增加检验短纤维率、棉结等指标的新要求，但是能够快速、稳定检验上述指标的检验技术缺乏，有待研究。

四、2010年度阶段进展

2010年度是深化棉花质量检验体制改革的第5年。截至2011年2月底，申报公证检验企业1 834家，送检企业1 494家，同比增加67家，占申报数量的81.5%。已完成检验量240万吨，与上年度基本持平，其中新疆检验量175万吨，约占全国总检验量的72.9%。预计全年检验量250万吨左右。

截至2011年1月底公检数据显示，2010/2011年度公检棉花平均品级3.85级，较上年度下降0.51级，其中1～2级占4.6%，下降5.3个百分点；1～3级占36.1%，下降27.4个百分点。

（撰稿：王丹涛，邵佳蕊　中国纤维检验局）

第七节 2010年中国棉花大事记及2011年展望

一、2010年中国棉花大事记

（一）生产、消费和市场

1. 棉价大幅持续上扬，创历史新高。2010年，受供需缺口增大、农产品价格普涨、流动资金过剩等多种因素影响，棉花价格大幅上涨，棉花期现货、籽棉收购价格均创历史新高，之后在国家宏观调控政策之下深度回调，价格波动幅度之大、速度之快，历史罕见。1—8月，棉花价格基本呈小幅持续上涨态势，中国棉花价格指数（CC Index328）由14 879元/吨涨至18 005元/吨；进入新年度之后，从9月到11月上旬，价格迅速飙升，最高涨至31 302元/吨，期货价格涨至34 000元/吨附近，籽棉收购价格从8元/千克涨至14元/千克以上；11月上旬之后，国家出台一系列稳定物价的调控政策，棉花价格应声而落，最低跌至26 164元/吨，期货价格跌至25 000元/吨左右，籽棉收购价格跌至10元/千克左右；12月，随着国际棉花市场价格大幅反弹，国内棉价止跌小幅回升，年底回复至27 508元/千克。全年平均，2010年中国棉花价格指数（CC Index328）19 447元/吨，同比上涨51.6%。

2. 纺织形势好转，用棉需求增加。2010年，全球经济复苏，中国经济整体向好，纺织形势好转，投资额增加、增加值加快，生产保持两位数增长，出口恢复增长并超过金融危机之前的水平，内销延续增势，需求恢复，棉纱价格跟随棉花价格上涨，市场产销两旺。国家统计局统计，2010年纺织业固定资产投资2 230亿元，同比增长26.4%；纺织工业增加值增长11.6%，同比加快3.1个百分点；全年纱产量2 717万吨，同比增长13.5%；纺织品服装出口2 065亿美元，同比增长23.6%。

3. 加大抛储力度，补充供需缺口。为保障纺织企业用棉，稳定国内棉花市场，有关部门2010年共向市场投放100万吨储备棉。此次投放仍通过交易市场公开竞卖，但与以往不同，严格限定纺织企业自用。纺织企业竞买资格需经过审定，同时根据生产规模限定购买数量，在签约、付款和提货等方面也做了严格规定。

8月10日起，首批60万吨储备棉开始抛售，竞卖底价为标准级净重16 500元/吨。由于首批储备棉成交价格持续走高，竞争激烈，9月中旬有关部门再度追加40万吨。10月20日，抛储全部结束，其中2009年度成交23

万吨，2010年度成交77万吨。

4. 及时足额发放配额，棉花进口量价齐增。为弥补国内供需缺口，有关部门2009年底即发放2010年进口棉花配额189.4万吨，5、6月又连续增发配额，当年累计发放关税内和滑准税进口棉配额达以360万吨，为近年最高。全年累计实际进口棉花284万吨，同比增长86％，为近4年来最大量，也是除2006年之外的历史次高点。同时，由于国际棉价也大幅上涨，进口棉价格大幅提高，创历史新高，全年平均进口价格1 993美元/吨，同比上涨44％。

（二）植棉积极性受挫，气候异常，棉花面积、产量跌至近年新低

2008年度，受金融危机影响，棉花价格大幅下跌，棉农植棉积极性严重受挫，植棉面积大幅下降。虽然2009年度之后价格有所回升，但棉农植棉积极性并未恢复，2010年棉花面积、产量均下降至近年最低点。国家统计局统计，2010年全国植棉面积7 275万亩，同比下降2％，受不利天气影响，棉花单产下降，总产597万吨，面积产量均为2003年以来新低，产量为2006年以来新低。近年来，劳动成本不断上升，粮食作物机械化程度高，而棉花费工费力，与其他经济作物相比比较效益不高，风险较大，植棉面积呈萎缩之势，特别是黄河流域，棉花面积下降幅度较大。2010年，棉价达到历史新高，棉农总体收益明显增加。

（三）政策及调控

1. 政策调控措施频出，抑制棉价过快上涨。2010年，针对流动资金充裕，通胀压力不断加大，为抑制通胀预期，国家6次上调存款准备金率，2次加息，棉花、纺织行业也受到一定影响。10月底，为做好新棉购销工作，维护棉花市场秩序，国家发改委等七部门联合发出《关于落实全国棉花工作电视电话会议精神　维护当前棉花市场秩序的紧急通知》，要求各地和部门切实加强棉花市场管理、强化棉花质量监督、做好收购资金供应、加强运输调度、发挥大型企业引导作用、抓好棉花生产、加强信息引导、加强组织领导等。进入11月之后，通胀预期进一步加大，政府连续出台多项调控政策，稳定物价水平，各部门也出台相应配套措施，其中在棉花方面，出台了规范经营和加工秩序、加强期货和电子交易市场监管、抵制过度投机等措施，同时要求铁路部门做好棉花调运工作，保障市场供应。在各项措施综合作用下，棉花价格大幅回落。

2. 7月，国家发展和改革委员会、财政部、农业部等12部门发布《发挥骨干企业积极作用，健全和完善政府对大宗农产品市场调控体系和机制》的文

件，要求适当引入一定数量骨干企业作为现行宏观调控体系的补充，其中棉花是市场调控的品种之一。主要运用经济手段辅之以法律、行政手段，使骨干企业在市场上的主导作用为政府宏观调控服务。按照企业所处区域、经营实力、仓储加工能力、产销衔接能力、市场辐射面、占有率、信誉等确定骨干企业，确定骨干企业的权利和义务，同时加强监管，支持其发展。由中国棉花协会牵头，提出 11 家棉花企业名单，参与宏观调控。

3. 7月，工业和信息化部发布《关于推进纺织产业转移的指导意见》。《意见》指出，中部地区的河南、湖北、安徽等产棉区可利用资源重点承接东部棉纺织产业转移，新疆应利用棉花资源优势，进一步加快优质棉纱、棉布和棉纺织产品生产基地建设，同时适度建设纺织服装加工区。

4. 8 月 18—20 日，全国棉花高产创建现场观摩会暨生产形势分析会议在新疆维吾尔自治区昌吉市召开。会议认真贯彻落实全国农业厅局长座谈会精神，全面分析了棉花生产暨高产创建活动的各项工作，交流了经验。

5. 9 月 27 日，国家发改委等七部门联合召开全国棉花工作电视电话会议，总结 2009 年度棉花工作，分析 2010 年度棉花形势，部署新年度棉花工作。会议预计 2010 年度我国棉花产量略有减少，棉花需求虽继续增长但增速减缓。国际棉花市场当年产需基本平衡，供求状况也较上年有所改善。通过做好储备调节和有效利用国际市场资源，保持棉花总量基本平衡是可以做到的。会议指出，2010 年度棉花市场形势复杂，对保持国内棉花市场平稳运行的困难应有充分估计。要着眼于保持棉花供需基本平衡和促进棉花生产稳定发展，把保护棉农利益、保障用棉需要、稳定市场棉价、规范流通秩序、防控经营风险、深化质检改革作为棉花工作的主要任务来抓。

6. 9 月 29 日，《农民日报》发布农业部关于棉花生产管理和搞好 2011 年生产的指导意见。要求各级农业部门要进一步加大工作力度，狠抓措施落实，力争 2010 年棉花生产有一个好收成，指导农民科学采收，抓好棉种的收购和加工。强调：一是千方百计恢复棉花面积，二是深入开展棉花高产创建活动，三是做好 2011 年轻简育苗移栽示范，四是积极培育棉农合作组织。

7. 12 月 1 日，国家工商总局发出紧急通知，要求加强棉花市场秩序监管。

8. 12 月 23—24 日，全国价格监督检查工作会议在上海市召开，2011 年重点整治棉花等流通和价格秩序。

(四) 协会、学会、交易所等为棉花鼓与呼

1. 1 月 15 日，中国棉花协会举办“中国棉花（COTTON CHINA)”标志新闻发布会，正式拉开了推广活动序幕。该标志是中国棉花协会在国家工商总局注册的品质证明商标，具有三重属性：国产性、纯棉性和优质性。使用该标志的产品需使用优质原棉生产，产品质量达到现行国家标准或行业标准的优质品指标，符合生态环保要求。此举对提升中国棉业整体质量水平，提高我国棉花以及棉制品的认可度，扩大国内外市场占有率具有积极作用，授牌工作将陆续展开。

2. 2010年，国内棉花价格暴涨暴跌，行业风险加大。中国棉花协会加强市场监测，实地调研，多次召开形势会商会，研究对策，同时向有关部门反映问题。2010年，协会共向社会发布了六次行业警示，传递政府调控信息，引导企业规避风险。

中国棉花协会还就新疆棉运输难问题向国务院领导报送专题报告，温家宝总理，李克强、回良玉副总理分别做出重要批示，有关部门立即落实，铁道部追加空车皮入疆，突击运棉100天，保证大中型纺织企业正常生产。

3. 5月7日，由中国棉花协会等共同主办的2010’中国棉业发展高峰论坛暨国际棉花贸易洽谈会在三亚成功召开。论坛以“后危机时期中国与棉业的创新发展”为主题。来自18个国家和地区的近千名政府部门负责人、国内外棉业组织和企业代表参加了大会。

4. 7月16日，农业部办公厅以农办农【2010】82号文件“农业部办公厅关于印发《全国棉花高产创建示范片测产验收办法的通知》”下发。

5. 7月30日，中国纺织工业协会在人民大会堂举行召开2010年中国纺织服装企业社会责任报告暨2005—2010中国纺织服装行业社会责任建设五周年回顾，举行以“落实责任，你我同行”为题的节能减排绩效评价活动启动仪式。

6. 8月8—9日，中国棉花学会在吉林延吉举行学术年会。会议主题是棉花高产创建和可持续发展。

7. 9月10日，由郑州商品交易所举办的首届“郑州农产品期货（棉花）高峰论坛”在郑州举行。论坛主题是“棉花产业发展、全球市场与风险管理”。

8. 12月13—15日，国家棉花产业技术体系在安阳召开年度工作总结会议，总结一年来科学研究、试验示范和“千（公）斤棉”创建取得的成效。

（五）积极稳妥推进棉花质量检验体制改革

2010年是质检体制改革五年过渡期的最后一年，考虑到目前小包棉企业数量仍较多，强制退出可能影响就业，引发社会问题，经国务院批准，对小包棉企业不搞“一刀切”强制退出，要按照“积极引导、扶大限小、因地制宜、分步实施”的原则，做好小包棉企业退出工作。有条件的地方应尽快安排退出，条件暂时不成熟的可适当延长过渡期，最晚不超过2014棉花年度结束。过渡期内加大“扶大限小”的政策力度，国家收储、铁路运输以及期货、电子撮合交易只允许大包棉参与，小包棉不得参与，农业发展银行原则上停止对小包棉企业的贷款，同时引导小包棉企业通过转产或与大包棉企业重组等方式逐步退出市场。

二、2011年中国棉花产业经济形势展望

综合分析，2011年棉花产业经济走向：中国棉花生产景气指数（CCPPI）2011/2012年度250～300，回落50点，预测棉花产业经济走向为“消费高位持平或下降，面积温和扩大，进口持平或下降，价格高位下行”。整个棉花产业情景比金融危机时还要严峻和复杂，其中资源严峻短缺为首位。预测2011年将是结束纺织业“黄金期”的转折点年景，一批棉纺企业不得不停产或倒闭，棉纺产量2 738.7万吨可能是一个历史顶点或距离顶点不远，提出棉纺业的投资和转移需谨慎的警告。

宏观调控政策继续收紧，经济运行环境不容乐观。在国家“稳定物价总水平”的前提下，信贷收缩加快，企业运行的资金环境将较为紧张，贷款难度加大，资金使用成本增加可能在年内成为常态，对企业经营构成压力。

新棉面积扩大幅度有限。4月中旬以后，全国棉花将开始春播。从目前各机构的预测情况看，普遍高于2010年，增幅在4%～10%不等。棉价高涨的带动作用不容忽视，特别在长江产区，由于气候相对稳定，近年植棉增产增收较为明显，扩种积极性相对较高。但在西北的新疆和黄河流域产区，由于竞争性作物种植收益突出，外出打工工资持续上涨，加之黄河流域近年连续出现夏秋涝灾，减产影响植棉收益，2011年植棉将以稳定或小幅增加为主。在此种植意向下，预计棉价上涨的动能将受限，但影响程度仍要看实播面积和天气情况，其他因素的综合影响。

纺织消费存在变数，企业成本压力普遍较大。值得注意的是，2010年纺织产销形势一片大好主要得益于纺企原料库存早、成本低，棉花和棉纱一路上涨，后者涨幅还超过了前者，企业打了一个“时间差”。2011年涉棉企业赚得“盆满钵满”这一形势将难以再现，加上用工成本、环保成本、资金使用成本

不断提高，综合成本压力难以回避。

内销和外销市场受经济复苏及通胀等形势影响。2011年纺织消费市场将继续受到经济复苏形势的影响。一方面美国经济复苏可能仍较坎坷，欧盟债务危机仍可能卷土重来，日本大地震短期影响其国内市场消费，长期相对利好，亚洲国家继续受到通胀压力的影响。纺织品服装出口难以重现金融危机之后的大幅反弹，稳中有增的趋势将考验中国纺织品的国际竞争力。内销市场的增加有赖通胀预期的控制及居民收入的增加，这直接与国家的宏观调控和经济运行情况紧密相关。

（撰稿：马爱芳　中国棉花协会；毛树春　中国农业科学院棉花研究所）

第二章

中国棉花生长指数(CCGI)在2010年全国棉花长势监测中的应用

第一节　CCGI在2010年全国棉花长势监测中的应用

2010年全国棉花生产呈现“一平两减两增”态势。据中国棉花生产监测预警数据，2010年播种面积7 542万亩，同比基本持平；与国家统计局2011年3月1日公布的快报数7 275万亩，吻合率96.5%。监测单产75.5千克/亩，减幅11.8%（实际减幅14.6%），与国家统计局快报数82.1千克/亩，吻合率92.0%。监测总产569.5万吨，同比减76.1万吨，减幅11.8%；与国家统计局快报数597.0万吨的吻合率95.4%。

2010年棉花“两增”为产值增，收益增。主产品产值增46.7%，为2 433.2元/亩，收益增97.9%，为1 190.6元/亩，净增589.1元/亩，均创新高。

受“厄尔尼诺”和“拉尼娜”事件转换的影响，2010年气候极端异常，为棉花极差年景，气候产量减幅两成多。据监测结果，2010年CCGI的年均值为84，表明长势差于上年一成多，低于历年（前7年）101的17%。全国棉花收获密度略减0.8%，单株成铃大减10.5%，单位面积成铃减11.3%，同时铃重减轻和烂铃增加共同构成减产和降质。

一、全国主产棉区气候资源及特点

据对主产棉区气象资料分析，2010年棉花生长季节的积温偏少，降水偏多且分布不均，日照时数少，生育期“两头”的光温水极差，气象要素指标如下：

（一）光温水资源

1. 日照分布呈两头少中间多；光照不足的特征明显，其情形与积温和降水相似（表2-1）。4—10月日照时数比2009年减124小时，减幅8.1%；比历年减130小时，减幅8.5%。前期与后期日照不足，中期相对富裕，中后期约50天普遍寡照。

2. 积温大幅减少，热量严重不足；气候温和、气温两头低的特征明显（表2-1）。4—10月≥10℃积温少于2009年209℃，少于历年244℃，分别减4.7%和5.5%。≥20℃积温少于2009年110℃和历年330℃，分别减3.5%和9.8%，前期（4—6月中旬）和中后期（8—9月）气温偏低的特征明显。

表2-1 全国棉花生长季节（4—10月）气候要素

项目	CCGI年均值	≥10℃积温（℃）	≥20℃积温（℃）	降水量（毫米）	日照时数（小时）
历年	101	4 471	3 374	623	1 529
2009	103	4 436	3 154	477	1 523
2010	84	4 227	3 044	526	1 399

3. 降雨分布呈两头多，中间少；主产区整体偏多两到三成，涝旱并存的特征明显（表2-1）。4—10月降水量比2009年增49毫米，比历年减97毫米，分别增10.3%和减15.6%。其中长江中游7月内涝严重，7—8华北东北部严重干旱，8—9月华北东部严重渍涝。

4. 匹配不合理。在4—10月，长江整体降水减少，日照充足；4—6月中旬黄河低温，迟播迟发，6月下旬—7月华北严重高温干旱，生长加快；8—9月气候逆转，持续降雨，局部渍涝，脱落加重，成铃减少，其中华北东北部后期“烂场”，黄土高原4月冻害严重，8—9月降雨多。南疆4—5月气温略低，9—10月气温明显偏低，且多雨，僵烂铃增加，吐絮不畅，收获滞后。北疆前期低温持续40天，播种推后30天，9月下旬到10月上旬天气转好，早发棉田吐絮通畅。

（二）前期开局不利，中期转化慢，后期转化差；天气不利在两头

前期（4—6月）低温，春寒播种晚，前作油菜和小麦收获晚10多天，移栽棉进入大田普遍晚10多天，长江油菜茬口棉花移栽推迟到6月上旬，黄河麦茬棉推迟到6月下旬移栽，北疆因长期低温播种推后30天至4月下旬。全国普遍迟发，弱苗面积大，生产开局不利。

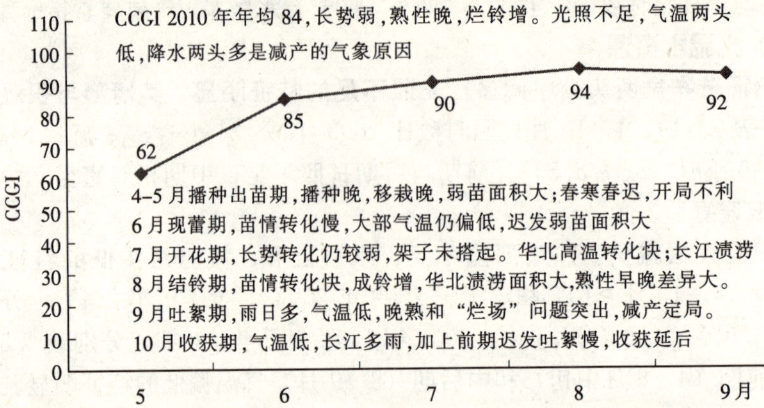

图 2-1　2010 年中国棉花生长指数（CCGI）变化

中期（7—8 月）天气好坏相间，整体转化加快，病害偏轻。长江中游遭遇渍涝，“草荒苗”严重，绝收面积 100 多万亩，8 月生长加快，成铃增多。黄河持续高温苗情转化加快，有利增结伏桃，呈现一派丰产景象，然而 8 月之后遭遇持续降雨，局部渍涝严重，绝收面积 50 万亩，由丰产转为平产，烂铃既早又多。西北气温回升，生长加快，成铃增加。整体上，全国“两萎病”的发生危害很轻，长势转化加快，有利增结伏桃。

后期（9—10 月）秋湿和秋寒是主要天气特征，天气相似于 2003 年。9 月长江天气相对较好。然而，9 月下旬到 10 月上旬，低温多雨大风，导致上部脱落多，烂铃继续，吐絮慢，采收慢，品级降低。黄河继 8 月阴雨天气，导致华北东北部严重“烂场”，继 8 月由丰产转化平产再转为大幅减产，吐絮和收获进度都减慢，烂铃加重，产量损失大。9 月南疆低温和阴雨天气多，吐絮进程慢，僵烂铃增加，采收慢。北疆 9 月下旬—10 月天气转好，气温高，阳光多，早发吐絮畅，机采面积大。

从区域来看，长江下游增产，南襄盆地持平，华北中东北部、黄土高原大幅减产，南疆次之，北疆更次之，淮北平原再次之。

二、气候异常，棉田成灾和绝收面积大，病虫害中轻度发生

（一）棉田成灾和绝收面积大

1. 成灾面积和绝收面积大。监测结果，2010 年棉田受灾面积 7 473 万亩次，占播种面积的 100.3%，同比增 28.4 个百分点，净增 1 895 万亩。成灾

1 336万亩次，增271万亩，增4.3个百分点。绝收面积约205万亩，是21世纪以来最大的一年，损失产量16.5万吨，8月华北渍涝300万亩，8月南新融雪性洪灾渍涝毁坏棉田15万亩。

2. 三大产区与月月有灾是其主要特点。从4月播种开始月月有灾，月月有绝收面积。在11个亚区之中仅长江下游、南襄盆地和长江上游的灾害最轻或基本无大的灾害，但播种面积（约500万亩）仅占全国面积的6.7%。

此外，由于长江中游发生洪水，长江两岸的堤外棉田被淹没死亡，有人估计，湖北、安徽和江西三省至少有300万亩，按单产75千克/亩计，损失22.5万吨。

表2-2　2010年棉花灾害评估

项　目	受灾面积（万亩次）		受灾面积占播种面积的%		成灾面积（万亩次）		成灾面积占播种面积的%	
	2010	2009	2010	2009	2010	2009	2010	2009
低温、冻害、干旱、渍涝和雹灾等	2 811	2 539	37.7	34.1	679（绝收205）	897（绝收11）	7.6	10.1
病害（苗病、枯萎病、黄萎病）等	1 512	1 296	20.6	16.7	80	74	1.1	1.0
虫害（棉铃虫、棉蚜、棉盲蝽、红蜘蛛）等	3 150	2 173	42.8	28.0	568	524	7.7	6.8
合计	7 473	6 708	100.3	90.0	1 336	1 495	18.0	20.0

资料来源：中国棉花生产监测预警数据

（二）病虫害中重度发生，“两萎病”偏轻发生

1. 苗病重，“两委病”发生偏轻。2010年包括苗病在内的发病面积1 512万亩次，同比增216万亩次，增3.9个百分点，因低温高湿和冻害导致苗期立枯病、炭疽病等发生危害加重。全年“两萎病”发生减轻原因：一是7—8月大多产区气温高，降水少，对病害有抑制作用。二是前期和后期气候温和，但棉株成熟，有一定抵抗能力。另连续3年“两萎病”呈偏轻发生态势，是否意味着大暴发来临值得关注。

2. 虫害中度发生。虫害发生面积3 150万亩次，同比增977万亩次，增14.8个百分点。由于营养生长偏旺，有利于棉盲蝽的发生危害，局部多次暴发，通过统防统治得到有效控制。

三、全国棉花产量性状特点

（一）播种定植密度增加，收获密度仍略减

密度与成铃数是产量构成的关键要素。据监测结果（表2-3），2010年全

国棉花播种定植密度增12.5%，这是应对迟播夺高产和晚播促进早熟的有效措施，也结束新世纪以来连续7年的密度减少。然而，收获密度仍略减少，这与气候异常，灾害频发紧密相关。苗期低温死苗增加，渍涝棉田死苗多，也是减产因素之一。

2010年全国收获密度为5 268株/亩（表2-3），减44株/亩，同比减0.8%。其中：长江收获密度持平为1 475株/亩。黄河收获密度3 162株/亩，增16株/亩，增0.5%。西北收获密度13 017株/亩，减319株/亩，减2.9%。此外，西北高密度因长势参差不齐，整齐度下降，空株率增加，也是减产原因的之一。

（二）成铃减少

监测结果显示（表2-3），2010年全国成铃数10.2个/株，同比减1.2个，减10.5%。三大产区单株成铃：长江30.4个/株，减1.2个，减3.8%。黄河14.5个/株，减2.4个，减14.2%。西北5.2个/株，减0.3个，减5.5%。

表2-3 2010年全国棉花收获密度和单株成铃（平均数±标准差）

全国与棉区	年份	收获密度（株/亩）	成铃（个/株）	成铃（个/亩）
全国	历年	5 131±3 127	11.4±6.5	57 961
	2009	5 312±2 025	11.4±3.8	60 557
	2010	5 268±3 412	10.2±6.0	53 734
长江流域	历年	1 801±725	27.6±9.0	48 587
	2009	1 475±473	31.6±7.0	46 610
	2010	1 475±1 003	30.4±7.1	44 840
黄河流域	历年	3 083±1 139	17.0±5.6	51 472
	2009	3 146±1 104	16.9±4.3	53 167
	2010	3 162±1 368	14.5±4.5	45 849
西北内陆	历年	13 231±2 461	5.7±2.1	74 234
	2009	13 408±4 396	5.5±1.1	73 744
	2010	13 017±3 790	5.2±2.0	67 688

注：历年为前7年（2002—2008）平均值，±为标准差。

资料来源：中国棉花生产监测预警数据。

（三）减产要素分析

由于单株成铃和收获密度的减少，单位面积成铃数53 734个/亩，减

6 820个/亩，减幅11.3%。

烂铃是2010年减产的另一重要原因。监测结果，全国烂铃2.3个/株，烂铃率22.5%，同比增6.9个百分点，其中长江烂铃4.1个/株，比率为13.5%，同比增5.3个百分点。黄河烂铃4.8个/株，比率高达33.1%，同比增17.7个百分点，是黄河烂铃改变了全国产量的走向，即经历8月上旬的增产到8月下旬的平产再到9月减产加大的过程，烂铃程度也是新世纪以来最为严重的一年。此外，南疆高产棉田的僵烂花比例也很高，据调查，僵烂铃达到1个/株。

2010年CCGI为84，表明棉花长势差于2009年一成半，实际减产14.6%，产量与生长指数相吻合。

四、各生育期CCGI变化

（一）4—5月，春寒春迟，播种晚，移栽晚，迟发弱苗面积大，开局不利

5月CCGI为62（图2-2），真叶数1.5片/株，同比少1片/株，相当面积没有真叶，整体苗情同比差近四成，开局十分不利。

从苗情上看：一是播种晚10天以上，播种一再推迟，到4月底播种进度同比慢20个百分点，直到5月上旬春播才结束。二是晚播棉田病害轻，长势较好，有利晚中争早。

从天气上看，一是春季持续低温，寒潮强度大，继续时间长，播种进度慢，缺苗断垄多，出苗不齐。二是灾害多，灾情出现早，灾情偏重。除迟播外，4月中旬前播种烂种烂芽，补种和重播面积大。从3月下旬播种到5月中旬，遭受低温、冻害、沙尘、渍涝、冰雹等危害，受灾区域广，受灾面积大。特别北疆遭遇雪灾，5月15—17日南疆和甘肃又分别遭遇雪灾和冻害，长江中下游遭遇暴雨，营养钵雨水浸溶再播，为历史罕见。

（二）6月，苗情长势转化慢，苗弱迟发

6月CCGI为85（图2-2），真叶数7.7片/株，苗情同比差一成半。从总体来看，一是6月苗情转化慢，生育追赶4—5天，但长势仍偏迟5~7天，三类苗面积比例大。

从5月中旬到6月中旬的天气来看，一是华北偏旱和黄淮光温水条件较好，转化加快。二是棉区大部气温仍偏低，阴雨天多，日照时数减少。三是灾害偏重，受灾面积大。长江渍涝棉田增加，新疆部分地区遭受冻害，局部冰雹偏多偏重。

(三) 7月，大部长势较差，丰产架子未搭起；旱涝灾害重

7月 CCGI 为 90（图 2-2），果节数 23 个/株，同比少一成，全国棉花普遍晚播迟发 10～15 天，大部棉田没有伏前桃，这在近 30 年少见。

从天气和灾害来看，从 6 月中旬到 7 月，高温与低温相间，南涝和北旱并存，受灾面积较大，灾情偏重。长江中游气温偏低，生长减慢，迟发加重，强降雨受渍棉田 1174 万亩，抽排积水面积 200 万亩，绝收 40 万亩。黄河苗情转化加快，有望夺高产，≥35℃高温持续 20 天，受旱棉田 200 多万亩，抗旱 100 多万亩。华北、黄土高原和河西走廊局部苗蚜、伏蚜和红蜘蛛危害加重。

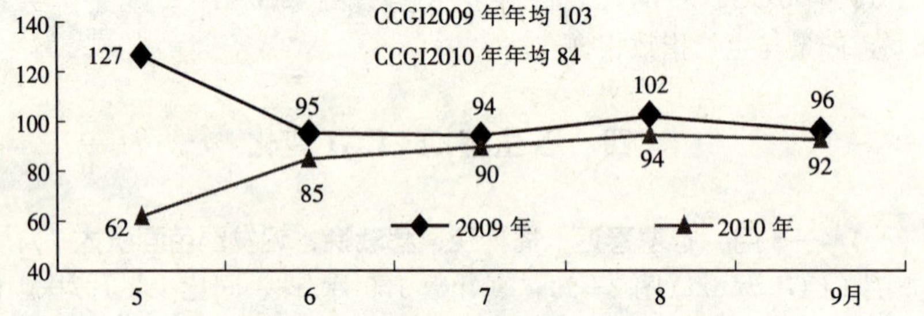

图 2-2　2010 年中国棉花生长指数（CCGI）变化比较

资料来源：中国棉花生产监测预警数据。

(四) 8月，长势转化加快，熟性早晚差异大，局部渍涝严重，绝收面积大，烂铃早而重，蕾铃脱落多

8月 CCGI 为 94（图 2-2），成铃数 11.1 个/株，同比少半成多。熟性早晚差异 1 月有余。从总体上看，全国棉花熟性流域间差异大为主要特点，其中长江最晚，滞后 1 月多，西北迟，黄河略迟，但 8 月持续 20 天阴雨，由强转弱；西北转化加快。

从天气和灾害来看，从 7 月中旬到 8 月中旬，高温与低温相间，旱和涝并存。长江高温多阳，生长加快。黄河先旱后多雨，8 月华北东北和黄淮平原大部降雨偏多，局部暴雨，山东渍涝棉田 300 万亩，寡照高湿致烂铃早而多，蕾铃脱落增加，由增产转为平产。西北高温多阳，灌溉充足，有利于晚播促早熟夺高产。

(五) 9月，长势转弱，单产减，品级降，晚熟和“烂场”问题突出

9月 CCGI 为 91，成铃数 15.9 个/株，苗情差于上年和常年同期近一成（图 2-2）。自 8 月中旬到 9 月，长江持续高温，生长转化加快，秋桃增加，但下旬转入低温多雨，吐絮和采收困难，偏迟 10 天以上。黄河连续降雨，部分地区遭遇涝灾，导致全流域“下烂上脱”，烂铃普遍占 10%～20%，秋桃大幅

减少，与2003年相似。西北气温降低，南疆雨日多，普遍晚熟，高产棉田僵烂铃多。同期“两萎病”和虫害发生危害偏重。

从天气来看，9月降水增加，表现秋湿和秋寒；日照不足，华北平原出现不同程度的“烂场”；北疆低温吐絮进程很慢。

（六）10月，吐絮进程减慢，收获进度延后

10月初仍低温多雨，吐絮进程减慢，采收延后；然而，北疆9月下旬—10月上旬天气好转，采收进度加快。

（撰稿：毛树春，冯璐　中国农业科学院棉花研究所，国家棉花产业技术体系）

第二节　2010年全国主产棉区CCGI变化

一、长江流域棉区

（一）全年CCGI变化

2010年长江流域CCGI的年均值为81，同比差近两成（图2-3），4—6月长势弱，7月转化慢，8—9月上旬转好，9月中下旬—10月又转差。从长势来看，下游＞南襄盆地＞洞庭湖＞江汉平原＞沿江两岸。其中下游增产，南襄盆地平产，洞庭湖减产，沿江两岸减产幅度最大。

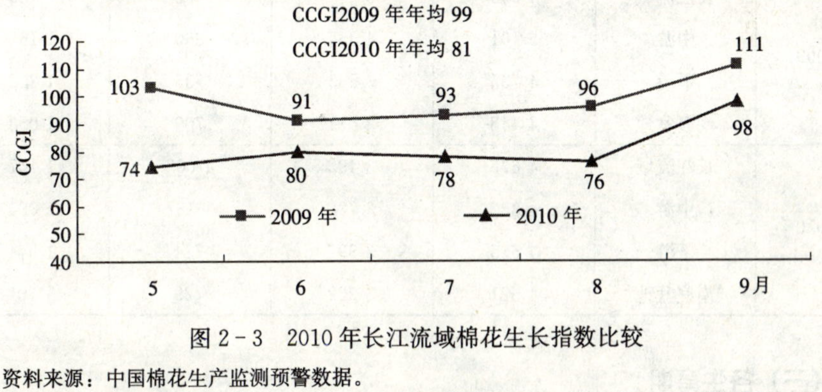

图2-3　2010年长江流域棉花生长指数比较

资料来源：中国棉花生产监测预警数据。

（二）光温水资源

据对气象资料分析，2010年本流域高温不足特征明显，日照时数减少，降水偏多（表2-4），病害轻，前期迟发，后期晚熟，吐絮不畅，品级降，整

体上差于2009年，是一个减产年景。中后期下游无直面台风侵袭，表现增产。天气特征如下：

一是光照不足。全流域日照时数中期略多，但比2009年少52小时，减4.5%；少于历年195小时，减15.0%。

二是热量不足。气温呈两头低中期高的特征。“四月、五月连寒”，8月无≥35℃高温热害天气，后期寒露风侵袭。≥10℃积温比2009年少130℃，少2.7%；比历年少106℃，减2.2%。≥20℃积温比历年少187℃，减5.1%；比2009年少450℃，减11.4%。中期高温干旱对控制“两萎病”有利。

三是降水增多，7月渍涝严重。降水比2009年多239毫米，增31.3%；少于历年57毫米，减5.3%。降水分布特征：中游多、下游少，特别是后期沿江两岸、江汉平原和洞庭湖阴雨天多，烂铃增，成熟晚，吐絮不畅，收获进度慢，品质降，减产幅度加大。

表2-4 长江流域各亚区棉花生长季节（4—10月）气候要素

项目	主产区	≥10℃积温（℃）	≥20℃积温（℃）	降水量（毫米）	日照时数（小时）
历年	长江流域	4 781	3 679	1 059	1 302
	中游	4 896	3 905	1 011	1 271
	下游	4 598	3 343	801	1 377
	南襄盆地	4 824	3 710	734	1 258
2009	长江流域	4 805	3 942	763	1 159
	中游	5 101	4 354	860	1 165
	下游	4 735	3 583	735	1 302
	南襄盆地	4 448	3 051	709	1 053
2010	长江流域	4 675	3 492	1 002	1 107
	中游	4 832	3 728	1 167	1 094
	下游	4 585	3 392	734	1 344
	南襄盆地	4 521	3 222	729	1 181

（三）各生育期

前作油菜成熟极晚，加上麦田套栽面积大，移栽晚，发棵慢，5月CCGI为74（图2-3），表明生产开局不利。由于五六月连寒，迟发弱苗面积大，6月CCGI为80，苗情同比差两成。7月转化慢，CCGI为78，丰产架子没有搭起来，渍涝灾害重，绝收面积150万亩，草荒苗严重，病害加重，苗情同比差两成多。8月CCGI为76，“两萎病”轻发，长势加快，有利于增结秋桃，成铃增加。9月CCGI为98，苗情转化快，“两萎病”轻，早衰面积少。然而，9月下旬到10月上旬持续阴雨，寒露风侵袭，气温低，阳光少，秋桃少，烂铃增加，吐絮不畅，品级降。

二、黄河流域棉区

（一）全年CCGI变化

黄河流域2010年CCGI年均值为88，苗情同比差一成多（图2-4），前期很差，中期转好，后期转差。前期迟播，弱苗迟发面积大；中期转化加快，丰产架子搭得好，丰产年景；后期转差，产量由增产转平转减，烂铃早、多、重，但“两萎病”仍轻发。总体上，日照中间多，气温两头低，降水两头多。

从全流域来看，CCGI淮北平原＞华北平原南部＞华北平原东北部＞黄土高原＞沿海东部，其中淮北平原增产，黄土高原、华北平原东部大幅减产。

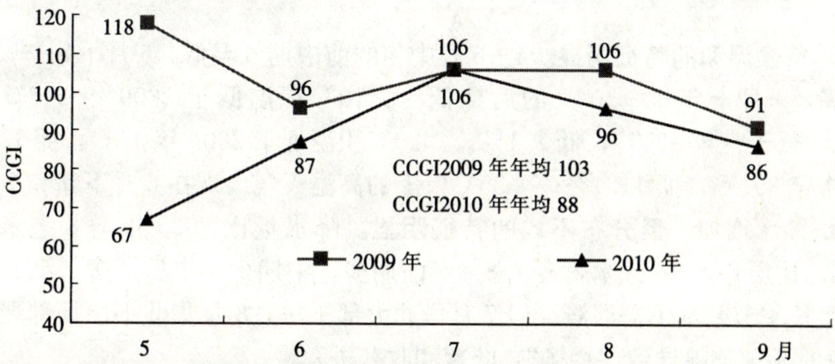

图2-4　2010年黄河流域棉花生长指数比较

资料来源：中国棉花生产监测预警数据。

（二）光温水资源分析

据对气象资料分析，2010年，本流域日照两头少，中间多；气温两头低，中间高；降水两头多，中间少，8—9月持续降雨导致产量由增转平转减（表2-5）。主要气象指标如下：

1. 光照减少的特征明显。日照时数比2009年减218小时，减14.9%；比历年少273小时，减18.0%。4—6月下旬和8—10月上旬寡照特征明显，6月下旬—7月日照丰富。

表 2-5　黄河流域各亚区棉花生长季节（4—10 月）气候要素

项目	主产区	≥10℃积温（℃）	≥20℃积温（℃）	降水量（毫米）	日照时数（小时）
历年	黄河流域	4 546	3 580	593	1 516
	淮北平原	4 621	3 642	655	1 423
	华北平原	4 411	3 514	502	1 607
	黄土高原	4 477	3 303	441	1 455
2009 年	黄河流域	4 469	3 230	631	1 460
	淮北平原	4 747	3 572	781	1 160
	华北平原	4 602	3 160	616	1 493
	黄土高原	4 642	3 010	481	1 431
2010 年	黄河流域	4 225	3 183	639	1 243
	淮北平原	4 606	3 405	824	1 235
	华北平原	4 341	3 282	654	1 289
	黄土高原	4 527	3 022	547	1 035

2. 气候温和的特征明显。4—6 月中旬的前中期气温低，6 月下旬—7 月的中期高，9 月上旬末—10 月的后期低。≥10℃积温低于 2009 年 243℃，低 5.4%，低于常年 321℃，低 7.1%。≥20℃积温低于 2009 年 47℃，低 1.5%；低于常年 397℃，低 11.1%。≥35℃以上的高温天气出现在 6 月下旬和 7 月。

3. 降水增加，但分布不均的特征明显。降水量比 2009 年增 8 毫米，多 1.3%；比历年多 46 毫米，多 7.8%。前期多，中期少，中后期多。淮北平原棉花生长季节基本不需灌溉。但 7 月华北大部干旱，8 月华北平原局部严重内涝，9 月阴雨连绵导致“烂场”，吐絮和收获进程慢。

（三）各生育期

4—5 月 CCGI 为 67（图 2-4），表明生产开局不利。春晚，播种迟，进度慢，出苗差，前作小麦严重晚熟 10 天，套栽棉花共生期延长 10 多天，麦茬棉最晚到 6 月 27 日才移栽进入大田。6 月 CCGI 为 87，苗情转化加快，6 月下旬气温大幅回升，田间水分 3 含量适中，生长加快，弱苗转化加快。7 月 CCGI 为 106，接 6 月下旬，高温持续近 40 天，苗情加快转好，“两萎病”轻发，丰产架子大部搭得好，但黑龙岗大部干旱，7 月下旬花开顶部，早衰明显。8 月为 96，上旬苗情继续转好，呈现丰收景象。然而，自本月上旬末开始陆续大暴雨，华北东北特别是山东、豫北和冀南渍涝，加上雨水日数多，脱落严重，伏桃减少，月中旬即开始烂铃，由增产转为减产。9月为86，秋风秋雨苗情继续恶化，秋桃大幅减少，烂铃加重，早发棉田烂铃占1/3，僵瓣花占一半；吐絮进程慢，品级降。10月天气好转，但气温低，田间湿度大，吐絮不畅，采收困难，进度慢。

（四）降水量增加

进入21世纪，除黄土高原降水减少以外，黄河流域降水量持续多年增加，雨季北移的特征十分明显。自2003年以来，除2006年547毫米以外，4—10月降水量都在600毫米以上，其中2003年943毫米，2004年676毫米，2005年686毫米，2007年643毫米，2008年665毫米，分别比历年增350毫米，增59.0%；增83毫米，增幅14.0%；增93毫米，增15.7%；减46毫米，减7.8%；增50毫米，增8.4%；增72毫米，增12.1%。2009年630毫米，增6.4%。2010年639毫米，比历年增46毫米（表2-6、表2-7）。其中华北平原和淮北平原降水仍增多近100毫米以上，增两成以上。降水量增加到600毫米以上可基本满足棉花生长的需要。

降水增加好处：一是单产提高。进入21世纪，本流域单产提高了两成，形成全国新的单产增长源。作物农艺性状发明也发生变化，如棉株明显长高，营养体也明显长大。二是棉花生长季节灌溉节省1～2次，有些年份基本不需灌溉，每少灌一次即可节本30元/亩。三是补充地下水，80—90年代超采的地下水可以补偿；同时表层盐分浓度下降，有利于盐碱地作物生产。四是雨季后移带来“烂场”新问题，其频率高，像2003、2005、2009和2010年“烂场”范围广，时间长，烂铃多，僵瓣花多，产量和品质损失大，增加采收难度。五是合理密植，除河北黑龙岗非灌溉产区以外，黄河大部可适当降低密度。

三、西北内陆棉区

（一）全年CCGI变化

本流域2010年CCGI的年均值为84，苗情同比差一成多（图2-5），但两年前期的长势走向刚好相反。前期长势弱，弱苗迟发面积大；中期转好；后期转差，晚熟面积大，是一个减产年景。从亚区来看，3个亚区的苗情较为接近，其中南疆因晚熟减产幅度加大。

（二）光温水资源分析

据对气象资料分析，2010年西北棉区春来迟，气候温和，来水量丰富，缺水问题得到明显缓解。主要气象指标如下：

1. 光照不足。日照时数比 2009 年少 104 小时，减 5.6%；比历年少 184 小时，少 9.5%。日照前期和后期少，中期多，特别是南疆后期减少较多。

2. 气候温和。≥10℃积温少于 2009 年和历年，≥20℃积温多于 2009 年和历年（表 2-6）。其中北疆高温偏低明显。自 3 月下旬到 5 月，春寒气温低，雨雪天气多，寒潮频率高，强度大，播种一再推迟，出苗差，加水盐碱地返盐保苗难度大，不少高产地块整片缺苗，前期迟发弱苗面积大。中期高温，但明显无干热风；后期气温越来越低，其中高温偏低的特点明显。普遍晚熟，特别是南疆 9 月的气温明显偏低，加水雨日多，吐絮进程缓慢。9 月下旬到 10 月上旬北疆气温回升，有利吐絮。

3. 降水量增加，来水量丰富。4—10 月降水量 122 毫米，比 2009 年多 42 毫米，增 52.5%；比历年多 53 毫米，多 76.8%（表 2-6）。自 3 月下旬到 5 月，北疆雨雪天气多，南疆 9 月因雨日多，加上后期气温偏低，寒潮侵袭，普遍晚熟。

由于冬季降雪多，天山积雪多，迎来一个丰水年，塔里木河、叶尔羌河、玛纳斯河、奎屯河等河流来水量丰富，棉田灌溉充足，第一次灌溉时间提早，灌水量普遍增加，也是导致晚熟因素之一。

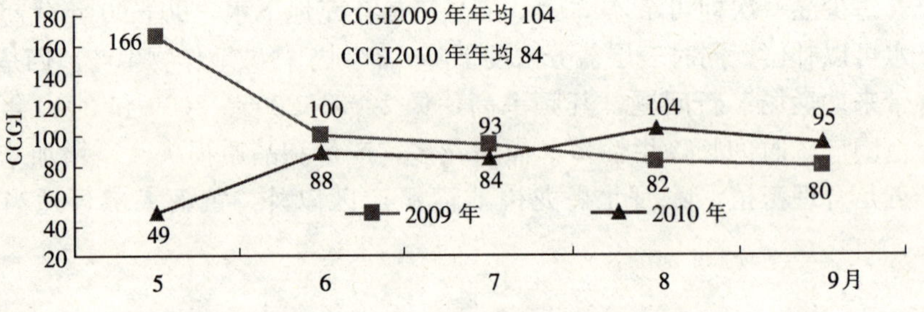

图 2-5　2010 年西北内陆棉花生长指数比较

资料来源：中国棉花生产监测预警数据。

（三）各生育期

5 月 CCGI 为 49（图 2-5）。春寒春迟，播种晚，出苗晚，晚播面积大，播种难保苗难，开局有利。6 月 CCGI 为 88，北疆长势差，严重迟发；南疆正常略迟，大部早发，第一次灌溉提早。7 月为 84，转化慢，弱苗面积大，灌溉充足，营养生长偏旺，生殖生长偏弱。8 月 CCGI 为 104，苗齐转化加快，但大部晚熟，北疆因高温偏低晚熟特征明显。9 月 CCGI 为 95，南疆气温特别温和，高温偏低，由于前期迟发，中期弱苗或旺苗并存，后期晚熟。北疆 9 月下旬到10月上旬气温回升，阳光多，有利吐絮收获。

表2-6　西北内陆棉花生长季节（4—10月）气候要素

项目	主产区	≥10℃积温（℃）	≥20℃积温（℃）	降水量（毫米）	日照时数（小时）
历年	西北内陆	3 976	2 535	69	1 932
	南疆	4 148	2 393	46	1 892
	北疆	3 787	2 729	103	1 960
	河西走廊	3 718	2 449	30	2 127
2009年	西北内陆	4 146	2 523	80	1 852
	南疆	4 440	2 672	62	1 894
	北疆	3 833	2 364	106	1 777
	河西走廊	3 852	2 367	18	2 195
2010年	西北内陆	3 955	2620	122	1 748
	南疆	4 215	2 678	107	1 712
	北疆	3 704	2 579	144	1 756
	河西走廊	3 844	2 417	49	2 076

四、辽河流域棉区

本流域2010年CCGI的年均值为82，同比差近两成（图2-6）。5月CCGI为37，低温持续时间长，寒潮频率高，强度大，由于春寒春迟，播种时间晚10多天，出苗差，发棵迟。6月CCGI为88，气温仍明显偏低，苗情转化慢。7月CCGI为92，气温回升，阳光充足，苗情转化快。8月CCGI为93，降水适宜，生长加快，成铃增加。9月CCGI为100，秋雨少，阳光多，因前期迟发，吐絮收获进度慢于2009年。

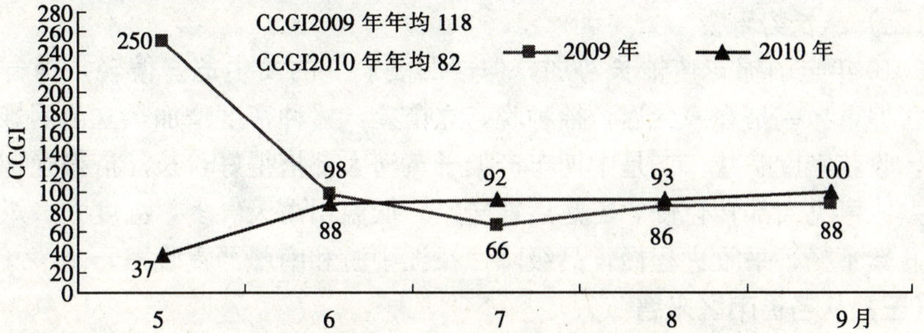

图2-6　2010年辽河流域棉花生长指数比较

资料来源：中国棉花生产监测预警数据。

五、产棉省主要气候要素和长势

（一）从天气特征来看

2010 年全国产棉省市区气候异常，光温水资源匹配极不合理，以涝兼旱的气象灾害频发，主要天气特征（表 2-7）如下：

1. 日照时数减少，生育期两头减幅大。 同比 2009 年，除江苏（42）和河南（4）多以外，其余省份都比减少，减少的小时数为：湖南（－35）、湖北（－105）、江西（－194）、安徽（－1）、河北（－240）、山东（－280）、陕西（－57）、新疆（－105）、甘肃（－119 小时），少 3.1%～18.2%。

2. 气候温和，气温两头低的特征最为明显。 与 2009 年相比，≥20℃积温都减少，减少的单位：湖南（－806℃）、湖北（－458℃）、江西（－506℃）、安徽（－516℃）和江苏（－191℃），河北（－18℃）、山东（－91℃）、河南（－31℃）、陕西（33℃）和山西（－8℃），新疆（101℃）、甘肃（50℃）。可见长江流域高温明显偏低，黄河流域次之，该流域 6 月下旬—7 月气温偏高；西北内陆更次之。

3. 降水量增多，但分布不均。 与 2009 年比，除河北降水量明显偏少 136 毫米以外，江苏基本持平，其他省市区都明显增多，降水量增多的有：湖南（433 毫米）、湖北（264 毫米）、江西（594 毫米）、安徽（186 毫米）、山东（90 毫米）、河南（53 毫米）、陕西（59 毫米）、山西（73 毫米），新疆（42 毫米）、甘肃（31 毫米）。其中长江中游 7 月渍涝，9 月下旬和 10 月下旬多阴雨，华北平原特别是山东大部、豫北和冀南 8—9 月出现 2 次渍涝。北疆和河西走廊春季雨雪天气多，南疆 9 月降水增多。

综合来看，2010 年全国棉花产区为气象灾害年景。

（二）从长势来看

2010 年全国棉花苗情长势弱，但“两萎病”的发生危害偏轻，棉盲蝽发生危害偏重。一是春寒春迟，播种晚，立苗差，播种密度增加，立苗困难，死苗多，收获密度略减。二是中期丰产架子黄河大部搭得好，长江搭得晚，北疆搭得差，可见大部转化慢。三是后期转差。低温阴雨天气多，湿度大，烂场严重，吐絮不畅，采收进程慢，品级降，长江中游和南疆严重晚熟。

（三）从各省市区来看

江苏增产，河南、天津基本持平，山东、湖北、安徽、江西、湖南、新疆、甘肃减产幅度大，陕西和山西减产次之，河北减产相对较少。

表 2-7　各省主产棉区棉花生长季节（4—10 月）气候要素

省	项目	CCGI	≥10℃积温（℃）	≥20℃积温（℃）	降水量（毫米）	日照时数（小时）
湖南	历年	113	5 273	4 638	1 041	1 123
	2009	95	5 172	4 465	896	1 128
	2010	91	5 026	3 659	1 329	1 093
湖北	历年	113	4 837	3 711	928	1 281
	2009	98	4 745	3 908	726	1 109
	2010	74	4 769	3 450	990	1 004
安徽	历年	114	4 815	3 994	903	1 349
	2009	99	5 019	4 116	825	1 182
	2010	81	4 713	3 600	1 011	1 181
江西	历年	113	5 102	4 294	1 192	1 275
	2009	103	5 251	4 706	743	1 293
	2010	75	4 821	4 200	1 337	1 099
江苏	历年	101	4 598	3 343	848	1 449
	2009	107	4 735	3 583	735	1 302
	2010	91	4 585	3 392	734	1 344
河南	历年	102	4 628	3 698	578	1 413
	2009	106	4 637	3 253	676	1 177
	2010	90	4 521	3 222	729	1 181
河北	历年	88	4 289	3 457	515	1 629
	2009	93	4 569	3 324	648	1 664
	2010	92	4 190	3 306	512	1 424
山东	历年	104	4 458	3 521	510	1 609
	2009	110	4 584	3 409	630	1 541
	2010	82	4 311	3 318	720	1 261
山西	历年	79	4 394	3 469	449	1 628
	2009	100	4 722	2 955	431	1 322
	2010	81	4 569	2 947	504	1 205

（续）

省	项目	CCGI	≥10℃积温（℃）	≥20℃积温（℃）	降水量（毫米）	日照时数（小时）
陕西	历年	98	4 453	2 690	450	1 488
	2009	103	4 561	3 065	532	1 541
	2010	90	4 485	3 098	591	1 484
新疆	历年	92	3 855	2 520	83	1 925
	2009	104	4 156	2 528	83	1 839
	2010	83	3 959	2 629	125	1 734
甘肃	历年	95	3 718	2 449	30	2 127
	2009	89	3 852	2 367	18	2 195
	2010	73	3 844	2 417	49	2 076

注：CCGI 历年为 7 年，即 2003—2009 年。气象资料为 2000 年以前的 30 年。

（撰稿：毛树春，冯璐　中国农业科学院棉花研究所、国家棉花产业技术体系）

第三节　棉花高产创建和“千（公）斤”竞赛

棉花高产创建和“千（公）斤”竞赛活动始于 2009 年，2010 年继续。在农业部的组织和领导下，在国家棉花产业技术体系的积极参与下，2010 年参与创建的 14 个省市区和兵团，198 县（团、场）和 200 多个乡镇，建立示范片 200 片，每片面积 1 万亩。国家棉花产业技术体系“千（公）斤棉”竞赛申报点 50 个。

通过认真组织，制定计划和实施方案，组织人力、物资和资金，狠抓落实，积极实践，创建活动取得了新进展，在灾年取得较好成效。农民与地方农业部门总结高产创建有“三新”，即：政府取得新政绩，农民得到新实惠，科技得到新应用。高产创建的功能和作用也有“三新”，即：棉花生产的新抓手，农业部门组织领导棉花生产的新舞台，科研机构、大学和公司参与棉花生产活动的新场所。

要提高认识，加强创建督导和测产验收工作，注重经验总结，形成模式加以推广。

一、高产创建和“千（公）斤棉”竞赛的主要技术指标

高产创建产量指标总体上比非示范片增产20%以上，超高产要求产量翻一番（表2-8）。主要技术指标，万亩棉花高产创建实现“五个100%”；采取“五个落实”和“四个结合”。“千（公）斤棉”竞赛突出技术的集成创新。

表2-8　2010年棉花高产创建和“千（公）斤棉”竞赛主要技术经济指标

产量指标（千克/亩）	技术指标	主要措施	主导和组织形式
农业部万亩棉花高产创建			
长江流域棉花120千克（籽棉315～320） 黄河流域棉花100千克（籽棉约260） 西北内陆棉花150千克（籽棉约400）	“五个百分之百”： 棉花良种统供率100%，测土配方施肥100%，病虫害专业化防治100%，“三丝”含量100%达到国家标准，订单生产100%。	“五个”落实： 一是落实面积，集中连片1万亩；二是落实责任，加强领导；三是落实技术。每个创建区有技术负责人，有专家组，有技术规范，落实“五个100%”；四是每个创建区国家支持20万元；五是落实管理，有标牌，有档案，有督导和测产验收办法。	政府主导、技术和行政结合，技术集成和服务机制创新结合。
国家棉花产业技术体系棉花超高产创建			
长江流域籽棉500千克（皮棉190～200） 黄河流域籽棉500千克，麦茬棉籽棉400千克（皮棉130～140） 西北内陆籽棉1000千克（皮棉380～385千克）	以优势品种和轻简栽培为重点，使用体系培育的优势品种，统一供种；集成轻简化、机械化植棉，配套化和可操作。包括： 优势品种、基质育苗移栽，缓控释肥，合理密植，新型植物生长调节剂，综合防治。 通过创建形成超高产集成技术方案。	“四个结合”： 一是以试验站为主体，并与岗位科学家和农户紧密结合；二是品种、技术与经费支持结合；三是制定方案，明确措施，与落实到户到田块结合。四是培训、现场操作和经常性服务结合。	科研主导，技术集成创新和机制探索。

二、高产创建成效显著

（一）创建行动积极

年初起草和修改高产栽培挂图、修改测产验收方法，组织督导和测产验收，高产创建在深入（表2-9）。

表 2-9　2010 年棉花高产创建主要活动记录

活动时间	主要内容	发布形式
	高产创建	
1—3月	起草和修改高产创建技术模式图 22 幅。	农业部网站公布。
3月16日	在北京修改《全国棉花高产创建示范片测产验收办法》。	7月16日，农业部办公厅以农办农【2010】82号文件“农业部办公厅关于印发《全国棉花高产创建示范片测产验收办法的通知》”下发。
7月中下旬	组织 6 个专家组对 15 个省（市、区）和兵团创建县进行督导，7 月底前提交督导报告。	7月13日农业部种植业司以农办农（经作）【2010】32号文件“关于开展全国棉花督导工作的通知”下发。
8月18—20日	全国棉花高产创建现场观摩会在新疆维吾尔自治区昌吉市召开。	会议交流了创建工作取得的进展和经验，指出了存在问题。考察了昌吉市和呼图壁县的高产创建现场。提出前期损失后期补的要求。研究部署了高产创建工作。
11月16日	在武汉召开年度创建总结会，各路测产验收专家组汇报结果。	总结经验，交流情况，提出改进意见和建议。
	“千（公）斤棉”竞赛	
3月底前	申报和受理竞赛点。	批复。
10月15日	首席科学家组织对洞庭湖创建点进行验收。	现场验收结果，籽棉产量 428.2 千克/亩。
12月13—15日	棉花产业技术体系年度总结会议表彰竞赛专家和试验站。	表彰专家有李景龙、毛树春、周治国、王子胜等。

（二）达到或超额目标产量指标

2010 年是一个灾害年景，通过创建减轻了棉花的灾害损失，在灾年夺取高产。据专家组现场测产，除山西示范片没有完成计划产量指标外，所测 22 个典型县、团场都完成了计划指标任务（表 2-10），与当地比较，增产幅度最高达到 50%，可见创建增效的显著。值得指出的是，2010 年气候不利，自然灾害频率，取得的成绩难能可贵。

表 2-10　2010 年棉花高产创建示范片部级验收结果

示范片地址	皮棉单产（千克/亩）	部级专家组组长
安乡县安全乡和安裕乡	133.2	毛树春
枝江市百里洲镇	120.2	毛树春
武穴市龙平镇和石佛寺镇	146.2	毛树春

（续）

示范片地址	皮棉单产（千克/亩）	部级专家组组长
彭泽县棉船镇江	136.7	毛树春
安徽宿松复兴镇梁公村	155.4	周治国
安徽望江湾镇杨闸村	161.2	周治国
江苏省兴化市安丰镇黄家村和沈曹村	144.5	周治国
江苏省大丰市西团镇新中村和描画村	127.5	周治国
浙江省兰溪市女埠街道泽基村	144.6	周治国
山东省巨野县陶庙镇	110.2	喻树迅
山东省武城县	110.1	喻树迅
河北省威县	102.0	喻树迅
河北省吴桥县	104.9	喻树迅
天津市宁河县苗庄镇5个行政村	138.5	喻树迅
河南省开封西姜寨乡	100.2	喻树迅
河南省新野县	100.1	喻树迅
陕西省大荔县赵渡乡	117.4	王坤波
甘肃省金塔县航天镇的航天村和永联村	155.34	王坤波
新疆维吾尔自治区昌吉市大西镇	151.01	李雪源
新疆维吾尔自治区库尔勒市普惠农场五分场	186.3	李雪源
新疆生产建设兵团农二师30团	175.3	董合忠
新疆生产建设兵团农七师125团	181.6	董合忠

注：毛树春组每县抽取20户，周治国组每县抽样5户，李雪源组每县测4个样点田。董合忠组30团抽取3块棉田、125团结抽取6块棉田。

2010年长江中游还出现一些超高产田块（表2－11）。其中武穴市示范片成铃＞8万个/亩样点35个，占60个样点的58.3%，其中＞10万成铃点2个。2009年望江示范片＞8万个/亩样点19个，占60个样点的31.7%。江西省湖口县武山镇2009年籽棉产量达到507.1千克/亩，摘取首个“千斤棉”桂冠，可见长江中游沿江两岸的确具有极高的产量潜力。

表2－11 2010年湘鄂赣4县示范片成铃分布

（单位：样点数60个/县）

示范片名称	单位面积成铃（万个/亩）分布次数						
	次数＞10	9＜次数≤10	8＜次数≤9	7＜次数≤8	6＜次数≤7	5＜次数≤6	4＜次数≤5
安乡	2	3	2	17	30	6	0
枝江	0	0	8	20	19	12	1
武穴	3	5	27	19	6	0	0
彭泽	0	1	14	31	13	1	0
望江	1	7	11	23	16	2	0

注：望江为2009年现场测定结果。

（三）主要纤维品质指标

2010年长江中游4个示范片主要纤维品质指标呈现长度短、比强度低和马克隆值大的趋势（表2-12）。纤维长度差值最大差异达到3毫米，反映纤维成熟度指标的马克隆值也偏大，表明纤维偏粗，差值2个单位。在80个样品中，马克隆值在3.7～4.2最适范围0个；3.5～3.6次适宜范围0个；4.3～4.9偏粗范围38个，占47.5%；5～6很粗范围37个，占46.3%；≥6极粗5个，占6.2%。

纤维强度。在80个样品中，<24.0很低0个；24.0～25.9低14个，占17.5%；26.0～28.9中等强度64个，占80.0%；29.0～30.9强2个，占2.5%；≥31.0很强0个。

表2-12　湘鄂赣棉花高产示范片纤维品质指标（每县样品20个，检测标准：HVICC）

示范片名称	纤维长度（毫米）	整齐度（%）	马克隆值	断裂比强度（克力/特克斯）	伸长率（%）
安乡	27.1 (25.7～28.7)	82.7 (79.4～85.3)	5.2 (4.6～6.4)	26.5 (24.4～30.9)	6.4 (6.0～6.8)
枝江	28.7 (27.7～29.9)	83.1 (81.6～84.4)	4.9 (4.4～5.3)	27.6 (25.5～29.1)	6.5 (6.2～6.7)
武穴	29.2 (28.5～30.5)	82.7 (80.9～84.1)	4.7 (4.3～5.2)	27.2 (25.6～28.6)	6.4 (6.3～6.6)
彭泽	28.1 (26.5～29.4)	82.5 (81.7～83.2)	5.1 (4.6～6.3)	26.5 (25.0～28.0)	6.5 (6.3～6.8)
望江	27.6 (26.3～29.1)	83.8	5.1 (4.0～5.7)	29.9 (26.9～32.8)	6.1

注：望江为2009年现场测定结果。

2010年烂铃比例大也是品质降低的一个重要方面，高产田湿度更大，烂铃更重，僵瓣花比例占1/4。

三、高产创建主抓技术

长江中游高产创建在抓好“四个100%”基础上，针对异常天气，采取积极的应对技术措施，取得“四子登科”抓杂交棉增密，狠抓秋管促进“秋发”夺高产的经验。

（一）狠抓“四个100%”指标的落实

一是依托良种棉补贴实行统一供种，主栽品种的地位提升，品种数量大幅减少。其中枝江和彭泽示范片仅种植1个杂交种。二是加大统防统治的推进，各地都能做到100%统防统治。工作方法有与植保专业化合作社合作，有利用农民自建和专业相结合，模式较多。其中武穴统防统治面积7万亩（次）。三是配方施肥100%。根据土壤化验结果，调整施肥方案，配制氮磷钾比例，交由化工集团或化肥厂生产配方肥料。四是开展订单生产。各地尝试与龙头加工企业签订产销合同，订单面积大，以高于市场收购。像枝江最早提出与农民签订合同。包括“三丝”控制等，但由于2010年新棉一路走高，合同履约率不高，但农民没有卖棉难的问题。

（二）狠抓杂交棉增加密度，为灾年夺取高产打下坚实基础

采取“四子登科”措施，狠抓杂交棉增密。一“子”指年前播种小麦或油菜田移栽前调整畦子，改宽行为适当缩窄行距，大部缩窄行距10～15厘米，增加行数15%以上。二“子”、三“子”指移栽时拉尺子，打洞子，缩窄株距10厘米，增加株数近两成。四“子”指实施时干部住进村子，同农民一起干，带头干，领着干，办好样板。据调查，3省4县市示范片杂交棉收获密度增加300～400株/亩。据测算，增密对增铃的贡献率达到30%，增成铃1.5万～2.0万个/亩。其中武穴市增密最多达500～600株/亩，收获密度1 931株/亩；单位面积成铃最多，达到8.15万个/亩。实践证实，杂交棉增密行动成为应对不利天气的成功要素，为示范区夺取高产和减轻灾害损失立下了汗马功劳。

（三）加强秋管促进“秋发”，增结秋桃夺取高产

针对迟发、晚熟和烂铃，采取一系列促进和控制并举的应对措施。一是控氮肥、增施钾肥和有机肥，后期补施桃肥。二是针对后期雨水多，加强化学调控，在统防基础上加入统一化学调控。三是针对棉铃虫与盲蝽象偏重发生，加强统防统治和灯光的诱杀防治。四是针对后期多雨，加强清沟降渍排涝，降低田间湿度。五是针对晚熟采取推株并垄，剪除空枝，增加通风透光。六是及时采摘黄熟成铃，减少烂铃损失。在一系列促调措施的推动下，弱苗转化成壮苗的时间缩短，三类苗转化成一类苗的面积增多，搭起了丰产架子，果枝20～22个/株，株高150厘米上下，在武穴市石佛寺镇示范片可见青枝绿叶吐絮通畅的高产田块，成铃11万个/亩。

四、高产创建主要措施

领导重视是创建的组织保障，也是政府主导应履行的责任，技术是创建的支撑条件，资金投入是基础，一些好的做法见表2-13。

(一) 一个联合、两个整合的方法好

一是整合农业内部包括“各站”和涉农“各口”进入示范片。在领导重视的创建县（团、场）做得很好，特别是兵团值得学习。江苏南通市通州区、无为县和武穴市等整合做法很好。农业部门不能单打独斗，要与农机部门、水利部门紧密结合，争取支持和配合。二是整合相关项目进入创建区。包括农田水利项目、农业综合开发项目、测土配方和统防统治等进入示范片，彭泽县在示范片投入农田水利建设。三是联合创建。引入科技、教育和多类型公司参与创建。

表 2-13　湘鄂赣示范片主推技术和措施

示范片名称及主要措施
安　乡
(1) 领导重视。成立创建领导小组和技术指导小组，制定方案，开展经常性活动，加强督促检查，现场考评与绩效挂钩。积极防灾减灾，排涝降渍措施得力，减轻灾害损失。省专家组 7 次指导生产和抗灾减灾。 (2) 良种覆盖率 100%。结合良种补贴主推湘丰棉 3 号、中棉所 63、湘杂棉 20 号、湘杂棉 19 号和湘杂棉 14 号。品种数量从 2009 年 30 余个减少到 10 个，基本扭转“多、乱、杂”现象。 (3) 杂交棉增密行动。密度增 100～200 株/亩，达到 1 000～1 200 株/亩。 (4) 统防统治。一家大方植保公司负责实施面积 8200 亩次，占示范片面积的 65%，收费 130 元/亩。 (5) 配方施肥。项目区每 50 亩取样 1 个，测定土样 280 个，专用配方复合肥 700 吨，应用面积达到 100%。 (6) 举办培训班 20 场，培训 1 000 人次；广播电视讲座 20 次。在《安乡农业信息》开辟高产创建专栏，发送手机信息近千条，召开大型观摩会 2 次，人数 200 人次。 (7) 在示范区（双剅、汤家岗）新开排水沟渠 3 200 米，修缮田间设施 120 处，改垄 210 亩。 (8) 组织大成棉业与示范片棉农签订优质棉采购合同，保护价 7 元/千克，随行就市。在重点区提供晒帘及收花布袋控制“三丝”含量。 (9) 补贴。统防统治费 3.25 万元，有机肥投入 2.25 万元，沟改垄费 1.5 万元，高产竞赛奖励 2.0 万元等。
枝江市
(1) 成立创建领导小组和技术指导小组，制定方案，开展经常性活动，加强督促检查，进行现场考评与绩效挂钩。 (2) 良种覆盖率 100%。结合良种补贴主推鄂杂棉 26F_1，扭转多乱杂现象。 (3) 杂交棉增密行动。密度增 200～300 株/亩，达到 1 500 株/亩。 (4) 统防统治 100%。建立机防队 2 个，每队 20 人，统一防治 5 次，每人每天 50 元；购置机动喷雾器 20 台，电子杀虫灯 150 盏。 (5) 配方施肥应用面积%。测定示范片土壤样品 12 个，提出配方施肥指定企业生产专用复合肥 100 吨。 (6) 培训指导。举办培训班 20 场，培训农民 5100 人次，分发资料 3 万份；广播电视讲座 20 次。在《枝江农业》和创建百里洲乡《百里科技》开辟高产创建专栏。 (7) 良种补贴 10 万元，统防统治费 3.6 万元，配方肥 3 万元，高产竞赛奖励 1 万元等。

（续）

示范片名称及主要措施
武穴市
(1) 成立创建领导小组和技术指导小组。把创建列入市委、市政府主抓的“八件大事”之一，整合相关项目资金35万元，地方财政资金25万元，加上创建资金20万元，计80万元，建立示范片2个。“四大班子”一把手担任示范片指挥长。开展经常性活动，加强督促检查，现场考评与绩效挂钩。 (2) 良种覆盖率100%。结合良种补贴主推冈杂棉8号和EK288，扭转多、乱、杂现象。 (3) 杂交棉密度增400～500株/亩，达到2 000株/亩。 (4) 统防统治达到100%。与植保专业合作社合作，统防统治面积达7万亩次以上，统防统治率达100%。 (5) 配方施肥100%。根据化验，由湖北祥云化工集团公司按配方生产肥料，对农户实行厂价直供，每亩可节省肥料成本60元左右。百亩高产方还增施有机肥200吨、尿素1.5吨、钾肥2吨。 (6) 举办技术培训班69场，培训农民1万多人次；发放资料1万多份；开办田间课堂28次，培训7 050人次。组织植棉能手巡回演讲影响很大。与市广播电视台、通信公司合作，搭建创建信息服务平台，开辟手机短信。创建标语上墙，把创建活动搞得轰轰烈烈。 (7) 组织2家龙头加工企业签订产销订单面积5万亩，高于市场价格0.4元/千克收购。 (8) 对示范片3.5千米的输水渠道进行了清淤砌衬，对3处坏死中心水泵进行修理，重新使用。 (9) 种子补贴16万元（良种棉补贴以外），有机肥补贴20万元，配方施肥补贴17万元，统防统治5万元，大棚育苗4万元，技术培训3万元，水利设施改造10万元，奖励5万元。 (10) 联合创建。与华中农业大学、省市农科院联合创建。
彭泽县
(1) 成立创建领导小组与技术小组。整合相关项目资金43万元，建立示范片2个。制定方案，开展经常性活动，加强督促检查和现场考评。积极防灾减灾，排涝降渍措施得力，减轻灾害损失。专家指导组现场指导生产和抗灾减灾。 (2) 良种覆盖率100%，提高2个百分点。结合良种补贴主推赣棉杂1号，扭转“多、乱、杂”现象。 (3) 增密行动。杂交棉密度增200～300株/亩，达到1 500株/亩。 (4) 统防统治100%。电子杀虫灯每50亩42盏，以组为单位建立机防队16个，收取药剂和人工费150元/亩。用药为9次，节约治虫成本15元/亩。 (5) 配方施肥达到100%。测土1 600个，增施有机肥80吨，专用肥88吨，钾肥16吨，尿素40吨。 (6) 集成优势杂交棉、增加密度、配方施肥、统防统治和人工降雨、排渍减灾等。 (7) 举办培训班105场次，培训农民8 600人次；发放技术资料8600份；省市各媒体发布信息17条。 (8) 组织龙头加工企业签订产销订单面积，当无“三丝”时以高于市场0.2元/千克收购。 (9) 整合农业开发项目资金270万元，在示范片所在棉船镇修建渠道清淤7 400米，硬化田间公路8 500米，排灌渠道8 200米，兴建排灌站1座和涵闸4座。 (10) 棉种和肥料补贴共发放41.9万元；电子杀虫灯1.26万元；安装2.78万元；专业化防治8万元等。

（二）加强科技服务，开展经常性指导

农技人员进入示范片，包村包户，这种驻点能够起到较好的服务效果。安徽省无为县农业委员会的做法很好，经验可鉴。生产季节派熟悉农艺的技术骨干和专家进村入户，技术指标上墙，管理措施上墙。由于采用驻点服务，技术指导可以做到每一块田每一个农户，促进均衡增产。

（三）积极探索规模化植棉

在有条件的创建区，积极稳妥推进土地合理流转，培育植棉大户，发挥大户的带头和辐射作用。天津静海、宁河、山东东营的尝试很成功，一个大户植棉面积300～500亩，把科学植棉落到实处。

（四）高产创建是个好项目，深受欢迎

创建行动政府取得新政绩，农民得到新实惠，科技得到新应用；锻炼了农业领导干部，培育了专业人才，增强了植棉信心，受到欢迎，示范片棉农得实惠。实践表明，创建是棉花生产组织管理的新抓手，是转变棉花生产发展方式的大平台。

五、深入开展高产创建的意见和建议

（一）提高认识、创新组织和服务机制

1. 提高认识，加强组织领导。高产创建是促进农业发展方式转变的重大举措，是解决现代农业问题、建设现代植棉业的一项重大行动，2010年中央"一号文件"明确指出由各级政府主导。一些地方认识到位，措施切合实际，工作成绩显著，农民反映很好。但是一些地方认识上的不足，领导重视不够，没有进入工作状态，一些示范片还在应付，领导、组织管理、服务和技术都不到位。

2. 技术上，传统和现代，繁琐与轻简在博弈。一是示范片技术"老化"和"退化"现象严重；二是示范片内户与户之间的产量存在倍数差异，不均衡是主要问题。均衡增产是万亩创建需要解决的新问题，也是夺取大面积高产需要破解的新课题。

3. 积极探索发展现代化植棉的途径。解决均衡增产，需要创新植棉业服务的新方法和新机制，需在规模化植棉与社会化服务水平方面进行大胆探索和积极实践，要把培育服务机构和组织纳入创建内容之中。

（二）改进意见和建议

1. 大力推进轻简化、机械化技术的示范应用，解决管理繁琐问题。一是新品种和杂交种要高度重视抗性问题，指标上要选择两抗——抗枯和抗黄（抗枯萎病和耐黄萎病）。推广应用优良品种和转基因抗虫棉杂交种。二是大力推进轻简技术应用。积极引进示范推广轻简栽培技术，如基质育苗移栽，缓控释肥，合理密植和优势杂交棉增密，化学调控，平衡施肥和测土施肥，增施有机肥。三是推进工厂化、机械化和半机械化植棉。工厂化和集约化育苗，机械化移栽；采用机械化灭茬、整地、播种、覆盖地膜、施肥、中耕培土和治虫，可减轻劳动强度，提高措施效果。四是提高防灾减灾能力。旱涝灾害发生频率高，危害大，要积极预防。在长江和沿海创建区要做到“四沟”相通，“高条高垄”高抬田，培土壅根，防倒伏，旱能灌涝能排，排灌自如。

2. 创新服务机制和方法，解决规模化生产问题。一是大力推进统一服务。如组建专业化队伍，实行病虫害的统防统治；建立基质规模化育苗基地，实行集中育苗，机械化移栽，减轻劳动强度，也是解决增密行动、实现合理密植与品种一致性的重要途径。组建机耕队，实行统一深耕、整地、播种和棉柴粉碎还田。项目资金支持育苗基地建设，购买药械、农机具和动力，培育和扶持专业化队伍。二是继续加强农业内部的技术和行政部门的力量整合，有条件地整合相关项目进入创建区，积极引入科技、大学、公司和合作组织参与创建。加强驻点服务，常下乡，积极探索规模化植棉，社会化服务，发挥示范片的引领和带动功能，组织棉农和大户参观考察，推广新经验。

3. 总结经验，形成模式，加以推广。建议农业部考评“四个100%”的实施情况。通过检查了解，深入总结提炼经验，形成模式供各地参考和推广。实际上，正常年景目标产量大多能够完成，不正常年景完成都很难，靠天收的状况没有改变。然而，高产创建的组织领导、技术模式和服务模式确实千差万别，值得总结。

4. 开展技术培训，解决知识老化和技术退化问题。知识老化和技术退化现象普遍，因此，要有计划分层次进行科技培训，提高科学植棉水平和现代组织管理技能。

5. 扩大创建规模，推进生产发展。高产创建是个好项目，普遍受到欢迎。地方认为，高产创建为棉花生产管理提供了一个新抓手，为棉花产业发展搭建了一个大平台，锻炼了农业领导干部，培养了棉花专业人才，增强棉花生产的信心。建议持续开展，扩大规模，提高经费支持强度。

（三）提高认识，加强督导和测产验收

为了落实好高产创建任务，农业部下发中期督导和测产验收文件，依托国家棉花产业技术体系专家进行督导和验收。从2年的执行来看，受时间、经费以及业务熟悉程度的影响，情况不尽如人意，差距较大，没有很好地完成农业部交给的任务。要提高认识，改进提高。

1. 加强督导。中期督导要进村入户，下田间调查，查看长势，与创建户座谈。注意总结阶段性进展，找出经验，要发现问题，提出改进意见和建议。

2. 按要求抽取样本进行测产工作。测产验收专家组多数没有按照抽样方法进行抽样测产，也没有抽取籽棉样本，是一个明显缺陷，测产验收过程过于草率，地方反映不少意见。

对万亩面积的有效总体样本，至少要抽取 20 户样本农户，每块棉田要抽取 3～5 点，测定成铃，收摘 50 个籽棉，测定铃重和衣分率，测定纤维品质等指标。

3. 认真搞好测产验收工作。应按照“农业部办公厅农办农【2010】82 号文件”的规定程序进行测产验收，应听取地方经验介绍和意见建议，找出“五个 100%”落实和“五个”措施实施取得的经验，创建工作遇到的新问题，全面总结创建取得的成绩、新经验、新措施、新对策，也要找出不足和存在问题，提出改进意见和建议。

测产验收报告要形成正式文件，一县一个报告，上报农业部，再由农业部下发各创建单位。

六、“千（公）斤棉”竞赛进展

2010 年“千（公）斤棉”竞赛由国家棉花产业技术体系的试验站与科学家联合创建，旨在集成组装创新。2009 年湖口县武山镇 50 亩达到 507.1 千克/亩，达到“千斤棉”指标（表 2-14），由鄱阳湖综合试验站领衔创建。由于气候异常，灾害频发，气候生产力大幅下降，2010 年 50 个申报点没有一个达到一级指标。这充分表明，高产是“天、地、人”的高度融合。过去经验“人努力，天帮忙，科技兴棉才能显威力”仍然可用。

超高产竞赛关键技术：选择强优势杂交种或增产潜力大的转基因抗虫棉或常规高产品种，应用轻简化技术、合理密植、基质育苗移栽、专用控释肥、化学调控、增施有机肥，排灌结合，节水灌溉，控制蕾铃脱落和统防统治等。

表 2-14　2010 年“千（公）斤棉”竞赛活动获奖单位

序号	申报单位	领衔人	地点	测产产量（千克/亩）	测产专家
1	湖南省棉花科学研究所，洞庭湖综合试验站	李景龙	安乡县安裕乡五一村	428.2	喻树迅、毛树春等
2	中国农业科学院棉花研究所，栽培、育种岗位科学家和皖北综合试验站、皖南综合试验站	毛树春	望江县杨湾镇、大渡口镇、香隅镇	444.1	路曦结、田绍仁等

（续）

序号	申报单位	领衔人	地点	测产产量（千克/亩）	测产专家
3	南京农业大学，栽培岗位科学家	周治国	兴化市、安丰镇	428.0	自测
4	黄冈农业科学院，黄冈综合试验站	李　蔚	武穴市石佛寺镇	472.1	自测
5	中国农业科学院棉花研究所，栽培岗位科学家	毛树春	荆州市沙市市岑河镇	400.0[1]	宋国立
6	辽宁省农业科学院经济作物研究所，辽河综合试验站	王子胜	朝阳县	423.8	毛树春
7	辽宁省农业科学院经济作物研究所，辽河综合试验站	王子胜	朝阳县	370.0[1]	毛树春、董合林
8	江西省棉花科学研究所，鄱阳湖综合试验站	田绍仁	湖口县武山镇	507.1[1]	喻树迅、王坤波等
9	新疆农业科学院经济作物研究所，育种岗位科学家	李雪源	新疆生产建设兵团农一师十六团5连	804.0[1]	喻树迅、别墅等
10	新疆农业科学院经济作物研究所，育种岗位科学家	李雪源	新疆生产建设兵团农一师十六团5连	706.3	毛树春、别墅等

注：(1) 1为2009年数据。(2) 获奖二级指标：长江、黄河流域籽棉超400千克/亩，西北内陆籽棉超800千克/亩。

（撰稿：毛树春　中国农业科学院棉花研究所、国家棉花产业技术体系）

第三章

中国棉花生长指数(CCGI)在2010年各地棉花长势监测中的应用

第一节 CCGI在2010年湖南省棉花长势监测中的应用

2010年湖南棉花生产的总体情况是棉花产量低、市场价格好、产值和植棉收益高。据全国公益性行业棉花专项科研组和国家棉花产业技术体系的连续监测，2010年湖南省棉花生长指数（CCGI）为91（表3-1），表明棉花长势整体差于2009年。植棉面积增加，但单产大幅降低。气候不利是减产的主要原因。

一、全省棉花生产概况

（一）播种面积有所增加

由于上年棉花产量较高、价格较好，效益好，棉农的植棉积极性提高，部分被改种蔬菜或其他作物的棉田改回植棉。全省棉花播种面积为340万亩，同比增约13%。移栽密度平均为1130株/亩，有所增加。

（二）气候对棉花生长不利，减产幅度大

播种较迟，加之在播种出苗期间阴雨天多、气温低、持续时间长，不利于出苗齐苗，出苗率情况较往年偏低，且苗床发病率偏高。又因5月连续降雨，部分棉苗移栽时间推至5月底，其中20%面积直到6月才移栽。尽管6月中下旬天气有所好转，前期严重迟发。7月持续降雨导致部分棉田内渍严重，枯、黄萎病发生偏重，全省重病面积12万亩左右。6月7—8日、7月11—13

日两次持续大暴雨，造成大面积棉田内渍灾害。全省受灾面积约170万亩，其中重灾面积70万亩。前中期生长受到影响，生育进程推迟，8月底9月初才开始吐絮。而9月秋雨连绵多湿，9月下旬开始，气温降至20℃以下，不利于棉纤维发育和成熟吐絮。全省大面积实收皮棉70～90千克/亩，减产两成多。

（三）成本有所增加

由于雇工成本大幅上涨，全省棉花成本上涨了不少。总成本为1 400元/亩，增250元/亩，增幅21.7%。其中，物化成本650元/亩，人工费用750元/亩。投入增加是物化成本上涨的主要原因。农资价格基本持平。用工作价从2009年的40元/工提高至50元/工，提高25%。总人工费用上涨至750元/亩，增25%。

（四）价格高，减产增收

在国内外市场推动下，2010年新棉价格高开高走，一路飙升。9月开秤籽棉售价8.4～9.2元/千克，此后持续走高，10月达11～13元/千克，且市场供不应求，虽然受市场调控的影响11月底以后籽棉价格有所回落，但仍然保持在高位水平。

到12月底，全省籽棉交售完毕。虽然单产锐减，植棉成本也有所增加，但是因价格高涨，棉农普遍增收。

二、全省棉花长势分析

5月全省CCGI为91（表3-1），苗情与上年同期持平。由于4月低温出苗不整齐，且苗期病害严重；5月天气多阴雨，气温较低，移栽进度很慢，移栽收尾时间为6月5日左右，生育进程推迟7天以上。

6月全省CCGI为93，苗情转化比上年同期好。主要原因是6月下旬天气好转，气温回升，光照增加，生长发育比上年同期好。

7月全省CCGI为83，长势略差于上年同期。持续降雨造成棉花倒伏和蕾铃脱落；同时部分棉田仍有缺肥的现象。但从全年来看，7月长势并不算很差。

8月全省CCGI为87，长势明显差于上年同期。8月天气基本正常，但受前期生长发育推迟的影响，丰产架子没有搭起来，大部分棉田8月底9月初才进入盛铃期。

9月全省CCGI为102，长势比上年同期差。9月秋雨连绵多湿，下旬气温降至20℃以下，不利于棉纤维发育以及棉铃的成熟吐絮。田间高湿，烂铃多，产量损失大。

10月上旬仍低温多雨，吐絮推迟10多天，纤维成熟度差，衣分率降低3～5个百分点。

表3-1　湖南省棉花生长指数（CCGI）

时间	5月	6月	7月	8月	9月	平均
2009年	91	84	87	106	114	96
2010年	91	93	83	87	102	91

综上所述，2010年全省CCGI大多较上年差，这与棉花长势差，产量低的实际情况相符，基本反映了棉花生产状况，对指导湖南棉花生产具有十分重要的意义。

三、高产创建和“千（公）斤棉”竞赛

（一）高产创建

1. 创建规模和示范作用不断扩大。全省高产创建片5个，示范片面积从2009年41 800亩增加到2010年83 275亩。示范带动面积大，其中常德市示范片20个，全省示范面积达35万多亩，占面积的10.6%，上规模、上档次、上水平，掀起创建热潮。

2. 灾年实现平衡增产。示范片皮棉达到131千克/亩，品质提高一个品级。其中澧县135.6千克/亩，安乡137.9千克/亩，南县131.6千克/亩，华容130.6千克/亩，君山129.7千克/亩，单产提高4.2%。

3. 主要经验。一是集成技术。坚持统一良种，统一肥水管理，统一技术培训，统一病虫害防治，统一四分采收的“五统一”。同时，提供资金支持，修整排灌设施，提升防灾减灾能力。二是抓“五改”关键措施落实。一改“稀植大棵”为合理密植。移栽密度提高到1 100～1 200多株/亩，增密20%。二改偏施氮肥为缓控施肥。改往年偏施氮肥为以施农家肥为主。三改分户防治为专业化防治。示范片与专业公司签订了统防统治合同，实行专业化防治。四改单一化控为全程化调。五改“走点跑面”为专人驻点服务。三是创新工作机制。突出“四加强”，即：加强横向联合，发展订单生产；加强合作交流，提升整体水平；加强与其他项目结合，提供资质强度；加强指导和督促检查，提高技术到位率。

4. 问题与建议。建议增加示范片数量，加强技术培训和指导，创新服务

模式，推进轻简化和规模化植棉。

（二）“千（公）斤棉”竞赛

洞庭湖综合试验安排9个“千（公）斤棉”竞赛点，每个面积50亩。10月16日测产结果：安乡县安裕乡五一村成铃9.1万个/亩，单铃重5.53克，籽棉产量428.2千克/亩。

主要技术措施：选用结铃性强、抗逆性好的高产杂交种中棉所63、湘杂棉20和湘杂棉22号。培育健苗促早发。合理密植，增加密度。平衡施肥，重视中后期肥料投入。全程化调，塑造合理群体结构。统防统治病虫害。清沟整垄，抢排积水，减轻渍涝。

四、2011年棉花生产展望

受2010年籽棉高价利好影响，预计2011年全省植棉面积增加，但因成本逐年上涨、产量、价格不稳，预计棉花生产进入理性时代，据1月调查情况，全省植棉面积增3.3%左右，大部分为稻改棉面积。

（撰稿：郭利双　湖南省棉花科学研究所）

第二节　CCGI在2010年湖北省棉花长势监测中的应用

据全国公益性行业棉花专项科研组和国家棉花产业技术体系的连续监测，2010年全省棉花呈现“两增两减”走向，即面积增、单产减、总产减、效益增。全省棉花生长指数（CCGI）为74，表明棉花长势差于上年两成多。自然灾害频发，单产降低9.5%；受经济回暖刺激，植棉面积增5.9%为731万亩，总产减4.1%为46.9万吨。棉价狂升，新棉价涨74.2%为10.8元/千克，植棉效益创新高。

一、全省棉花生产概况

（一）面积增、单产减、总产减、效益增

一是面积增加。受上年植棉效益增加和全球经济回暖刺激，植棉积极性大增，2010年全省面积增加41万亩，增幅5.9%。

二是单产减，总产减。气候整体不利，全省棉花单产降低到64.1千克/亩，减 9.5%；总产 46.9 万吨，减 2 万吨，减幅 4.1%。

三是效益增加。籽棉售价 10.8 元/千克，增 4.6 元/千克，涨幅 74.2%；农资价格平稳，成本略升。物化投入 402.5 元/亩，同比增 5.4%。由于籽棉价格大涨，尽管单产下降较多，但植棉收益大幅提高。

（二）气候整体不利，是减产主因

连续遭受气象灾害侵袭，是 2010 年单产锐减的主因。4 月“倒春寒”影响一播全苗；5 月低温阴雨弱苗；6 月芒种寒和暴雨致“两萎病”流行；7 月搭架延迟；8 月底 9 月初的连阴雨天气，气温偏低，光照不足，蕾铃脱落增加；吐絮期低温阴雨，铃病蔓延，品质下降。多种灾害天气导致减产和晚熟，吐絮和采摘进度滞后，而且铃重轻、衣分低、僵烂花率比例高。据 11 月中旬考察，江汉平原普遍减产 50 千克/亩，减幅两成以上。

二、全省棉花长势分析

（一）全省棉花生长指数分析

2010 年全省棉花生长指数为 74，表明长势差于上年近三成（表 3－2）。从全生育期来看，气候整体不利（表 3－3）。温光少，日照时数比 2009 年少 94 小时，比历年少 286 小时。降水偏多，4—10 月降水量 958 毫米，比 2009 年和历年多 164 和 40 毫米。气温低，≥10℃积温和≥20℃积温分别比 2009 年少 169℃、622℃，与常年相当。可见，积温少、雨水多、日照不足是 2010 年棉花长势较差的主因。

表 3－2　2010 年湖北省棉花生长指数（CCGI）

年份	5月	6月	7月	8月	9月	年均
2009 年	129	89	72	86	116	110
2010 年	78	75	73	63	83	74

表 3－3　湖北主产棉区 4—10 月气象资料

项目	主产棉区	≥10℃积温（℃）	≥20℃积温（℃）	降雨量（毫米）	日照时数（小时）
历年	全省	4 837	3 711	918	1 281
	鄂东	4 918	3 857	1 053	1 302
	江汉平原	4 876	3807	876	1 313
	鄂北	4 695	3 257	794	1 213

（续）

项目	主产棉区	≥10℃积温（℃）	≥20℃积温（℃）	降雨量（毫米）	日照时数（小时）
2009	全省	5 020	4 289	754	1 189
	鄂东	5 232	4 623	843	1 271
	江汉平原	5 145	4 435	721	1 175
	鄂北	4 684	3 810	699	1 122
2010	全省	4 851	3 667	958	995
	鄂东	4 861	3 638	1 080	980
	江汉平原	4 939	3 838	1 053	944
	鄂北	4 753	3 524	741	1 061

（二）各月生长指数分析

5月生长指数78（表3-4），苗情差于上年两成多。一是播种育苗期雨日多，温度低，日照少，影响一播全苗，真叶发生速度迟缓；二是持续低温阴雨天气，前茬油菜、小麦成熟与收获期推迟10天以上，导致棉苗迟迟不能移栽进入大田。据5月15日调查，全省真叶数1.9片/株，同比少0.6片/株。据潜江点调查，4月16日播种面积占总面积55.2%，出苗率74.1%，幼苗发病率和死苗率都明显高于2009年。

6月生长指数75，苗情变差。因5月中旬以来雨水多，温度低，光照少。气温较常年偏低2℃以上，其中5月13～22日江汉平原9天低于20℃，“芒种天气寒”，光合效率下降，干物质积累少，僵苗迟发，生长缓慢。6月15日真叶数6.2片/株，同比少1.2片/株。同时“两萎病”提早发生，呈蔓延之势，危害严重。田间调查，发病株率7.9%～2.1%，发病指数4.6～22.8，严重田块死苗率10%。此外“草荒苗”和板结普遍，局部盲蝽象偏重发生。

7月生长指数73，普遍迟发10天以上，“芒种无蕾，小暑无花”，基本无伏前桃，为特迟发年份。丰产架子没有搭起来的主因；一是油后棉、麦后棉面积大，自身生育进程偏迟；二是7月上中旬全省大范围持续强降雨，棉田渍害严重，棉田绝收17万亩。

8月生长指数63，长势差于上年近四成。一是8月又遭受持续晴热高温天气，主产区旱灾和涝灾同时并存，伏期生育状况较差，蕾铃脱落增多，成铃少。二是施用不及时，花铃肥量不足，后劲不足，早衰迹象显露。三是盲蝽象、斜纹夜蛾发生较重。据潜江点监测，盲蝽象百株虫量40.4头，高达76头，属重发年份。斜纹夜蛾百株虫量6.5头，重于常年。

9月生长指数83，长势有所好转，但差于上年近两成。监测结果，全省成铃31.8个/株，同比少1.6个/株。综合分析：从8月中旬至9月中旬，晴雨天气相间，光照不足，秋桃少，烂铃多；9月下旬以来的持续阴雨天气，犹如雪上加霜，给增产蒙上阴影。

9月下旬和10月上旬持续低温阴雨，采摘延后，铃重轻、衣分低、烂花多，品质差。

综上所述，CCGI较好地反映2010年全省棉花生长发育情况，是反映气候、病虫害和管理等极为敏感和快捷的指标，对掌握全省棉花、预测单产和指导管理具有重要的实践意义。

三、高产创建和“千（公）斤棉”竞赛

（一）高产创建

2010年全省参加万亩高产创建示范县（市、场）13个——天门、潜江、汉川、公安、石首、松滋、枝江、黄梅、武穴、浠水、枣阳、五三农场和草埠湖农场等。

经省专家组验收，13个创建万亩示范片成绩82.6～95.8分，平均91.09分，全部达到合格以上标准，其中武穴、黄梅等9县（市）达到优秀标准。经测产，皮棉127.1千克/亩，比上年113.7千克增13.4千克/亩，比所在县（市）79.2千克增47.9千克/亩。涌现出130千克/亩以上的千亩示范村5个，140千克/亩以上的百亩示范组7个，150千克/亩以上的超高产农户4个。农业部专家组现场测产，枝江市成铃6.83万个/亩，皮棉130千克/亩，武穴市成铃8.15万个/亩，单产150千克/亩。

技术服务措施。省政府成立粮棉油高产创建领导小组，省农业厅成立棉花高产创建专家指导组，棉花创建专家组。一是广泛舆论宣传，提高创建活动的社会关注度和支持力。通过表彰先进、经验交流和媒体宣传，大力宣传典型经验。二是树标牌、拉横幅、刷标语，大造舆论氛围，家喻户晓，成为群众热议和基层干部关注的热点，农民学科技用科技的看点。三是强化指导，提高科技的入户率和到田率。发放《棉情要事实用农历》，将管理按日按旬分解，发到村组和科技示范农户。四是推广集成技术。主推优良品种、等行种植、两膜栽培、合理密植、配方施肥、全程化调和统防统治。在增加

密度方面取得新进展，凡收获密度低于1 400株/亩的不予验收。五是狠抓科技抗灾。组织专家组进入田间地头指导，7月22日召开全省棉花科技抗灾专题会议，明确提出“重在秋桃、贵在秋管”，狠抓“四抢”措施，为抗灾夺丰收奠定了基础。

（二）“千（公）斤棉”竞赛

2010年“千（公）斤棉”竞赛热情高，全省申报竞赛点26个，达到二级指标。

创建成效。据9月22日调查，公安点：收获密度1 680株/亩，成铃50.2个/株，成铃84 336个/亩，籽棉420千克/亩。武穴点：收获密度2 010株/亩，成铃44.6个/株，成铃89 646个/亩，籽棉448千克/亩。该市棉农张从斌植棉面积2.5亩，成铃119 102个/亩，刷新全省记录，摘取同期全国单位面积成铃桂冠。

集成技术。优势抗虫杂交棉品种中棉所63与EK288、基质育苗地膜覆盖移栽、有机肥加控释肥，增钾补硼锌、合理增密、新型调节剂、统防统治盲蝽象和综合措施防早衰。

四、2011年棉花生产展望

在高价利好驱动下，大多棉农有扩大植棉的愿望，但农资和人工成本的大幅上涨，加上管理繁琐，扩大植棉意向并不乐观。据1月监测结果，2011年全省植棉面积呈温和增加态势，预计增5%～8%。

（撰稿：张教海，别墅，王孝纲，夏松波，余隆新　湖北省农科院经济作物研究所）

第三节　CCGI在2010年江西省棉花长势监测中的应用

据公益性行业（农业）科研专项组对江西的连续监测，2010年江西省棉花生产呈“两减四增”形势，全省棉花生长指数（CCGI）为75（表3-4），表明棉花长势差于上年二成半。全省植棉面积增4.6%，总产减7.8%，由于低温、长时间阴雨天气，全省单产减少4.8%；市场行情好，籽棉售价一路飙升上扬，收益增加。

表 3-4　2010 年江西省棉花生长指数（CCGI）

月	5	6	7	8	9	年均
2009	97	107	99	89	121	103
2010	80	74	53	65	104	75

一、全省棉花生产概况

（一）植棉面积增，单产减，总产减少

监测结果显示，受 2009 年棉花价格影响，2010 年全省棉花播种面积 136 万亩，同比增 6 万亩，增 4.6%；渍涝绝收面积 9.9 万亩，实收面积减少；全省单产 85.0 千克/亩，减 4.8 %；总产 10.7 万吨，减 7.8%。

（二）灾害性天气频繁，是产量减少的主要原因

2010 年江西全省棉区气候对棉花生产十分不利。具体表现为：一是受 4 月强寒潮影响，该月日平均气温 14.4℃，较常年低 2.1℃，比 2009 年低 3.8℃，降雨多，播种时间推迟，因烂种烂芽而补种现象普遍。二是 5—7 月寡照、降雨日、降水量多，特别是 7 月 13～14 日特大暴雨量 200 毫米，鄱阳湖棉区均遭受持续特大暴雨袭击，其中都昌县中馆镇降雨量达 312 毫米，棉田普遍受灾，圩区内涝严重，丘陵山区山洪暴发，导致绝收。三是 9 月 22 日—10 月 14 日，23 天日照时数仅 62 小时，长时间低温阴雨天气，生长再次受阻，蕾铃脱落严重，烂铃增多，单铃重轻，成铃率低，秋桃很少，叶片枯死，普遍早衰，纤维品质下降。

（三）棉价上涨，成本增加，收益增加

2010 年度新棉售价高开高走，一路飙升，均价 11.3 元/千克，同比增 71.7%。

监测结果显示，2010 年成本 1 244.5 元/亩（含人工费），同比增 21%。与 2009 年相比，尿素降 0.1～0.2 元/千克，降幅为半成至一成；磷酸二铵与复合肥降 0.2～0.3 元/千克，降近一成；氯化钾降 0.5～0.6 元/千克，降幅一成半左右。种子价格持平。农药略增。雇工费上涨，日工资增 10～15 元/天，但棉农一般很少雇工。

受棉价上涨和成本增加的双重影响，籽棉产值为 2 595 元/亩，同比增 1 048.7元/亩；纯收益 1 350 元/亩，同比增 160%。

二、全省棉花长势分析

（一）全省产棉区天气特征

江西棉区呈“积温少、降雨多、雨日多、日照时数少”特征。主要特点：一是气温明显偏低（表3-5），其中≥10℃活动积温、≥15℃活动积温和≥20℃活动积温分别比2009年少303℃、498℃和393℃。二是降水量增多，前期、后期降雨多特征明显，降雨量1 424毫米，比2009年多72.6%，特别是降雨集中且雨量大，连续时间长。三是日照时数前后期少，比2009年少108小时，尤其是9月日照时数少59小时，导致烂铃多，品级低。

表3-5　2010年江西九江棉区（4—10月）气象资料

项目	≥10℃积温（℃）		≥15℃积温（℃）		≥20℃积温（℃）		降雨量（毫米）		日照时数（小时）	
	2009	2010	2009	2010	2009	2010	2009	2010	2009	2010
4月	525	419	490	249	253	21	159	236	133	110
5月	709	692	709	692	652	562	129	446	145	119
6月	842	764	842	764	842	764	122	123	154	121
7月	940	927	940	927	940	927	293	273	199	177
8月	901	947	901	947	901	947	51	86	147	242
9月	768	760	768	760	768	760	66	86	148	89
10月	699	571	678	489	621	228	5	174	185	144
合计	5 383	5 080	5 326	4 828	4 976	4 209	825	1 424	1 110	1 002

（二）各月生长指数分析

2010年全省棉花生长指数为75（表3-4），长势差于2009年，各月如下：

5月生长指数为80，育苗期受强寒潮影响，温度低，降雨多，播种时间推迟，因烂种烂芽而补种现象普遍；5月降雨量大，九江市446毫米，较常年多241毫米，比2009年多317毫米，棉花生长缓慢。

6月生长指数为74，6月中下旬至月底，气温正常，但日照时数少，加受前期低温阴雨影响，生育进程迟缓，“两萎病”发生程度重于上年。

7月生长指数为53，苗情显著差于2009年。7月13～14日，鄱阳湖棉区各县均遭受了持续特大暴雨袭击，降雨量200毫米，棉田受灾，绝收面积近10万亩。

8 月生长指数为 65，此时期对棉花生长有利，长势好转，虽然成铃较少，但蕾、幼铃数较上年同期明显增多。

9 月生长指数为 104，生长情况好转。

9 月下旬—10 月中旬，长时间低温阴雨天气，生长再次受阻，蕾铃脱落严重，烂铃增多，铃重减轻，成铃率低，秋桃减少，叶片枯死，普遍早衰，纤维品质下降。

进入 11 月，天气较好，有利于吐絮收获。

三、高产创建和“千（公）斤棉”竞赛

（一）高产创建

2010 年全省参加万亩棉花高产创建县 3 个——彭泽县、九江县、湖口县。主抓统一品种、增加密度、增施有机肥料、修建排灌沟渠、统防统治、收摘分级和严控“三丝”等，加强领导，派技术员进村入户，加强培训、指导和宣传等措施，在灾年夺取棉花丰收。据农业部专家组 10 月 19 日测产验收，彭泽县棉船镇，创建农户 2 460 户，面积 1.3 万亩，成方连片。经测定，籽棉产量 351.0 千克/亩，皮棉产量 136.7 千克/亩，超额完成 120 千克/亩的指标任务。产量构成要素：收获密度 1 458 株/亩，单株成铃 52.2 个，总成铃数 7.50 万个/亩，单铃重 5.5 克，衣分率 38.8%。示范片比全县平均单产皮棉增 30（籽棉 77.3）千克/亩，增幅 22.2%，按均价 11.3 元/千克计增效 873.5 元/亩。

（二）“千（公）斤棉”竞赛

2010 年参加体系“千斤棉”竞赛活动，由江西省棉花研究所承担，3 个创建点分别安排在永修县农科所、都昌县蔡岭镇牌垅村和江西棉花所示范基地。主抓优势杂交种、合理密植、增施有机肥、全程化控、统防统治、收摘分级和严控“三丝”等，经专家组测产，一个点超千斤籽棉、一个点创建二级水平、另一个点未达到，起到了展示作用，得到了棉农的认可。9 月 18 日专家组对永修县农科所面积 105 亩进行测产，收获密度 1369 株/亩，折籽棉 513.1 千克/亩；都昌点收获密度 1 235 株/亩，籽棉 479 千克/亩；江西棉花所点收获密度 2417 株/亩，实收籽棉 368 千克/亩。

四、2011 年棉花生产展望

由于 2010 年棉价上涨，植棉收益增加，预计 2011 年全省植棉面积略增或

持平。

针对植棉农户劳力数量减少、年龄偏大、植棉水平相对较低的现状，开展简化种植节本增效生产，基质育苗移栽，除草剂安全使用等技术的推广和培训。

（撰稿：夏绍南，田绍仁，柯兴盛，杨磊 江西省棉花研究所）

第四节 CCGI在2010年安徽省棉花长势监测中的应用

据公益性行业（农业）科研专项组和国家棉花产业技术体系的连续监测，2010年全省棉花生长指数（CCGI）为81，表明棉花长势差于上年近两成，实收单产减一成多。

一、全省棉花生产概况

（一）植棉面积略增，单产减，总产减，品质降

据调查，2010年全省植棉面积456万亩，同比增3.6%，其中沿江和江淮各增6.9%和7.3%，植棉效益增加；而淮北面积仍大幅下降11.7%。全省单产57.6千克/亩，同比减10.4%；总产26.3万吨，同比减2.0万吨，减7.1%。

（二）棉价创历史新高，植棉效益飙升

9月新棉开秤价7.4～7.8元/千克，至11月上旬飙至12.4元/千克，最高达13.8元/千克。由于11月中旬国家实行调控，价格回落，12月仍保持10元/千克的高位。棉农销售快，淮北和江淮棉区12月基本销售完毕。然而沿江惜售严重，销售进度约80%。

2010年全省主产品产值2022.7元/亩，收益945.6元/亩，同比增524.6元/亩，增幅125%，创历史新高。

（三）气候条件和病虫害发生情况

1. 气候条件为较差年景，灾害天气偏多，不利于棉花生长（表3-6）。4—5月低温阴雨推迟前茬油菜的收获期，棉花播种或移栽入田时间滞后，棉苗素质差，烂籽和僵老苗现象普遍。6月干旱少雨，现蕾推迟。7月中下旬沿江和江淮遭遇大到暴雨，渍涝严重，生育期推迟10天以上，果枝台数

和节数明显少于往年，蕾铃大量脱落，渍涝绝收面积大。8月持续高温干旱，伏桃减少，铃重下降。沿江棉区9—10月再遭连阴雨天气，烂铃严重。

表3-6 安徽省主产棉区棉花生长季节（4—10月）气象资料

时间	棉区	≥10℃积温（℃）	≥20℃积温（℃）	降雨量（毫米）	日照时数（小时）
历年	全省	4 768	3 994	1 020	1 317
	沿江	4 922	—	982	1 261
	江淮	4 683	—	1 376	1 251
	淮北	4 700	—	701	1 438
2009	全省	5010	4 076	803	1 188
	沿江	5 126	4 383	1 038	1 119
	江淮	4 963	3 876	694	1 220
	淮北	4 941	3 970	678	1 226
2010	全省	4 713	3 600	1 011	1 181
	沿江	4 823	3 770	1 498	1 063
	江淮	4 639	3 543	908	1 150
	淮北	4 638	3 459	576	1 315

2. 病虫害中等偏轻发生。5月病虫害发生水平偏轻，立枯病轻发、少数棉区盲椿象和红蜘蛛发生偏重。6月病虫害总体较轻，黄萎病呈上升趋势。7月病虫害轻发，盲椿象中等偏重发生，枯黄萎病、叶螨、棉铃虫轻发。8月盲椿象中等发生，蚜虫、蓟马和叶螨轻发。

二、全省棉花长势分析

（一）生长指数分析

2010年全省CCGI平均值为81，长势明显差于2009年（表3-7）。总体来看，5月至9月全省的CCGI平均值均低于2009年同期，尤其7、8和9月明显偏低，这主要因为6至7月遭遇严重的干旱或渍涝灾害，推迟生育进程；其次因为春季低温阴雨、前茬作物收获期推迟等致使播（栽）期推迟，弱苗迟发，棉苗基础较差。

表3-7 2010年安徽省棉花生长指数（CCGI）

棉区	5月		6月		7月		8月		9月		平均	
	2009	2010	2009	2010	2009	2010	2009	2010	2009	2010	2009	2010
全省	83	81	96	81	106	67	94	74	118	100	99	81
沿江	103	73	93	71	115	59	82	56	98	97	98	71
江淮	101	82	91	89	100	85	129	66	102	122	105	89
淮北	84	100	91	85	93	86	98	100	103	100	94	94

（二）各月长势

5月CCGI为81，苗情与上年同期相当。沿江和江淮因前茬油菜收获期推迟以及5月持续低温阴雨，烂籽烂芽和老僵苗普遍，补种和重播面积较大，故而棉苗素质差，且参差不齐，缓苗期长，长势差于上年同期。淮北因前作小麦收获推迟，移栽期或播种期推迟，但好于上年同期。

6月CCGI为81，长势稍差于上年同期。沿江长势未见好转，因日照不足、温度偏低，生育进程较上年同期滞后，苗情差于上年同期。江淮生长正常，长势与上年同期相当。淮北前期受到低温冷害但至6月中旬气温回升，棉苗长势良好，苗情弱低于上年。

7月CCGI为67，长势明显比上年同期差。沿江因6月中下旬干旱少雨影响蕾肥施用，开花现蕾推迟；7月中下旬强降雨使棉田遭受渍涝灾害，对生长极为不利，蕾铃脱落严重，长势差于上年五成多。江淮因前旱后涝，暴雨成灾，生长指数较上年同期有所降低。淮北气温高，雨水较充足，生长旺盛，长势与上年同期相差甚小。

8月CCGI为74，长势同比差两成。沿江和江淮迟发现象明显，此阶段正处于恢复生长期，但持续高温干旱造成开花败育、成铃性差，故沿江较上年同期差两成多，江淮高达六成多。淮北因高温，干旱，有落铃现象，但花蕾较多、生长旺盛，长势稍好于上年同期。

9月CCGI为100，长势同比差近两成。沿江再遭遇连阴雨天气，烂铃严重，长势与上年相当。江淮因后期天气转好，光照充足、吐絮顺畅，长势好于上年同期两成。

10月以后，气温逐渐下降，但光照较为充足，降雨量少，利于晚秋桃的成熟吐絮。

总而言之，2010年全省棉花前期因低温等原因推迟播种或移栽期，未打好壮苗基础；中期出现渍涝或干旱灾害，生长受抑制，生育期滞后，伏桃和早秋桃大幅减少，影响产量和品质；后期气候好转，但减产定局。

三、高产创建和“千（公）斤棉”竞赛

（一）高产创建

2010年高产创建部级示范片12个——无为县、宿松县、望江县、东至县、宣城市宣州区、巢湖市居巢区、全椒县、固镇县和华阳河农场，面积14.1万亩，农户3.1万户。经省、部测产验收，示范片皮棉127.2千克/亩，同比增6.8%。其中，宿松县、望江县示范片皮棉单产144.8千克/亩和150.1千克/亩，比目标单产120千克/亩增17.2%和20.1%。

主推技术：优良品种、合理密植、测土配方施肥、病虫草害综合防控、全程化学调控、防“三丝”等。东至、望江、无为、宿松等县在示范区大面积推广基质育苗移栽、水浮育苗技术、专用配方缓控释肥、油菜秸秆还田等技术。

建议：加大创建项目的监管力度，加大督导和检查，提高技术的到位率。大力推广轻简化技术，推广棉麦（油）、棉瓜（马铃薯、蒜等）、棉花—荷兰豆套作等高效种植模式。

（二）“千（公）斤棉”竞赛

由体系专家、淮北和皖南综合试验站合作申报。东至县大渡口镇大同村竞赛点：品种为中棉所63，皮棉115.1千克/亩，比对照区增产29.5%，减少用工2～3个/亩。东至县香隅镇香山村：品种为皖杂棉9号，皮棉140.7千克/亩，比对照区增产35.7%，减少用工2～3个/亩。望江县杨湾镇杨闸村竞赛点：品种为中棉所63，皮棉150.1千克/亩，比对照增产25.6%，减少用工2～3个/亩。

主要技术：选用强优势杂交棉新组合、简化施肥、简化育苗移栽、简化管理、简化治虫等。虽然气候异常不利但仍取显著的增产效果，示范带动作用大。

四、2011年棉花生产展望

据1月意向调查，受高价利好影响，预计2011年全省植棉面积增12.8%，其中沿江、江淮及淮北面积分别增8.1%、25.9%和14.1%。

（撰稿：郑曙峰，王维，刘小玲　安徽省农业科学院棉花研究所）

第五节　CCGI在2010年江苏省棉花长势监测中的应用

据连续监测，2010年全省植棉面积略减，单产增，总产增；价格高涨，收益增。全省棉花生长指数（CCGI）为91（表3-8），表明长势差于上年，但后期天气有利，秋雨少，未正面应对台风，秋桃增，烂铃少，是全国唯一单产增加的省份。

一、全省棉花生产概况

（一）植棉面积略有下降，趋于稳定

近年来，棉花生长季节自然灾害频繁致使棉花产量不稳，且植棉用工多，农资成本上涨诸多方面因素均导致植棉效益不尽如人意，植棉积极性受影响，植棉面积持续六年下滑。据江苏省优质棉科技服务项目组对600户的定点调查，2010年全省植棉面积仍下降3.3%左右，但降幅有所减缓。

（二）单产增加，棉区间较平衡

据监测，2010年全省皮棉单产为75.8千克/亩，同比增6.2%。以里下河最高，为103.3千克/亩，与2009年持平。其次是徐淮和沿江，单产各为89.2千克/亩和82.0千克/亩，同比增17.7%和6.2%；沿海68.2千克/亩，同比增5.7%。

（三）棉价高涨，植棉效益成倍增加

2010年新棉销售高开高走，平均籽棉售价10.2元/千克，创历史新高。增4.04元/千克，增幅65.6%，销售行情持续向好。

2010年生产成本为1 074.9元/亩（含人工工资），增15%。其中人工占77.6%，肥料占15.1%，农药占9.2%。由于高价和单产提高，主产品产值2 616.7元/亩，是2009年的1.9倍。净收益1 541.7元/亩，是2009年的3.6倍。因此，对稳定植棉起到了较大的作用。

（四）气候利弊各半，花铃期总体有利，没有旱涝和台风侵袭

2010年主产棉区，气温略低，降水持平，日照减少（表3-9），前期不利，中期好转，后期无大灾害，总体上为气候中等年景，主要特征如下：

一是前中期气候偏低，迟发 10 天。沿海、沿江及徐淮棉区 4—7 月≥20℃积温分别比历年低 132、14℃和 82℃；同期降雨量则比历年少 118 毫米、116 毫米和 112 毫米；日照时数比历年分别低 86、53 小时和 25 小时。且前中期雨量、日照分布不均，育苗期低温阴雨，移栽后持续干旱，致使 7 月中旬前棉苗迟发，生育进程明显推迟。

二是中期降雨适中，转化加快，补偿了前期长势不足。开花结铃高峰期气候有利，为产量形成奠定了基础。梅雨期降雨适中，缓解旱情，促进转化。全省大部 7 月下旬—8 月中旬高温富照，≥20℃积温比 2009 年同期高 65～112℃，降雨除徐淮棉区外均比 2009 年同期少，日照时数比 2009 年同期高 69～126 小时。与历年相比，大部分积温、日照时数多，降雨偏少。开花结铃盛期气候有利于产量形成。

三是后期无大的灾害。8 月下旬—9 月中旬遇台风暴雨天气，对增结成铃不利，但时间短，加上台风非正面迎对，棉花倒伏较轻，与历年相比，9 月中旬—10 月大部分棉区降雨、日照时数偏少，≥15℃积温比历年高，总体有利于棉铃吐絮。

二、全省棉花长势分析

全省棉花生长指数分析（表 3 - 8）：

5 月 CCGI 为 78，苗情同比差两成多。真叶数为 2.7，同比少 1.2 叶。播种出苗阶段，气温偏低，回升慢，雨日较多，出苗率低，发苗慢。

6 月 CCGI 为 82，苗情同比仍差近两成。真叶数同比少 1.9 叶。直播及移栽比常年推迟一周以上，移栽后多数棉区少雨干旱，棉花生育进程迟于常年近 10 天。

7 月 CCGI 为 76，苗情同比仍差两成多。月中旬总果节数 22 个/株，同比少 7 个/株，生育进程明显推迟。

8 月 CCGI 为 101，长势同比相近，成铃数为 15.1 个/株。7 月上中旬大部分棉区降雨适中，有效缓解旱情，转化加快。

9 月 CCGI 为 118，棉情同比好近两成。成铃数 26.9 个/株，同比多 2.5 个/株。

10 月收获季节，阴天多，但降水天气少，整体有利于采收，烂铃相对轻，品级高。

表3-8 2010年江苏省棉花生长指数（CCGI）

项目	5月	6月	7月	8月	9月	年均
2009	110	93	118	123	91	107
2010	78	82	76	101	118	91

表3-9 江苏省典型产棉县（4—10月）气候资料

典型市（县）	年份	活动积温（℃）			降雨量（毫米）	日照时数（小时）
		≥10℃	≥15℃	≥20℃		
沿海棉区（射阳）	历年	4 485	4 185	3 363	807	1 448
	2009	4 545	4 399	3 408	781	1 299
	2010	4 394	4 252	3 128	809	1 254
沿江棉区（启东）	历年	4 545	4 203	3 234	807	1 325
	2009	4 842	4 660	3 761	741	1 302
	2010	4 572	4 263	3 478	736	1 275
徐淮棉区（丰县）	历年	4 669	4 423	3 493	730	1 469
	2009	4 714	4 585	3 484	696	1 339
	2010	4 637	4 384	3 329	646	1 427
里下河棉区（兴化）	2009	4 862	4 802	3 830	761	1 304
	2010	4 651	4 327	3 528	746	1 295

三、高产创建

2010年全省高产示范片保持12个，创建农户5万多户，面积13.8万亩，各示范片均建有千亩高产片，百亩核心方。全省示范片实收产量115.6千克/亩，比全省单产增41.1千克/亩。按籽棉均价11元/千克，增收6249.3万元。主抓技术如下：

一是大力推广高产优质品种，实行区域化种植。主推品种有：科棉6号、科棉3号、旭杂棉2号、苏棉23号、中棉所63号和中棉所47号等14个。良种统供普及率达到90%左右，品种多乱杂有所遏制。

二是发展间套作的高效种植模式，提高棉田收益。推广高品质棉高产保优栽培技术，转基因抗虫杂交棉高产栽培技术，轻简育苗及高产栽培技术，测土配方施肥和统防统治。全省测土配方施肥普及率 90%左右。推广应用棉花—大蒜、西（甜）瓜—棉花、棉花—马铃薯、青蚕豆/青玉米/棉花、地膜青毛豆/棉花/青蒜等高效种植模式。

三是整合项目，确保落实到位。整合科技入户、良种补贴、测土施肥、新品种等项目资金进入示范片。通过技术培训和物资发放，营造“学科学、用科学”的良好氛围，调动农户积极性，保证了技术的落实到位。

四是培育专业化服务组织，提高科学植棉水平。积极筹建和扶持专业合作社，提供植保服务、农资购销服务和产业化服务等，较好地发挥“统”的功能——统一品种、统一技术指导、统一植保服务。通过培训和田头指导，加强指导，提高科学植棉水平，发挥项目的示范带动效果。

四、2011 年棉花生产展望

受近两年棉花行情利好影响，预计植棉面积会趋于稳定或略有回升，据 1 月意向调查，预计 2011 年全省植棉面积会有小幅上涨，幅度为 5.8%。

（撰稿：杨长琴，张培通　江苏省农科院经作所）

第六节　CCGI 在 2010 年山东省棉花长势监测中的应用

2010 年山东省棉花种植面积 1 150 万亩，同比减 4.3%。棉花单产、总产大幅下降，是近 10 年来的最低水平。气象灾害严重是减产的主因。尽管成本增加、单产降低，但因价格高，植棉收益仍好于往年。全省棉花生长指数（CCGI）年均值 82，准确地反映了生长情况，具有较强的时效性和准确性。综合分析棉价、生产成本、劳力、粮棉比较效益，预计 2011 年全省植棉面积略增 5%。

一、全省棉花生产概况

2010 年山东全省植棉面积 1150 万亩，同比 1 200 万亩减少 4.3%。全省平均单产 62.5 千克/亩，同比 75.8 千克/亩减 13.3 千克/亩，减幅 21.5%，为近 10 年单产最低年景。由于面积减少，单产下降，全省总产减幅 26.7%，净减20万吨为71.8万吨，为1998年以来的最低水平，供需矛盾进一步加剧。

2010年春季气候异常，气温持续偏低，加上2次强寒潮侵袭，地温回升缓慢。全省播种进度普遍推迟5～10天，出苗晚5～10天。但播种后气温较高，苗病较轻。6、7月气温偏高，中期生育加快。至7月中旬生育进程基本接近常年，但由于生长加快，中部结铃偏少。8月初大暴雨造成重创，加上后期的阴雨寡照及低温早临等不利气候，致使普遍减产，其中鲁南减产10%左右，鲁北减产20%以上。8月初的大雨与后期低温是全省棉花大减产的主要原因。

二、全省棉花长势分析

2010年全国棉花生长指数的变化趋势是前低、中高、后低，说明全国棉花前期生长不如上一年，中期接近上一年，而后期大幅下降。全省棉花生长指数的变化与全国基本一致，但也有所不同。5月生长指数46，明显低于上年5月的128，也显著低于全国62；但到6月已接近全国平均水平，7月生长指数达到106，长势好于2009年同期，也高于全国的90；8月后生长指数又有所下降（96），但接近全国的94；到9月为80，明显低于全国的91。全年平均山东省生长指数为82，低于全国84的平均水平（表3-10）。

表3-10　2010年山东省及全国棉花生长指数情况

棉区	5月	6月	7月	8月	9月	年均
全国	62	85	90	94	91	84
山东	46	82	106	96	80	82

4—5月全省气候异常，气温明显偏低，全省播种进度推迟7～10天，鲁南采用育苗移栽，推迟5～7天，出苗晚5～10天，所以本月生长指数偏低。由于低温，全省播种期推迟，备播工作准备充分，加上播前降雨，棉田墒情良好，播种质量佳，出苗好。播种后气温较高，苗病发生较轻。6月下旬气温偏高利于生长。6月下旬持续连阴多雨天气导致二代棉铃虫危害重，所以本月生长指数不高，略低于全国平均水平，基本持平。鲁北、鲁西北7月上、中旬天气持续高温，引起蕾铃脱落；鲁西南7月下旬遭遇两次强降雨，导致棉田积水内涝，虽然各地采取了排涝措施，但受灾棉田落蕾落花严重。总的来看2010

年7月长势好于往年，生长指数更远高于全国水平。8月全省气候因素对生长极为不利，从上旬开始全省长时间降雨，大部分棉田遭受到不同程度的涝灾，中下部大量烂铃，直接导致大幅减产，生长指数为96，仍略高于全国水平的94，说明全国8月生长指数都偏低。9月前期全省继续连阴降雨，引起烂铃，对生长不利。9月山东生长指数明显低于全国水平。

总之，2010年全省气象灾害比较严重，对棉花极为不利，只有7月生长指数略高于上一年，基本持平。其他各月均明显低于2009年，年均值远低于往年，也略低于全国水平。

三、气候因素及病虫害情况

（一）气候因素

4—10月全省主产区≥10℃积温偏低，但接近历年，受春季气温回升慢、降雨多等影响明显低于上年。6月下旬和7月上旬全省普遍高温，所以生育前期气温均高于上一年。受8月两次特大暴雨和9月持续连阴降雨影响，全省气温均低于上一年。总体看，≥10℃积温，除滨州市外，其他地区均低于上一年度，但略高于历年。

表3-11 山东省主产区棉花生长季节（4—10月）气象资料

地区	时间	≥10℃积温（℃）	降水量（毫米）	日照时数（小时）
菏泽市	历年	4 522	545	1 555
	2009	4 775	597	1 087
	2010	4 642	679	1 439
聊城市	历年	4 411	539	1 574
	2009	4 466	576	1 030
	2010	4 419	662	1 170
德州市	历年	4 555	486	1 644
	2009	4 775	760	1 177
	2010	4 627	661	1 319
滨州市	历年	4 330	527	1 647
	2009	4 384	606	1 142
	2010	4 483	611	1 242

4—10月降雨量明显高于历年水平，略高2009年，由于受到4—5月降雨偏多影响，菏泽市和聊城市都明显高于2009年和常年，滨州市略高于2009

年，明显高于常年。唯德州市的降雨量少于2009年而明显高于常年。而受6—7月干旱和8月上旬的暴雨和9月连阴降雨影响，生长季节呈现两头多，中间干旱的局面，对前期和后期影响极大。

从日照时数来看，4—10月日照时数明显低于历年，略高于2009年。由于受春季多雨、6月下旬到7月的干旱，8—9月持续降雨，全省日照时数与降雨量成反比，即春、秋两季日照时数少，夏季日照时数高。因而对正常生长发育造成了负面影响，成为减产的主因之一。聊城市、德州市和滨州市略高于2009年而远低于常年，只有菏泽市远高于2009年而略低于常年（表3-11）。

（二）病虫害发生危害

2010年部分地区棉铃虫呈偏重发生态势，其他害虫发生情况一般。枯萎病发病较轻，黄萎病总体中等程度发生。

二代棉铃虫发生严重，6月下旬进入产卵盛期，平均百株累计卵量304.7粒，幼虫2.3头；鲁西南地区最高456粒，累计幼虫18头。抗虫压力也明显加大，防治次数和用药量显著增加。由于棉田用药量增加，其他次要害虫，如盲椿象、棉蓟马、烟粉虱等，其危害并不突出。枯萎病较轻，黄萎病较重。枯萎病发病率0.9%～36.5%，一般棉田枯萎病发病率5%以下，连作棉田和自购杂乱种子发病重，病株率10.0%以上。受前期降雨量大、气温低的影响，全省黄萎病总体中等程度发生。但受土壤条件、排水条件等客观因素的影响个别地块严重发生，发病株率2.0%～62.0%。同时，黄萎病发病类型主要为黄斑型，落叶型发生面积减少，由黄萎病造成的病死棉株较少。另外，受8—9月阴雨天气影响，很多地区叶斑病和烂铃发生严重。

（三）对生长的影响

2010年前期低温对播种极为不利，播种普遍推迟；生长中期气温偏高，利于生长发育，生育进程提前，至7月长势接近或好于常年，丰收在望。然而，8月初全省普降大到暴雨，其中平原、夏津等县两日降雨量300多毫米，涝灾严重，全省重灾面积200多万亩，长势由中期的增产转化为减产态势，之后阴雨天气，加上9月低温早临导致大减产。总之，8月初的大雨和生长后期低温早临是导致全省大减产的主因。

四、高产创建

（一）取得的成效

2010年山东省创建县（市、区）39个，涉及52个乡镇，563个村，

84 462个农户，实际落实39个万亩示范片，面积39.9万亩。经复测审核，示范片皮棉95.9千克/亩，比全省62.5千克/亩增产33.4千克/亩高，增幅53.4%，增产1.3万吨，增收3.3亿元，且与2009年示范片单产95.9千克/亩一致。

按照集成技术、集约项目、集中力量的强化措施和实施方案要求，全省各项目区认真开展创建工作，扎扎实实推进，认认真真落实，切实促进单产水平提高和科技兴棉。尽管灾害严重，未能全部完成指标，但实施效果明显，还出现一批高产典型。其中亩产达到100千克万亩片与2009年一样有9个，亩产达到95千克以上的县有22个，比上年多4个；39个百亩丰产方亩产达到110.1千克，有5个达到120千克/亩以上；十亩高产攻关田虽受气候影响产量不理想，仍有50%的地块达到亩产皮棉120千克以上，有5个地块超过140千克，其中成武县十亩示范片皮棉146.4千克/亩，接近完成150千克/亩的指标。通过示范带动先进实用技术的普及，减轻重灾损失。

总体来看，棉花创建取得了显著成效，积累了丰富的经验，充分展示了科技兴棉对丰产丰收的作用，调动技术人员的聪明才智，大力推进技术入户到田，使科技与生产直接对接，加快了实用技术的推广，锻炼了技术队伍，增强了植棉信心，对大灾之年夺取较好收成起到了积极作用，对稳定棉花生产的意义重大。

（二）主要经验

通过2年创建的实施，主要体会是：领导重视是搞好创建工作的基础，技术措施到位是创建成功的关键，经费和物资落实是创建工作的重要保障。随着创建工作的不断深入，技术措施的日益完善和到位，棉区干部群众认识的不断提高，创建工作将越办越好。

（三）问题、意见和建议

存在问题：一是创建工作不平衡，差距较大，一些创建县领导重视不够。二是轻简化、机械化技术不够完善，配套性差；实施统防统治困难。三是培训和指导不够。

意见和建议：一是产棉大县示范片由1个增加到2～3个。同时，面积5万亩的集中产棉乡镇也应列入规划。二是总结统防统治经验，用典型引路，发挥示范效应。三是加强轻简化和机械化植棉技术的集成，在配套性和可操作性上取得进展。四是各地对培训学习有要求强烈。建议列入规划，争取用2～3年时间培训基层农技人员、植棉大户和棉农，提高科学植棉水平。

五、2011年棉花生产展望

受高价利好影响，2011年全省植棉面积呈扩大走向，但幅度不会很大。一是后期价格下滑负面作用大。上年11月15日之后棉价大幅下滑，到12月中旬下降到5.0～5.5元/斤，直接导致收购加工企业停收，棉农惜售心理加重，市场处于停滞状态。12月底，鲁北、鲁西北棉农销售不足70%；而鲁西南棉农惜售，仅销售两成左右，将对植棉产生很大负面影响。二是虽然植棉效益高，但棉价波动大，收益预期差，仍有部分农户弃棉种粮。三是种粮补贴多，而棉花仅良种补贴，难以调动农民植棉积极性。四是棉花生产周期长，管理复杂，成本高，机械作业率低，用工多，由于劳动力大量外出，提高单产的难度大。

综合考虑棉价、成本、劳力及与粮食比价，根据1月的意向调查，预计2011年全省植棉面积增50万亩，达到1200万亩，增幅5%左右。

针对棉花生产不容乐观的形势，建议各级农业主管部门高度重视，做好引导工作，充分利用盐碱地发展棉花生产，争取植棉面积1200万亩，大幅提高单产。

（撰稿：张冬梅，李维江，董合忠　山东棉花研究中心）

第七节　CCGI在2010年河北省棉花长势监测中的应用

据公益性行业科研棉花专项组对河北的连续监测，2010年河北省棉花生长指数（CCGI）为92，比2009年差近一成，棉花继续遭遇大幅减产，前期低温、中期干旱与后期连阴雨诸多不利气候条件是减产的首因。监测结果，全省植棉面积减7.1%为819.3万亩，单产减7.5%为65.5千克/亩，总产减13.9%为53.7万吨。

一、全省棉花生产概况

2010年全省植棉面积减少7.1%。受4月中下旬持续低温影响，播种时间推迟10～15天，出苗后温度上升，生长加快，但6—7月持续干旱不利影响大，灌溉棉田与旱地棉田长势出现两极分化。8 月阴雨寡照，中上部蕾铃脱落严重，9—10 月仍以连阴雨天气为主，下部烂铃多；棉铃虫重度发生，蚜虫、红蜘蛛、盲蝽象中度发生。总体看，2010 年又是一个低产年份，且烂铃僵瓣多，品质差。新棉高开高走，一路飙升，由开秤时的 6.8 元/千克飙升到 14.8 元/千克，随后下降并稳定在 11.5 元/千克左右，但交售进度非常缓慢，棉农观望浓厚，家中存棉较多。

二、全省棉花长势分析

（一）全省棉花长势分析

2010 年全省棉花生长指数为 92（表 3 - 12），4 月中下旬的持续低温导致棉花播期推迟 10～15 天，致使 5 月份棉花生长指数低于 2009 年两成多，出苗后 5、6 月温度上升，棉花生长加快，生长指数也逐渐升高，6 月下旬到 7 月以高温干旱为主，灌溉棉田长势旺盛，旱地棉田营养生长严重不足，早衰严重；8 月多阴雨寡照天气，生长开始由盛转衰；9 月连阴雨造成烂铃。就长势来看，生长指数基本反映了棉花动态变化，对气候因素的反映敏感。

表 3 - 12　2010 年河北省棉花生长指数（CCGI）

项目	5月	6月	7月	8月	9月	年均
2009 年	100	84	117	92	73	93
2010 年	76	90	92	107	95	92

2010 年河北棉区气候特征表现为“积温少，雨量少，日照少”，4 月、8 月与 10 月温度偏低，6 月下旬—7 月高温干旱，降水量很少，且分布不均，收获期降雨量占全生育期降雨量的 1/3，烂铃大幅增加，而生长关键期与收获期多阴雨寡照使日照时数明显下降。

（二）各月生长指数分析

4 月中旬气温比 2009 年低 5.7℃，导致播期推迟 10～15 天，是迟发晚熟的主因，播种集中在 4 月 24—30 日内。

5 月生长指数 76，表明长势远差于上年。5 月上中旬气温骤然回升，对棉苗生长非常有利，但由于播期太晚，到 5 月 15 日各地棉苗均不足一片真叶，迟发严重。

6 月生长指数 90，生长加快，但仍比 2009 年差一成。5 月中下旬到 6 月中上旬光温水条件对生长有利，生长加快，在一定程度上弥补了苗期迟发，虫害较轻。

表3-13 2010年河北省棉花生长季节（4—10月）气象资料

项目		≥10℃积温（℃）	≥20℃积温（℃）	降雨量（毫米）	日照时数（小时）
河北省主产棉区平均	历年	4 324	3 463	517	1 540
	2009	4 575	3 386	657	1 719
	2010	4 190	4 959	512	1 366
威县	历年	4 235	3 601	592	1 704
	2009	4 710	3 596	513	1 669
	2010	4 369	3 397	480	1 366
南皮	历年	4 179	3 105	458	1 533
	2009	4 642	3 367	943	1 829
	2010	4 383	3 375	526	1 711
唐海	历年	4 246	3 390	519	1 592
	2009	4 372	3 197	515	1 659
	2010	3 790	3 145	528	1 481

7月生长指数92，长势仍差于上年近一成。从6月中下旬到7月中上旬天气以高温干旱为主，灌溉棉田长势喜人，接近2009年总果节数，旱地棉田受旱严重，株高降低，总果节数减少，对生长影响不可逆转；7月棉铃虫重度发生，蚜虫、棉盲蝽轻度发生。

8月生长指数107。由于7月下旬大范围降雨缓解了干旱局面。然而8月后，降雨过程频繁，日照时数明显偏少，灌溉棉田中上部蕾铃脱落严重，旱地棉田成铃数明显增加。

9月生长指数95，成铃数接近2009年。但本月上中旬出现了多次连阴雨过程，对吐絮极为不利，烂铃数达近几年之最，再一次遭遇烂铃减产。

10月天气好转，日照增多，吐絮加快，但降温明显，对秋桃不利，铃重降低。

三、高产创建

2010年全省参加高产创建县（市、区）仍为24个，建立示范片24个，面积 30 万亩。所有示范片均采用统一整地、统一品种、统一播期、统一管理和统防统治。针对 4 月的持续低温，专家组联合省气象局以及省电视台发布播期推迟一周的信息，不仅避开了冷害，减少了受害面积，确保全苗。生长中期的 7 月遭遇高温干旱，≥35℃的极端高温持续 20 多天，干旱加重，针对示范片水资源不足，专家组提出隔行小水灌溉，减轻了缺水危害，有利夺取高产。尽管后期遭遇连阴雨，烂铃严重，经测产验收，大部分示范区实现了皮棉超过 100 千克/亩的目标，其中威县示范片皮棉 102 千克/亩。

四、2011 年棉花生产展望

2010 年棉价异常高，尽管单产减，收益创新高，排除通胀因素与农民对棉价起伏的担忧，预计 2011 年植棉面积呈回升态势，但家中存棉卖价也会产生影响。

（撰稿：林永增　河北省农林科学院棉花研究所）

第八节　CCGI 在 2010 年河南省棉花长势监测中的应用

据连续监测，2010 年河南省棉花生长指数（CCGI）为 90，表明全省棉花长势差于 2009 年一成。

一、全省棉花生产概况

（一）植棉面积、单产和总产均减少

监测结果，2010 年河南省植棉面积减 10.0%为 465 万亩，全省单产减 5.2%为 73.9 千克/亩，总产减 14.7%为 33.3 万吨（中棉所数据）。

（二）成本和收益双上涨

2010 年全省植棉成本上涨 352.7 元/亩，涨 38.0%。收购价一路飙升，由 9 月开秤价 9.0 元/千克上涨到 11 月初的 12.8 元/千克，11 月中旬降至 11.6 元/千克左右。虽然产量减，成本增加，但价格大幅回升，收益增加，与 2009 年收益 687.0 元/亩相比，增收 676.8 元/亩，增幅 98.5%。

（三）气候差，高温偏低、日照不足和降水偏多的特征明显

一是日照偏少（表 3-14）。日照时数 1 089 小时，比历年少 303 小时，减

15.2%；比2009年少43小时，少3.8%。生长前期（4月中旬到5月中旬）和后期（8月下旬到9月中旬）阴雨天气多，光照明显不足。

二是热量偏低。4—10月≥10℃积温4 521℃，比2009年低116℃，低2.5%，比历年低91℃，低2.0%。≥20℃积温比2009年略高29℃，但比历年明显偏低522℃，低13.9%。前期（4月中旬到5月中旬）和后期（8月下旬到9月中旬）低温寡照，平均温度低，但中期高温，部分地区出现旱情。

三是降水量增加。4—10月降水量比历年多127毫米，增21.1%，比2009年多103毫米，增16.6%。降雨主要集中在4月下旬到5月上旬和8月下旬到9月中下旬，且分布不均。

2010年全省生长指数为90（表3-15），前期4月底到5月中的低温寡照严重推后播种10～15天，中期气温回升快，光照充足，棉花长势转好，6月下旬到7月中旬近20天的持续高温加快苗情转化，病害轻，现蕾多，然而8—9月中下旬持续阴雨天气，造成局部渍涝，棉苗长势由强转弱，“下烂上脱”，秋桃大幅减少，吐絮停止，晚熟严重。

就全省而言，生长指数适时反映了棉花长势情况，是反映气候因素的敏感快捷指标。

表3-14　河南省棉花生长季节（4—10月）气象资料

项目	≥10℃积温（℃）	≥20℃积温（℃）	降雨量（毫米）	日照时数（小时）
历年	4 612	3 744	602	1 392
2009	4 637	3 251	624	1 132
2010	4 521	3 222	729	1 089

表3-15　2008—2009年河南省棉花生长指数（CCGI）

项目	5月	6月	7月	8月	9月	年均
2009年	130	84	94	124	99	106
2010年	85	93	110	78	82	90

二、全省棉花长势分析

4月全省低温寡照且降雨偏多，播种严重推后10～15天，加上4月13—

14日最低温度曾降至0℃左右，这对棉花育苗、播种造成很大不利影响。

5月生长指数为85，长势同比差一成半。4月下旬到5月上旬，全省大部低温寡照，降雨偏多，播种推迟10天以上，普遍迟发，早播出苗不顺。

6月生长指数为93，长势同比差近一成。5月中下旬到6月上旬大部降水，气温有所回升，温度接近常年，光照充足，大部土壤墒情适宜，加速了苗情的转化，但生育期仍滞后5～10天。

7月生长指数为110，长势同比好一成。从6月下旬到到7月中旬气温回升快，持续高温近20天，极端高温达38～40℃，迟苗弱苗转化加快，病害轻，现蕾多，长势喜人，但土壤墒情略显不足，部分地区出现旱情。

8月生长指数为78，长势同比差两成多。从7月下旬开始，全省大部开始持续降水，部分地区持续降水15天以上，豫北几遭暴雨，局部渍涝严重，加上阴雨天气多，光照不足，土壤偏湿，长势由强转弱，烂铃严重，吐絮停止，晚熟严重。

9月生长指数为82，长势同比差近两成。8月下旬开始，全省大部连阴雨天气，温度偏低1～3℃，日照偏少50小时以上，导致“下烂上脱”，秋桃大幅减少。

10月大部地区气温光照正常，有利采收。

三、高产创建

2010年全省参加高产创建县市30个，建立示范片34个，实施面积35.95万亩，皮棉98.22千克/亩，有24个示范片完成了100千克/亩的单产指标任务，占总数的70.6%。

据农业部专家组测产结果，开封县示范片1.0万亩，籽棉275.9千克/亩，皮棉100.2千克/亩。新野县示范片1.1万亩，籽棉238.4千克/亩，皮棉100.1千克/亩，达到100千克/亩的目标产量。

主抓措施：一是广泛宣传发动，增强干部群众植棉和创建的积极性。二是采取定地块、定技术、定责任等措施，保证任务落实到位。三是加强技术培训，组织技术人员下乡指导和服务，促进技术措施落实到位。四是创建与良种补贴和配套工作经费结合，省厅经作站配套40万元，用于培训、督导、基点调查、验收总结等支出。六是优化技术规程，充分发挥科技的增产作用。七是加强组织领导，组织多方力量形成合力。由于全省植棉面积下滑多年，做到成方连片的困难增大。

四、2011年棉花生产展望

据1月调查，2011年全省植棉意向呈强势扩大态势，增幅30.0%。然而，河南省承诺到2020年增产粮食100亿斤的重任，据测算，需每年扩大粮食播种面积125万亩，同时单产提高1%，方能完成。扩大粮食面积无疑要挤占棉花，加上棉价不稳，对植棉面积大幅回升持慎重态度。

（撰稿：冯璐　中国农业科学院棉花研究所）

第九节　CCGI在2010年山西省棉花长势监测中的应用

据连续监测，2010年全省棉花生长指数（CCGI）为81，表明长势差于2009年近两成。据省农业厅总结，全省植棉面积减9.9%为123.0万亩（实际少于100万亩）；单产减12.7%为62.0千克/亩；总产减21.9%为7.6万吨。其中运城市植棉面积减13.8%为106.4万亩（实际80万亩），单产减11.7%为63.1千克/亩，总产减23.9%为6.7万吨。

一、全省棉花生产概况

受果、蔬涨价，国家粮食作物政策性补贴，上年度棉花收益较低的影响，2010年春季有相当棉田改种春玉米，面积减少一成。2010年天气不利，实收籽棉175千克/亩，减幅30%以上，低产田仅100千克/亩，减幅60%。

2010年新棉价异常高涨。8月下旬开秤价为5.8～6.0元/千克，此后一路上扬，9月9.2～11.0元/千克，10月飙升到12.0元/千克，最高达13.6元/千克。虽然单产减，但效益明显提高，按均价9.65元/千克计，比2009年5.76元高3.89元/千克，涨幅达67.5%。

2010年植棉成本479.2元/亩，收入1 106.1元/亩，比2009年683.9元增收422.2元/亩，增幅61.7%。到12月底，大部农户籽棉销售完毕。

二、全省棉花长势分析

(一) 全省棉花生长指数分析

2010年全省棉花生长指数为81（表3-16），其中9月生长指数为86，群体成铃差于2009年。近几年来晋南棉农把播期提前，干种后膜上浇水，在3月下旬就开始播种，但出现百年一遇的苗期低温冻害，4月12～13日，连续9小时零度以下的低温，其中1小时为−9℃，并降雪（厚度2厘米），4月3日以前的播种田，棉苗都有不同程度的冻害发生，甚至毁种。4月下旬—5月低温，幼苗生长迟缓，进入6—7月虽天气晴好，但气温较高，干旱少雨，现蕾推迟，8—9月上旬，阴雨天气多，虽雨水充足，但光照少，烂铃和脱落增加，成铃减少，产量明显低于2009年两成，与生长指数81极为吻合（表3-16）。

表3-16　2010年山西省棉花生长指数（CCGI）

月	5	6	7	8	9	平均
2009年	95	98	114	87	104	100
2010年	62	80	82	95	86	81

3—4月持续低温，5—6月高温干旱，导致生育期普遍推迟14天，7—8月连续阴雨天气造成烂铃和脱落，是2010年大幅度减产的两个主因。

日照时数偏少（表3-17）。4—10月日照时数比历年少424小时，略少于2009年，且7—8月日照时数偏少。

积温不足。虽然≥10℃积温高于历年176℃，少于2009年65℃；≥20℃积温低于历年86℃，高于2009年72℃，其高温时间出现在6—7月。

降水偏多且分布不均，后期偏多危害大。4—10月降雨量比历年多55毫米，比2009年多92毫米，其中5—6月降水明显偏少，7—9月明显偏多。

从全省棉花长势和实收产量来看，生长指数（CCGI）准确记录各生育期的生长状况，是气候变化与长势和产量变化的敏感快捷指标。

表3-17　山西省棉花生长季节（4—10月）气象资料

项目	≥10℃积温（℃）	≥20℃积温（℃）	降雨量（毫米）	日照时数（小时）
历年	4 393	3 469	449	1 628
2009年	4 634	3 311	411	1 208
2010年	4 569	3 383	504	1 205

（二）各月生长指数分析

3—4月平均气温8.5℃和13.6℃，比2009年低1.8℃和3.8℃，低温对出苗极端不利；降雨极少，需先浇水后播种，或干种后膜上浇水。许多棉农为了方便争时，在3月下旬或4月5日前播种，4月12～13日遭遇冻害天气，4月5日前播种因冻害而补种，早播地块毁种和重播，棉苗参差不齐，同田块苗龄相差20多天。

5月生长指数为62，比2009年差近四成，因低温冷害造成苗龄差异依然存在。

6月生长指数为80，比2009年差二成，因5月低温干旱，生长发育缓慢，现蕾推迟。

7月生长指数为82，长势仍差于2009年近两成，现蕾迟，开花晚，营养生长明显不足。

8月生长指数为95，此阶段是本年度最好生长期，由于7月上、中旬光照充足，雨水充沛，进入花铃期生长加快，晚发搭起丰产架子。

9月生长指数为86，成铃少于2009年一成半。由于8—9月上旬持续40天的阴雨天气，下部烂铃增多，中上部大量脱落，产量大幅减少，籽棉产量为近5年最低。

三、高产创建和“千（公）斤棉”竞赛

（一）高产创建

2010年全省参加高产创建的县（区）有盐湖区、临猗县、永济市、芮城县4个。经省专家测产验收，盐湖区11 000亩，皮棉75.9千克/亩，比全县单产增16.4%。永济市10 644亩，单产85千克/亩，比全县单产增30.8%；临猗县11 150亩，单产95.9千克/亩，比全县单产增37.0%；芮城县10 170亩，皮棉73.0千克/亩，比全县单产增17.7%。示范片增收皮棉73.12万千克，按11.0元/千克计，取得增收804.3万元的良好效果。

主抓技术：一是普及优良品种，创建选用晋棉50和冀棉106等。二是秸秆还田，秋耕冬晒垡全覆盖。三是合理密植。高水肥田3 000～3 500株/亩，中水肥田3 500～4 500株/亩。四是科学施肥。重施基肥，早追施氮肥。五是适时打顶。7月20—22日打顶，高水肥田果枝13～14个/株，中水肥田果枝11～12个/株。六是细化控制“三丝”措施，采取一系列措施取得了增产增收的显著效果。

(二)“千(公)斤”棉竞赛

2010年运城综合试验站申报“千(公)斤棉”竞赛点3个。盐湖区龙居镇南花村，棉花品种为晋棉50，面积82亩，籽棉295千克/亩，比对照田增产68.6%；永济市卿头镇白坊村，棉花品种为科能0518，面积82.9亩，籽棉242.8千克/亩，比对照田增产38.7%；临猗县牛杜镇王景村实施面积103亩，籽棉240.5千克/亩，比对照田产增产37.4%。

良种良法配套是“千(公)斤棉”竞赛的主要技术措施。主抓抗虫棉高产品种和统一供种；秸秆还田，秋耕冬晒垡全覆盖；增施有机肥，平衡施用化肥；地膜覆盖、合理密植和化学调控；统防统治，及时防治蚜虫和盲蝽象；针对苗期低温冻害补种和促早等防灾减灾措施。

四、2011年棉花生产展望

受棉价大幅上涨利好的影响，全省棉花呈恢复性增长，预计2011年植棉面积130万～140万亩。然而，棉价不稳，预期收益难定，棉农观望情绪浓厚也将影响面积的恢复。

（撰稿：史俊东，杨苏龙　山西省农科院棉花研究所）

第十节　CCGI在2010年陕西省棉花长势监测中的应用

一、全省棉花生产概况

据连续监测，2010年陕西全省棉花生产呈现“三减两增”形势。植棉面积90万亩，减5万亩，减5.2%；总产5.94万吨，减0.52万吨，减8.1%；单产减2.9%；价格增六成以上，收益增一倍多。

大荔县是陕西省最大的植棉县，全县植棉面积30万亩，减5万亩，减14.3%。皮棉60千克/亩，减3.2%。陕西全省棉花生长指数为90，长势较常年差。

2010年新棉呈现出高开高走又回落的态势，籽棉售价由9月初的8元/千克，一路攀升到11月下旬，上升到12.6元/千克，12月中旬时又回落到9.6元/千克。尽管如此，棉价高涨对群众植棉的积极性影响并不大。

二、全省棉花长势分析

以大荔县为例（表3－18），2010年陕西棉区气温偏低，降水明显偏多，日照不足是其主要特点。≥10℃积温低于历年133℃，是近几年较低的一年；其中高温偏低的特征比较明显。≥20℃积温比历年低89℃，比2009年低20℃，7—8月没有出现极端高温天气。降水明显偏多，4—10月降水量比历年多141毫米，比2009年多71毫米，呈现明显的夏涝特征。日照不足，日照时数与历年基本相当，比较少的2009年还少57小时，少4%。

表3－18　大荔县4—10月主要气象因素与历年比较

年份	≥10℃活动积温	≥20℃活动积温	日照时数（小时）	降雨量（毫米）
历年	4 690	3 382	1 488	450
2009	4 733	3 261	1 541	520
2010	4 457	3 241	1 484	591

表3－19　2010年陕西省棉花生长指数比较

年份	5月	6月	7月	8月	9月	年平均
2009	121	98	94	93	111	103
2010	74	87	91	103	93	90

监测结果，2010年全省棉花生长指数为90，单产实际减2.9%，其中大荔县减3.2%，与生产实际相吻合。

4月气温明显偏低，气候反常，对早播和一播全苗不利。晚霜在4月13日早晨出现，最低温度－0.5℃，次日雨雪天气，最低温度0.2℃，此为50年一遇，造成棉田重播和补种面积大，棉苗长势较弱。

5月生长指数74（表3－19），长势差。降雨偏多，苗病较重，棉蚜、棉盲椿发生危害偏重。

6月生长指数为87，降水偏少，光照充足，温度高，生长发育加快，但旱象露头，大部分棉田因干旱丰产架子没有搭好。

7月生长指数为91，长势明显差于近几年同期。7月上旬降水明显偏少，中下旬明显偏多，光照不足，使蕾铃脱落多。

8月生长指数为103，长势仍明显好于上年同期。但由于降水降雨偏多，光热资源不足，对增结伏桃、秋桃和增铃重不利。

9 月生长指数为 93，比 2009 年比同期差，表现为迟发晚熟，后期阴雨较多，造成中下部霉烂桃较多，导致产量低，品质差。

三、高产创建

2010 年新增蒲城县，继大荔县、临渭区和澄城县后计 4 县开展高产示范创建活动。示范片面积 4.0 万亩，比大田增产 20%左右，皮棉 110 千克/亩。其中大荔县和临渭区百亩高产攻关田皮棉 125 千克和 120 千克/亩，增产 13.6%和 9.1%。具体做法：一是加强领导，成立项目实施领导小组和技术指导小组。二是制定了统一的切实可行技术方案，实现了良种、测土和配方施肥、合理密植、化学调控、统防统治全覆盖。三是狠抓田块、人员和技术的落实到位。四是检查评比兑现奖罚政策。五是抓好大户的示范辐射带动作用。2011 年继续抓好高产活动，建议工作重心应放在高产攻关田和示范大户上，充分发挥高产创建的辐射带动效应。

四、2011 年棉花生产展望

一是棉田连作面积大，冬耕和冬灌面积小，土壤耕层变浅，理化性状变差。二是有机肥和钾肥投入不足，加上主栽品种抗病能力较低，大面积严重早衰，成为高产的主要障碍因素。三是棉花费工费时费钱多，机械化作业程度低，四是受比较效益低的不利影响，再加上棉花没有最低保护价和农资综合补贴。由于受以上因素的影响，预计 2011 年全省植棉面积稳中略升，但棉花生产仍处低潮期。

（撰稿：夏志明，邢红宜，杜健，常继农，严水萍　西北农林科技大学，大荔县棉办，临渭区棉办）

第十一节　CCGI 在 2010 年新疆棉花长势监测中的应用

根据公益性行业（农业）科研棉花专项组对新疆棉花长势的连续监测，2010 年全疆 CCGI 为 83，表明长势差于 2009 年近两成，气候生产力实际减近两成。前期开局不利，播种一再延后，保苗艰难，普遍缺苗和迟发；中期好转，水资源丰富，灌溉充足，但气候灾害仍很多，“两萎病”和棉铃虫局部暴发；后期晚熟，其中南疆9月多阴雨，气温明显偏低，极为晚熟，采收困难；北疆因9月下旬到10月上旬天气好转，气温回升，采收加快。2010年棉价大幅攀升，棉花主产品产值和收益都创新高。

一、新疆棉花生产概况

（一）棉花总产连续17年位居全国首位

2010年全疆继续推进“减棉、稳粮、增畜、增果”的结构调整，退出风险低产棉田，着力建设高产稳产棉田，巩固新疆棉花在全国的优势地位。据官方资料，2010年全疆植棉面积2 200万亩，总产260万吨，单产118千克/亩。棉花总产、单产连续17年位居全国首位，棉花生产支撑农民增收的效果明显。

据项目组的连续监测，2010年全疆实际播种面积减300多万亩为2 500万亩，减幅10.7%；单产减12.8%为101.2千克/亩；总产减15.7%为253万吨。其中北疆因长期低温播期一再推迟，不得不改种其他作物而减少面积。

（二）用工成本飙升，生产成本持续大幅增长

“人难招”和“工钱高”是新疆棉花生产发展面临的现实问题。据项目组统计：2005—2009年，陆地棉籽棉采摘价从0.5～0.6元上涨到1.4元/千克，涨幅133%～180%。2010年陆地棉采摘价上涨到1.9元/千克及2.5元/千克，涨幅达35.7%。此外，棉田管理间接费用也从2009年的120元/亩上涨到150元/亩，涨幅为25%。以陆地棉300千克/亩计算，直接用工成本同比上涨180元/亩，占棉田总投入的1/3以上。

（三）价格、产值和收益都创新高

2010年棉花在买方，农民销售极为顺畅，棉价高涨。产值创新高，按籽棉261.5千克/亩，农民均售价10.32元/亩计，增幅69.4%；主产品产值2 698.0元/亩，减去成本1 549.3元/亩，收益1 148.6元/亩，增幅81.2 %，也创新高。

特别值得指出，由于棉价高开高走，承包面积百亩级收益超十万元，千亩级大户收益超百万元，万亩级的植棉大户收益超千万元。可见，农民从高价中获得了较大利益，也算是对2008年金融危机损失的补偿。

二、新疆棉花长势分析

（一）气候因素分析

日照时数减少、气候温和、降水增加是 2010 年新疆棉区的主要气候特征（表 3-20）。

日照时数两头少（4—5 月）和（9—10 月）的特征明显，其中北疆少于历年 84 小时。≥10℃积温，北疆少于 2009 年 109℃，少于历年 63℃。南疆少于 2009 年 56℃，多于历年 236℃。≥20℃积温，北疆少于 2009 年 105℃，少于历年 134℃；南疆少于 2009 年 159℃，少于历年 216℃。整个生长季节气候温和、气温两头低的特征明显。

降水增多。全疆降水量比历年增加 43 毫米，增幅 62.3%，除两头多以外，南疆 9 月降水量增多明显。

表 3-20　2010 年新疆主产棉区（4—10 月）气候资料

年份	主产区	≥10℃积温（℃）	≥20℃积温（℃）	降雨量（毫米）	日照时数（小时）
历年	全疆	3 976	2 535	69	1 932
	南疆	4 148	2 729	46	1 892
	北疆	3 787	2 393	103	1 960
2009	全疆	4 156	2 528	83	1 961
	南疆	4 440	2 672	62	1 990
	北疆	3 833	2 364	106	1 932
2010	全疆	4 032	2 487	112	1 936
	南疆	4 384	2 513	98	2 013
	北疆	3 724	2 259	146	1 876

（二）极端天气频发，棉田受灾面积大

2010 年，全疆棉区交替出现 40 多次极端天气过程，全区地方农作物受灾面积 2200 万亩，直接经济损失近 60 亿元。棉花同样受灾影响严重，主要表现在 4—6 月低温、大风、降雨及冰雹。据项目组监测：4 月低温天气，播种推迟 20 天，南疆大部 5 月初才完成播种，比常年晚约 20 天，北疆因播期推迟而被迫改种其他作物；而 5 月出现严重霜冻天气，使气温普遍下降至 11～15℃，

降幅达15～20℃，受灾地区涉及阿克苏地区的沙雅、阿瓦提、温宿，乌什、农艺师一团等地，喀什的麦盖提、英吉沙、喀什市、农三师红旗农场，和田叶城、皮山、墨玉等部分地区，受灾面积达100多万亩，重灾面积40万亩，绝收面积10多万亩。6月5日自治区气象局发布暴雨蓝色警报，南疆普降大雨，一次最多降雨量达50毫米，近50年同期最高纪录，部分棉田出现涝灾。

低温、多雨不仅严重影响了棉花的生长发育，而且加剧了棉田病虫害的发生，尤其是前期苗病和“两萎病”重发，死苗率达30%以上，缺苗断垄严重；同时棉铃虫大暴发，受害棉田在80%以上。

（三）生长指数分析

2010年全疆棉花生长指数为83（表3-21），同比差近两成，各月变化如下：

4月，播期延长，播期推迟，大、小苗现象严重，开局极为不利。

5月生长指数51。其中南疆为71，北疆为28，为历年最低值，伴随低温、降雨、冰雹，各地发生了不同程度的涝灾、风灾等自然灾害，受灾面积达60%以上，同时棉苗病害发生严重，死苗率达30%，棉花生产开局不利，遭受重创。

6月生长指数为88，南北疆差别不大。较常年偏多的降雨量及较好的热量条件，在一定程度上满足了水分的需求，生长进入快速恢复期。

7月生长指数75，北疆高于南疆。在前期生长不利下，各地均采取有效措施促进生长，同时这一时期无自然灾害，热量条件也分布均匀，虽然病虫害有暴发趋势，狠抓早查早防有效地控制了危害，促进转化。

8月生长指数为104，长势略好于上年，转化加快，早衰棉田明显较常年少，同时7、8月极端高温天气较少，蕾铃脱落率较低，但棉铃虫危害面积较大，部分地区处于暴发趋势，因此虫害的防治是重点工作。

表3-21 2010年新疆棉花生长指数（CCGI）

年份	项目	5月	6月	7月	8月	9月	年均
2009年	新疆	146	100	93	82	80	100
	南疆	146	100	93	83	80	100
	北疆	146	101	93	81	80	101
2010年	新疆	51	88	75	104	95	83
	南疆	71	87	71	104	93	85
	北疆	28	89	79	104	96	79

9 月生长指数为 95，南北疆差异不大。热量条件的相对后移有效地促进了纤维成熟。但此前棉农担心后期低温影响产量及采收用工，大部分棉田喷施了乙烯利等催熟剂，在一定程度上影响了原棉的纤维质量。

10 月，北疆自 9 月下旬到 10 月上旬天气好转，气温回升，早播棉田采收快，但晚熟棉田仍无法正常采收。南疆气温仍偏低，加上 9 月低温多雨，吐絮慢，采收进度慢。

三、高产创建和"千（公）斤棉"竞赛

（一）地方

1. 成效显著。全区落实创建示范片 30 个，涉及 30 个县（市）、133 个乡镇、1 299 个村，47 566 个农户。示范片面积 74.3 万亩，省测皮棉单产 155.21 千克，比 2009 年增 12.1 千克，增幅达 8.5%。

. 据农业部专家组验收测定，昌吉市大西渠镇万亩高产创建测产结果：收获密度 15 750 株/亩，亩成铃数 80 343 个/亩，单铃重 5.57 克，衣分 39.62%，籽棉产量 380.4 千克/亩，皮棉产量 151.0 千克/亩。库尔勒市普惠农场五分场示范片测产结果：收获密度 14 351 株/亩，成铃数 89 030 个/亩，单株成铃 6.4 个、铃重 5.81 克、衣分 42.47%，籽棉产量 439.7 千克/亩、皮棉产量 186.3 千克/亩。示范片比常规田增产 30%以上，增收效果显著。

2. 技术经验和措施。

一是加强领导、督导检查和工作验收。从区到县级政府都成立创建领导小组。设立高产创建督导组，督导重要农时季节的生产，三次安排组织 25 个，深入基层进行检查督导，保证了各项措施的到位。

二是创新工作机制，提高服务水平。鼓励龙头企业和专业合作社采取整合农民土地，统一种植，统一管理，统防统治，解决一家一户不能解决的问题，推动植棉向规模化、组织化、集约化、机械化方向发展，促进创建上新台阶。

三是加大科技兴棉力度。推广高产、优质、抗病优良品种中棉所 49、新陆中 28 和新陆早 26 等。抓好病虫害预测预报，提早制定防控预案，采取轮作倒茬、秋翻冬灌、种植玉米诱集带、安装频振式杀虫灯 5 000 盏等，使病虫害的发生降低到最低限度。采用综合配方施肥可节本增效 50 元/亩。通过创建，示范片优良品种覆盖率 100%，病虫害综合防治覆盖率 100%，测土配方施肥覆盖率 100%，滴灌综合集成配套技术覆盖率 100%。

四是增加政策和资金投入。整合良种补贴、农机具购置补贴、测土配方施

肥、病虫害综合防治、农民培训等项目进入示范片，形成多项目带动，多单位参与协调配合共创高产创建的局面。自治区财政补贴节水滴灌技术200元/亩。

五是举办培训班5 000多期，培训人次30万人，发放资料35万份。

六是加大宣传力度，营造良好氛围。6月20日，农业厅在阿克苏地区新和县召开高产创建经验交流会，对创建工作再动员、再安排、再部署。各地加大宣传报道力度，组织召开各级农业部门领导、技术人员、农民代表、科技示范户等参加的现场观摩会，及时总结经验，使示范田成为领导干部的指挥田，农业专家的示范田，农民群众学习的样板田。

3. 意见和建议。一是设立部级高产创建奖励制度。奖励高产创建工作先进县、先进乡镇、先进示范农户。二是专列经费支持技能培训，提升服务能力。

（二）兵团

1. 成效显著。2010年全兵团万亩示范片涉及14个团场、63个连队和6 843个农户。创建面积34.2万亩，皮棉单产167.9千克/亩，超额完成计划任务11.2%；比当年全团增产11.1%。

农业部高产创建验收专家组抽测结果：30团皮棉175.3千克/亩，为团场自测产量的103%；125团皮棉181.6千克/亩，为团场自测产量的97.8%。其中农七师125团职工郭明华80亩棉花测产达到207.6千克/亩。

2. 技术经验和措施。

一是加强组织领导。成立兵团级和师团级农业创建活动领导小组和技术指导小组。

二是制定创建实施方案。制定《新疆兵团2010年高产创建实施方案》，万亩集中连片亩产北疆150千克以上、南疆160千克以上。

三是加强创建督导，全面落实目标考核。围绕创建活动，分级制订量化考核目标，突出“高产、高效、优质、低耗”目标，开展督导和不定期督导检查。

作为整团建制高产创建单位，农二师30团创建10个连队开展春灌和播种竞赛，设立春灌达标奖和出苗奖等，发放奖金11.5万元，激发创建热情。

四是整合相关项目，加大扶持力度。向创建单位重点倾斜各项支农惠农政策和项目，切实保障创建活动的顺利开展。良种补贴、粮食直补、农机购置补贴、农资综合直补、测土配方施肥、旱作节水等项目重点向创建单位倾斜。

五是推广高新技术，提升科学植棉水平。重点推广10项主体技术（良种良法、科学施肥、改土培肥、综合植保、地膜覆盖和模式化栽培、节水农业、标准化条田建设、土地深松、人工影响天气）和精准农业等 6 项技术和超高密栽培模式等高新技术的到位率。

六是实行“五统一”管理模式。即 100%统一农事操作、统一肥水管理、统一技术培训、统一病虫防治、统一收获，保证滴灌轮灌制落实。

分片包干，责任到人。各团对一（生产）科和六站（推广、种子、植保、病虫测报、滴灌、农机）分片包干，全程负责，三天一巡视，关键期每天检查，发现问题及时提出解决办法；落实每周一次的植保例会制度；落实滴灌轮灌制度。

七是全兵团各级举办培训班 140 余期，培训技术人员、职工 2 万余人次。

3. 意见和建议。建议扩大创建团场数量，落实配套资金。

（三）“千（公）斤棉”竞赛

2010 年“千（公）斤棉”竞赛由李雪源科学家领衔，实施地点在新疆兵团农一师十六团 3 连，面积 300 亩。收获密度 14 670 株/亩，单株成铃 7.7 个、成铃数 113 400 个/亩、单铃重 6.23 克，籽棉 706.3 千克/亩（八五折为 623.0 千克/亩），在灾年取得较好成绩。

关键技术措施：一是选用超高产棉花新品种新陆中 42 号。二是集成高密度技术、精量播种、膜下滴灌、全程化控和统防统治，发挥集成增产效应。三是依托兵团高度组织化管理，实行统一管理、快速管理和精准管理。

四、长绒棉长势监测报告

（一）生产情况

1. 面积大幅增长。由于 2009 年度籽棉收购价格较高，长绒棉销售情况良好，2010 年全疆长绒棉种植面积大幅增长。据自治区农口、统计和研究机构等的调研，2010 年全疆长绒棉种植面积 174.5 万亩，增 40.6 万亩，增幅 36.9%。其中，地方 121 万亩，占全疆面积的 69.3%，增 33.1 万亩，增幅 33%；兵团 53.5 万亩，占全疆面积的 30.7%，增 7.5 万亩，增幅 16.3%。

2. 单产大幅下降，总产增。受低温、多雨和春季浮尘等不利天气影响，2010 年全疆长绒棉单产大幅下降（表 3－22）。全区单产 73.1 千克/亩，减幅 18.0%，其中地方单产 62.9 千克/亩，减 16.3 千克/亩，减幅 22.1%；兵团单产 93.2 千克/亩，减 16.9 千克/亩，减幅 18.1%。全区总产 12.8 万吨，增 16.4%。其中地方 7.8 万吨，增幅 15.6%；兵团 5.0 万吨，增幅 14.1%。

表3-22　近几年新疆长绒棉生产情况

项目	面积（万亩）	皮棉单产（千克/亩）	总产（万吨）	籽棉售价（元/千克）	皮棉价格（元/吨）
2006	160.4	115.9	18.6	7.5	21 000
2007	213.8	117.0	25.0	5.5	15 300
2008	198.3	99.5	19.7	5.8	16 300
2009	123.9	89.1	11.0	6.7	18 000
2010	174.5	73.1	12.8	14.0	40 000

注：2006—2009年面积、总产和单产为《新疆统计年鉴》数据；2010年非最后数据。

3. 品质下降。据气象局资料，南疆大部播种出苗期间热量条件好于常年，但苗期和蕾期气温明显偏低，迟发苗弱，生长缓慢。7月中旬南疆大部出现≥35℃的极端高温天气，对开花结铃不利，其余时间气象条件略差，但基本适宜生长。吐絮期，阿克苏、阿拉尔主产区及南疆西部降水明显偏多，气温偏低，吐絮期推迟，旺长棉田还出现烂铃，僵瓣率增加，影响产量和品质。总体上，2010年长绒棉商品品级普遍下降一个等级。

（二）价格、产值和收益均创新高

1. 价格高涨。10月中旬，新棉上市，开秤价12元/千克左右，随后一路走高，至11月中下旬，收购价高达16元/千克，比开秤时涨4.0元。此后，国家出台调控措施，以及品级低等，价格迅速回落。截至12月底，收购价13～14元/千克。

2. 成本高涨。受农资及劳务成本上涨影响，长绒棉生产成本大幅增长。据测算，2010年总成本1 880元/亩，增360元/亩，增幅23.7%，其中物化成本1 150元/亩，增180元/亩，增幅18.5%；人工费用增160元/亩，增幅34.0%；间接费用增20元/亩，增幅20%。

表3-23　南疆长绒棉产值、成本和收益

单位：元/亩

项目	产值	收益	总成本	其中		
				物化成本	人工成本	间接费用
2009	2 000.0	480.0	1 520.0	970.0	470.0	80
2010	3 410.4	1 530.4	1 880.0	1 150.0	630.0	100

3. 产值和收益都创新高。按长绒棉籽棉售价14.0元/千克、单产243.6

千克/亩计算，产值 3 410.4 元/亩，增幅 70.5%；成本 1 880 元/亩，收益 1 530.4元/亩，增 1 050 元/亩，增幅 219%。

五、新疆棉花生产机械化

棉花生产机械化是指全程机械化，包括犁地、整地、播种、中耕、病虫害防治、脱叶催熟及机械采收等。按国家农业行业标准规定，机械化率为耕种收的综合机械化水平，分为耕整地机械化程度（%）、播栽机械化程度（%）和收获机械化程度（%），其权重系数分别为 0.4、0.3 和 0.3。

2006 年以来，全疆现代化植棉发展很快，2010 年棉花生产机械化率 73.6%，其中兵团 80.6%；地方 70.1%，高于同期全国 52.0%的耕种收综合机械化水平。

2010 年新疆机采棉上新台阶。兵团拥有采棉机 700 台左右。据测算，一台采棉机可以完成 600 个拾花工的工作量，显著节省人力，节省采收成本 300 元/亩，预计兵团全部采用机采可节省费用 20 多亿元。

1. 整地机械化率 100%。分耕翻和平整两个环节，整地全部实现机械化，兵团和地方还是有区别，用大马力拖拉机耕翻，耕深 28～30 厘米；用大型联合整地机（幅宽 5.6～7.2 米）平整土地。地方用中小马力拖拉机耕翻，耕深 15～25 厘米左右；用中小型联合整地机（幅宽 4.5 米以下）或老式圆盘耙、平土框、耱子等平整土地。

2. 播种机械化率 100%。与整地一样，兵团用宽幅（4.8 米以上）精量播种机播种，播种行距与采棉机配套。地方用小四轮牵引窄幅（2.5 米左右）非精量播种机播种，行距自定，且大部分是人工定苗。

3. 施肥。兵团基肥边翻地边随施，追肥为边滴灌边施肥，微肥机引喷雾机叶面喷施。地方施基肥也是随翻地全程施，追肥则人工撒施或是随灌溉水浇施。

4. 中耕。由于地膜覆盖植棉，全生育期覆盖，生长期不揭膜。因此，棉田基本不中耕作业。兵团采用宽膜和超宽膜覆盖，膜内不中耕，膜与膜之间的结合部用小四轮牵引中耕，行间和棉苗根部无法中耕。窄膜植棉可以中耕，但很少中耕。

5. 打顶。全疆仍采用人工打顶。机械打顶的程度低，需人工眼观操作，效率不高，质量不好，不被农户认可。主要问题植株高度仿真存在很大缺陷。

6. 植保。兵团病虫害机防率达到 100%。机械为大型自走式、中小型机引喷雾机都有，地边地角机械喷不到的地方，用人工背负式喷雾机辅助。地方有少量小型机引式喷雾机，大量使用人工背负式喷雾机，有的农场用半机械化的弥雾机。

7. 机采棉。据统计（表3-24），2010年兵团机采棉面积257.8万亩，机采棉率也从2006年的9.2%增长到2010年的35.2%，增24个百分点，净增面积176.6万亩。可喜的是地方也于2008年开始进行机采示范，机采棉种植模式播种面积14万亩，机收0.8万亩；2009年26万亩，机收2.6万亩；2010年机采棉模式播种44万亩，机收6.0万亩。

2010年兵团仍招收拾花工47.58万人，采收籽棉294.7万吨，人均拾花收入4 000元以上，计20亿元。

表3-24　近几年新疆生产建设兵团机采棉发展情况

年份	机采棉种植模式		机采棉	
	面积（万亩）	占播种面积（%）	面积（万亩）	占播种面积（%）
2006	150	17.0	81.2	9.2
2007	220	23.9	103.0	11.2
2008	300	35.5	116.5	13.8
2009	250	34.2	174.1	23.8
2010	500	68.7	257.8	35.4

注：兵团棉花播种面积2006年882.2万亩，2007年919.6万亩，2008年844.7万亩，2009年731.8万亩，2010年728.0万亩。

机采棉重要环节：一是播种模式，采用76.2厘米（30英寸）等行距，高密度宽窄行配置为66+10厘米或68+8厘米，其他行距配置无法采收。二是脱叶直接关系到采收籽棉含杂的高低。兵团脱叶剂全部采用飞机或机械喷施，地方因初推机采棉技术，配套还不完全。

六、2011年棉花生产展望

预计2011年全疆陆地棉和海岛棉面积呈温和恢复态势，据1月监测，恢复程度将不会超过一成。

（一）有利因素

一是机械化植棉加快。兵团规划“十二五”机采棉面积达90%，计划

2011 年机采棉模式播种面积 600 万亩，机械采收面积 350 万亩，新购置采棉机 300 台，新增加工生产线 32 条。预计地方机采模式播种面积 60 万亩，机械采收 10 万亩，新购置采棉机 100 台，新建或改建加工生产线 3 条，主要在北疆的昌吉。又据 2 月 14 日《中国纺织报》报道，沙湾县计划推广机采棉面积 50 万亩，新购采棉机 100 台，配套采棉播种机 500 台。其中植棉大户对购置采棉机的热情高，但采棉机仅批量生产，实现难度较大。

二是来水量增加，水资源短缺有所缓解。绿洲农业的关键是水。2010 年和 2011 年冬季气温低，天山和昆仑山降雪多，高山冰川面积恢复和增大，积雪增多，加上生育期降水增多，是否预示新疆结束本世纪头十年的枯水期进入一个丰水期值得关注。据测算，全疆棉田依靠天山来水灌溉约占 80%，昆仑山来水约占 20%。来水量的增加，既可补充地下水也可增加灌溉面积，有利于棉花提高单产，降低植棉成本。

然而，春季多雨，土壤返盐，次生盐渍化危害必将加剧，增产难度加大。如多雨往往造成土壤通透性差，根系生长慢，苗弱，苗病重，死苗多，易缺苗断垄，生产上存在“四难”，即播种难、保苗难、立苗难和收获难。收获密度下降，单产将降低。同时，前期迟发，后期晚熟带来收获困难等问题。因此，应针对丰水期研究提出对棉花不利的合适对策。

（二）不利因素

一是按照“扩果、控棉、增粮”的发展思路，环塔里木盆地结构调整持续了 5 年，红枣、杏、核桃、巴达木、开心果、香梨等经济果林面积大幅增加，2010 年全疆瓜果产量超 600 多万吨。棉田因此经历纯棉田到棉果间套再到纯果园。据不完全统计，南疆地区林果面积超过 1 100 万亩，其中 65%以上的面积为新定植的果树，随着树龄的长大，将有 500 多万亩棉田陆续退出，今后恢复棉花面积将十分困难。

二是成本持续高涨。一些产业转移进疆以后，本地劳动力进入工厂，加上外地进疆劳动力减少，农业劳动力更加紧张，人工费用还将高涨，劳动力费用增长将要持续很长时间。然而，由于单产提高无法追赶成本的上涨，加上棉花没有最低价支持，棉农收益无法预期，植棉积极性不高，恢复面积难度加大。

三是农民趋向理性。虽然 2010 年棉价高涨，植棉收益增加，但是棉价长期大起大落，农民种棉的盲目性降低，应对市场变化的理性提升。

四是新的害虫存在潜在危险。扶桑绵粉蚧是国际公认的棉花毁灭性害虫，主要危害棉花和其他植物的幼嫩部位，包括嫩枝、叶片、花芽和叶柄，以雌成虫和若虫吸食汁液产生危害。受害棉株长势衰弱、生长缓慢或停止，失水干枯，蕾、花、幼铃大量脱落，分泌的蜜露诱发的霉污病可导致叶片脱落、严重时可造成棉株成片死亡。据了解，该虫系传入我国，仅2年扩散到广东、海南、福建等9省，新疆发生疫情均为广东等省的花卉进疆流入。2011年1月全疆采取保护栽培地大面积扑灭措施。

（撰稿：崔建平，李雪源，孔庆平　新疆维吾尔自治区农业科学院；邓福军，周亚立　新疆农垦科学院；朱朝阳　新疆生产建设兵团农一师农科所）

第四章 入世九周年对我国棉花产业经济影响的基本评价

本章论述自 2001 年我国加入 WTO 以后的 9 年（2002—2010 年）时间里，全国棉花生产、市场和价格发生的变化；适应经济全球化和市场国际化棉花产业的体制变革；市场放开后，棉花在价格、收购、销售和种子科技进步方面取得的成果。

第一节 对我国棉花生产影响的评价

一、价格回升未能促进面积扩大，气候异常致单产大幅下降

（一）总产增加，净增 178.5 万吨

在加入 WTO 的 9 年时间里，平均总产 631.5 万吨，比上一个 5 年（1997—2001）453 万吨增 178.5 万吨，增幅 39.4%。然而，由于面积减少，特别是气候异常，2010 年总产减少 40.7 万吨为 597 万吨，减幅高达 6.4%，全国棉花总产跌破 600 万吨关口，比 2007 年最高水平减少 165.4 万吨。

（二）面积扩大，净增 1 253 万亩

在加入 WTO 后的 9 年中，全国植棉面积整体呈扩大的走势，平均植棉面积 7 891.2 万亩，比上一个 5 年（1997—2001）6 638 万亩净增 1 253 万亩，增幅达到 18.9%。然而，危机导致 2009 年植棉锐减 1 206 万亩为 7 425 万亩，减幅高达 14.0%；2010 年继续减少 150 万亩。

（三）棉花单产显著提高

加入 WTO 后的 9 年时间，平均单产 79.8 千克/亩，比上一个 5 年（1997—2001）74 千克/亩增 5.8 千克/亩，提高 7.8%（表 4-1）。从气候和生

产力水平来看，我国棉花播种面积单产水平为80～85千克/亩，达到90千克/亩尚有极大难度。

（四）稳定性差仍是棉花生产的主要问题

植棉面积稳定极差和波动性极大是我国棉花生产的突出问题，主要特点：

1. 植棉面积波动大。在加入WTO后的9年中，面积比上一年增加的有4年，比上一年减少的有5年（表4-1），增减幅度都在两位百分数的水平上，数量上相差达到1 000多万亩。由于价格的稳定性差，进而导致总产的稳定差是最主要因素。值得注意的是，2009年危机加重了面积波动，2010年面积继续减少。

2. 总产波动很大。在9年中，总产比上一年增加的有3年，比上一年减少的有6年，绝对数量相差近200万吨之多，面积和单产变化是导致总产波动的主要原因。

表4-1　2002—2010年全国棉花面积、总产和单产变化

年份	播种面积（万亩）			总产（万吨）			单产（千克/亩）	
	数量	比上年增减	比上年增减（%）	数量	比上年增减	比上年增减（%）	数量	比上年增减（%）
1997—2001	6 638.0	—	—	453.0	—	—	74.0	—
2002	6 276.0	−939.0	−14.9	491.6	−40.8	−7.7	78.3	6.0
2003	7 666.5	1 390.5	22.2	486.6	−5.0	−1.0	63.4	−19.0
2004	8 535.0	868.5	11.3	632.0	145.4	29.9	74.0	16.7
2005	7 590.0	−1 086.0	−12.7	570.0	−62.0	−9.8	75.1	1.3
2006	8 724.0	1 134.0	15.0	753.5	183.0	32.1	86.3	15.0
2007	8 889.0	165.0	1.9	762.4	8.9	1.1	85.7	−0.7
2008	8 640.0	−249.0	−2.8	750.0	−12.4	−1.6	86.8	1.3
2009	7 425.0	−1 206.0	−14.0	640.0	−109.2	−14.6	86.2	−0.7
2010	7 275.0	−150.0	−2.0	597.0	−40.7	−6.4	82.1	−4.8
9年平均	7 891.2	1 253	18.9	631.5	178.5	39.4	79.8	7.8

资料来源：中国棉花生产预警监测结果。

3. 单产波动也很大。在9年中，单产比上一年增加的有5年，比上一年减少的有4年；单产波动主要受天气影响，其中2003年因三大产区同时遭遇严重自然灾害，致使面积很大但单产水平的大幅度下降而总产减少，2005年长江和黄河遭遇三次台风和秋雨连绵致使单产水平降低。2002年和2004年三大产区气候相对平稳而增产。2006年全国棉区前期气候很差，中期好转，“天

气帮忙”在后期。2007年气候为中等偏差年景，后期天气不利。2008年略有减产，但长江中游减产幅度达到两成。2009年长江中游和淮北平原增产，华北平原因后期不利天气增产势头被削减，南疆基本持平，北疆减产。2010年全年气候异常，实际减产幅度达到14.6%。

二、棉农收益整体增加，增减幅度大，减产增收与增产减收的问题依然存在，市场风险加大

（一）主产品产值创新高

9年中有6年增加3年减少（表4-2），增减幅度都很大。其中有5年产值突破1 300元/亩，受危机的冲击，2008年跌幅超过两成，2009年增幅两成为1 583.8元/亩，是单产和价格共同作用的结果。2010年棉价高涨，产值达到2 433.2元/亩，而籽棉售价提高73.4%。

表4-2　2001—2008年全国棉花产值和收益对比

项目	样本产量（千克/亩）	主产品产值		总成本		物化成本		收益	
		元/亩	增减（%）	元/亩	增减（%）	元/亩	增减（%）	元/亩	增减（%）
2001	73.8	689.6	—	580	—	214	—	157	—
2002	78.3	934.0	35.4	551	−29.0	209	−2.3	343	118.5
2003	63.4	1 318.0	41.1	667	21.1	262	25.4	650	89.5
2004	74.1	1 060.0	−19.6	702	5.2	311.6	18.9	327	−49.7
2005	70.9	1 303.4	22.9	826.2	17.7	414.4	33.0	470	43.7
5年平均	72.1	1 061.0		665.24		282.2		389.4	
2006	95.4	1 325.5	1.7	884.9	7.1	467.8	12.9	441	−6.2
2007	92.4	1 498.5	12.1	1 005.1	13.6	452.5	−3.3	493.4	11.9
2008	90.8	1 150.9	−23.2	1 149.0	14.3	531.5	17.5	1.9	−99.6
2009	92.9	1 583.8	37.6	1 057.5	−9.6	482.8	−9.2	545.2	286.0
2010	83.3	2 433.2	46.7	1 242.6	17.5	554.5	13.5	1190.6	97.9
5年平均	90.96	1 598.38		1 067.82		497.82		534.42	

资料来源：中国棉花生产预警监测结果。

注：(1) 2001—2002年为国家统计局数据，2003—2009年为中国棉花生产预警监测数据，2009年为非最后数。

(2) 农业税棉田分摊2001年21.6元/亩，2002年39.0元，2003年40.1元，2004年29.8元，2005年7.3元/亩，2006年全国取消农业税。

(3) 收益2001—2005年为减税后收益。

(4) 2007—2009年按38%衣分率折算皮棉。

（二）植棉收益创新高，9年中有7年增2年减少，增减幅度也很大

整体看（表4-2），加入世界贸易组织后我国棉花生产收益整体增加，但年际间增减幅度都很大。2007年比2006年增11.9%，2003年是典型的减产增收的年景，2004年和2006年是典型的增产不减收的年景，2007年是价格上涨增收年景。2008年收益减幅高达99.6%，2009年增收286倍，2010年增收幅度高达97.9%，主要是棉价大幅上涨的结果。

（三）“十一五”时期比较

据中国棉花生产监测预警数据，“十一五”时期成本1 067.82元/亩，同比增60.5%。自2007年成本跃入千元之后，2010年攀升到1 242.6元/亩，同比增17.5%。

“十一五”时期（2006—2010年）我国棉花生产取得长足进步。5年平均总产达到700.5万吨，同比“十五”时期（2001—2005年）平均总产542.5万吨增幅高达29.1%，其中连续3年达到750万吨，最高760万吨（2007年），创历史新高。植棉面积5年平均8 191万亩，同比“十一五”7 457万亩增9.8%。5年平均单产85.4千克/亩，同比“十五”72.9千克/亩增17.1%，其中2006年和2008年单产达到86千克/亩，也创历史新高。棉花生产的发展为满足纺织工业原棉需求，满足居民日益增长、丰富多彩的纺织服装需求立下汗马功劳。

与此同时，棉花产值和棉农收入也取得了较大进步。据中国棉花生产监测预警数据，“十一五”时期主产品产值1 598.38元，同比增50.6%；然而，受金融危机的冲进和市场波动，植棉收益534.42元/亩，同比增37.2%。

三、价格、成本和单产是影响产值和收益的主要因素

（一）单位面积主产品产值和收益变化的原因

1. 籽棉售价是产值和收益的第一要素。价格“过山车”式波动是加入WTO后我国棉花生产中最突出问题。最小波动也在7%以上，最大波动73.4%，年度相同或相近几乎没有。据中国棉花生产预警监测数据（表4-2，表4-3），与上一年度相比，2002年度涨33.3%，2003年度涨55.0%，2004年度跌29.7%，2005年度涨24.5%，2006年度跌7.9%，2007年度涨20.6%，2008年度跌22.2%，占收益减少的比重高达66.9%；2009年涨34.5%，占收益增加比重的73.2%；2010年涨73.4%占收益增加比重的114.6%。因为当年单产减幅高达14.6%。

2. 单产水平对产值和收益有一定贡献，但远远不及价格和成本的变化。在加入 WTO 后的 9 年时间里，除 2003 年和 2010 年气候异常，棉花大幅度减产对产值和收益产生显著影响以外，在正常年景，单产水平对产值和收益的贡献远远不及价格和成本。如 2008 年皮棉单产减 1.3%，减产仅占收益减少比重的 3.8%。

表 4-3　2008/2009—2009/2010 年度全国棉农籽棉售价变化

年　度	籽棉售价（元/千克）	样本皮棉产量（千克/亩）
2008/2009（2008 年度）	4.69	90.8
比 2007/2008 年增（%）	-22.2	-1.3
2009/2010（2009 年度）	6.31	92.9
比 2008/2009 年增（%）	34.5	2.3
2010/2011（2010 年）	10.94	83.3
比 2009/2010 年增（%）	73.4	-15.6

资料来源：中国棉花生产预警监测数据。

3. 农资价格连续上涨，成本不断增加是制约收益的又一要素。2008 年农资价格猛涨，农资涨价占收益减少的比重达 16.1%。受危机的冲击，2009 年农资价格下降 2～3 成，占增收比重的 9.0%。2010 年综合农资价格仍上涨 17.5%。

必须指出，从 2004 年到 2010 年，正值全球石油价格持续上涨，受输入型通货膨胀的影响，化肥、地膜、农药和柴油等农资成本高速上涨，涨幅达到 60%～80%，其中以钾肥和复合肥涨幅最大，最高涨幅 1～2 倍多，而农药、除草剂和植物生长调节剂等精细化工产品相对要小得多。受金融危机的冲击，2009 年农资价格普遍下降。

然而，自 2003 年开始我国人工成本上涨，雇工收摘棉花人工费用从 0.6 元/千克籽棉上下提高到 2006 年的 0.8～0.9 元/千克，2007 年上涨到 1 元/千克，2008 年涨到 1.2 元/千克，上涨幅度达到 80%～100%，如果包括雇工的住宿和路费等，收摘籽棉的全成本达到 1.3～1.4 元/千克。受金融危机的冲击，2009 年人工费用下降 9.1%。

（二）2010 年成本源自“双上涨”

1. 总成本上涨 17.5%。2010 年全国棉花生产总成本继续千元高位，为 1 242.6 元/亩，增 185.1 元/亩，增幅 17.5%（表 4-1，图 4-1）。在总成本中，物化成本占 44.6%为 554.5 元/亩；人工费用占 45.1%为 560.8 元/亩；固定成本占 4.7%为 58.9 元/亩；间接费用占 5.5%为 68.5 元/亩。

2. 物化成本上涨 13.5%。 2010 年物化成本 560.8 元/亩，增 66.0 元/亩，增 13.5%，占上涨部分的 35.6%。进一步分析，肥料增 32.6 元/亩，增 18.6%。机械作业费增 8.8 元/亩，增 14.1%。灌排费增 20.5 元/亩，增 22.4%。农药和除草剂增 14.6 元/亩，增 22.3%。地膜增 7.2 元/亩，减 31.8%。育苗移栽物化费增 6.1 元/亩，增 123.7%。“化调”增 2.1 元/亩，增 72.4%。种子费增 1.8 元/亩，增 5.1%。

关于肥料部分：复合肥增 9.8 元/亩，增 19.1%；二铵增 5.5 元/亩，增 16.9%；钾肥增 2.0 元/亩，增 8.9%；尿素增 0.3 元/亩，增 1.2%。此外，有机肥、叶面肥、硝铵、碳铵等减 18.5 元/亩，减 34.6%，因后期天气雨水，叶面肥施用减少最多。

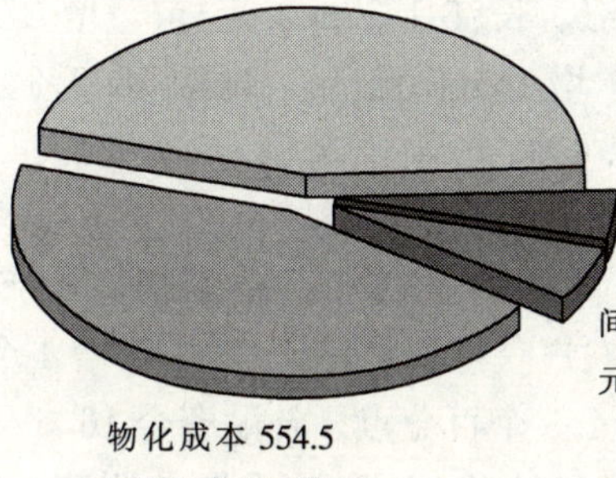

图 4－1 2010 年棉花生产总成本（1 242.6 元/亩）构成

“价涨量增”导致物化成本上涨。监测结果，地膜涨价 9.1%，复合肥涨价 12.5%，种子涨价 1.4%，尿素和钾肥基本持平，磷酸二铵降价 18.3%。由于春季强寒潮侵袭和持续低温，播种成本增加，种子和地膜用量各增 3.7%和 20.8%。尿素用量略增 0.3 千克/亩，增 1.2%；钾肥用量增 1.5 千克/亩，增 23.0%；过磷酸钙减 4.3 千克/亩，减 51.6%；二铵用量增 3.9 千克/亩，增 43.2%，复合肥用量增 1.3 千克/亩，增 5.9%。

3. 人工费用上涨 21.7%。 2010 年人工费用上涨至 560.8 元/亩，增 100.0 元/亩，增 21.7%，占总成本上涨部分的 54.0%。其中自用工占 75.8%，雇工占 24.2%。用工量 14.7～17.2 个/亩，减 1.5 个工/亩，用工作价从 2009

年的25.8元/工提高至38.2元/工，提高48.8%。由于用工作价的上涨高于用工数量的减少使得人工费用增加。

在人工费用中，有61.1%的样本农户发生雇工行为，雇工费177.8元/亩，占人工费用的31.7%，雇工农户比例同比增0.4个百分点；雇工单价43.5元/日，雇工费增53.7元/亩，增43.3%。监测结果，由于烂铃增加和晚熟，收获难度加大，收摘数量减少，加上籽棉湿度大，全国籽棉收摘费用都上涨到1.2～1.3元/千克。

三大区域，西北内陆雇工数13～14个/亩，长江和黄河2～3个/亩。主要用于播种、管理和收获。

4. 固定成本减少。2010年棉花生产的固定成本58.9元/亩，减13.4元/亩，减18.5%，占上涨部分的−7.2%。

5. 间接费用增加。2010年棉花生产的间接费用68.5元/亩，增32.6元/亩，增90.6%，占上涨部分的17.6%。包括租地费、排灌公共费和籽棉出售的运输费等，其中租地费约占一半。

6. 三大流域总成本都上涨。长江1 228.3元/亩，增273.8元/亩，增幅28.7%。黄河1 018.9元/亩，增161.7元/亩，增幅18.9%。西北1491.9元/亩，增155.5元/亩，增幅11.6%。

（三）棉田补贴面积增加，补贴资金提高

2010年是实施棉花良种补贴的第四年。中国棉花生产预警监测数据，2010年全国有77.0%的样本农户获得补贴，比2009年增4个百分点；测算补贴面积占83%，比2009年增4.3个百分点。补贴资金16.5元/亩，比2009年增0.7元/亩，增4.4%。按良种补贴15元/亩全覆盖测算，另1.5元/亩来自其他补贴。

各棉区补贴资金和面积比例：长江补贴23.5元/亩，增5.5元/亩；黄河补贴18.4元/亩，增3.4元/亩；西北补贴10.2元/亩，减8.8元/亩。测算棉田补贴面积比例：长江为85.0%，持平；黄河为87.0%，持平；西北为80%，增16.8个百分点。

此外，棉田地租费用，受2009年度棉价利好影响，2010年承包租地费用大幅回升，约增50～100元/亩，增幅25%～30%。

（四）每千克皮棉成本变化

2010年每千克皮棉成本14.9元，比2009年增3.7元/千克，增33.2%。三大流域每千克皮棉成本，长江15.7元，增28.7%；黄河15.2元，增58.5%；西北15.7元，增42.6%。

四、原棉消费年递增15.31%，产不足需的矛盾将长期存在

棉花是纺织工业的重要原料，棉纺织业是棉花的消费主体，关于全国棉纱用棉比例早期一致认为占70%，占棉纺织成本的70%以上，随后这一比例下降到64%～65%，当前多数趋向性看法为55%上下，近几年每年下降一个百分点至50%。

加入WTO后，由于全球纺织品贸易一体化进程加快，凭借劳动力成本，娴熟的劳动技能，丰富的资源基础，我国棉纺织业竞争力优势大大增强，产能快速扩张，棉纺用棉继续保持增长态势，自2006年纺纱用棉上升到1 000万吨高位之后一直保持着（表4-4）。从2001年到2010年的10年间，年递增率高达15.31%。然而，近几年棉纺用棉的比例在下降，化纤比例在提高。尽管如此，由于棉花消费基数大，产需差数扩大，从2002年68万吨扩大到2010年的730.5万吨。

棉纺产能大幅度增加是棉纺生产能力快速扩张的主要原因（图4-2）。棉纺纱锭从2001年3 548万锭增加到2010年12 000万锭，产能扩大了2.28倍。

表4-4 加入世界贸易组织后我国棉纺产能变化对比

年份	棉纺锭（万锭）	棉纱产量（万吨）	棉花产量（万吨）	产需差（万吨）	纺纱用棉（万吨）		
					用棉	增量	增幅（%）
2001	3 548	760	532.0	72.0	460	—	—
2002	4 907	850	492.0	−69.0	561	101	22.0
2003	6 000	980	486.6	−184.4	671	110	19.6
2004	6 700	1 291	632.4	−250.6	883	212	31.6
2005	7 800	1 440	570.0	−410.0	980	93	11.0
2006	8 500	1 740	673.0	−507.0	1 180	200	20.4
2007	10 000	2 000	762.0	−438.0	1 158	−20	−1.7
2008	10 300	2 148.7	750.0	−380.0	1 130	−28	−2.3
2009	11 000	2 405.6	640.0	−505.0	1 202	72	6.4
2010	12 000	2 738.7	597.0	730.5	1 300	98	8.2

注：（1）产需差=生产量-纺纱用棉。（2）棉纺纱锭为非官方数据，棉花产量非最后数据。

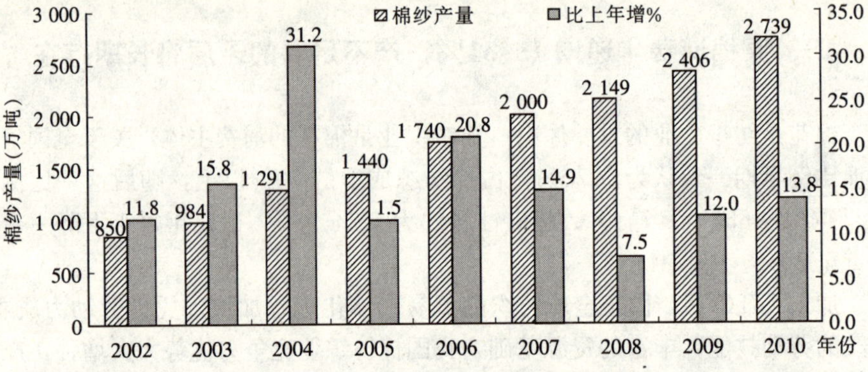

图 4-2　2002 年以来全国棉纱产量增长

五、抗虫棉和杂交种的播种面积减少，优势品种地位显现

据中国棉花生产监测预警数据，2010 年全国棉花播种品种 569 个，同比增 95 个，增幅 20.0%。然而，杂交种种植面积继续大幅减少，品种“多乱杂”有所收敛，主导品种优势地位仍不明显。

（一）棉花品种科技进步加快，技术含量大幅度提高

1. Bt 棉 153 个，增 39 个，增幅 34.2%；占播种面积的 33.8%，减 4.3 个百分点。国产 Bt 棉占绝对主导地位。

2. 杂交种 236 个，增 49 个，增幅 26.2%；占品种数的 41.5%，增 2.1 个百分点；占播种面积的 16.9%，增 3.0 个百分点。连续 2 年减少到 2 000 万亩。

3. 杂交种种植面积大幅减少。2010 年全国杂交棉制种面积约 7 万亩（图 4-3），比 2009 年 8 万亩减 12.5%。预计杂交种子单产基本持平为 95 千克/

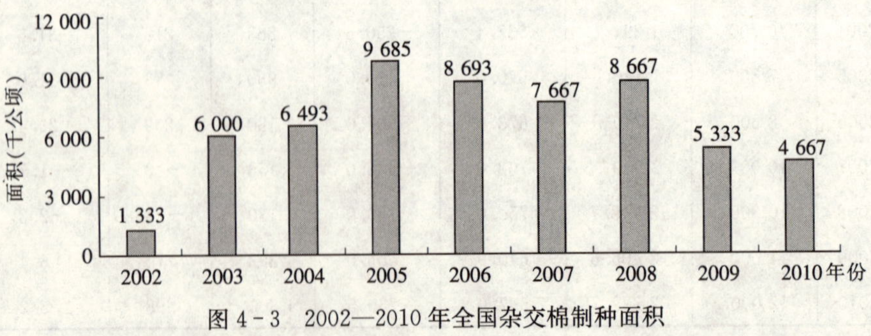

图 4-3　2002—2010 年全国杂交棉制种面积

资料来源：中国棉花生产预警监测数据。

亩，毛子产量 6 650 吨，也减 12.5%。人工费用高昂与制种技术没有根本性突破将制约杂交种的利用。

表 4-5　2009—2010 年全国棉花播种品种（系）类型

单位：个

项目	品种数	其中				
		常规棉	杂交棉	转 Bt 基因抗虫棉	优质专用棉	其他
2009 年	474	136	187	114	10	125
2010 年	569	153	236	153	11	167

注：其他指没有审定的品系、组合、材料、代号和不知名材料等，后同。

资料来源：中国棉花生产预警监测数据。

4. 常规棉 153 个，减 17 个，减幅 12.5%（表 4-5）；占品种数的 23.9%，减 4.5 个百分点；占播种面积的 61.5%，增 0.9 个百分点。

5. 优质专用棉 11 个，增 1 个（表 4-5），占品种数的 1.9%，减 0.2%；占播种面积的 2.4%，减 0.3 个百分点，面积 170 万亩。

（二）棉种技术水平加速提升，市场化程度出现新情况

1. 种子技术水平基本稳定。监测结果显示（表 4-6），与 2009 年相比，棉花生产使用毛子、光子和包衣子基本稳定，光子和包衣子占总用种量的 92.8%，略低于 2009 年的 93.5%。

表 4-6　2009—2010 年全国棉花种子技术和市场化水平变化

单位：%

项目	种子技术水平			种子市场化水平		
	毛子	光子	包衣子	自留种	统一供种	市场购买
2009	6.5	21.3	72.2	12.7	47.5	39.8
2010	7.2	19.8	73.0	9.1	34.0	56.8

资料来源：中国棉花生产预警监测数据。

2. 种子市场化程度有所提高。2010 年是棉花良种补贴的第四年，监测结果见表 4-6，2009 年农民自留种比例下降 3.6 个百分点；统一供种比例下降 13.5 个百分点；农民市场购买种增加 17 个百分点。这与一些大省改供种为直接补贴资金有关。

3. 用种量增加，种子价格回升。2010 年棉种单价略有回升，种子费用略有提高，种子费用占物化投入的比例略高于 2009 年（表 4-7）。用种量增加与春季持续低温紧密相关。

表 4-7 2009—2010 年全国和主产棉区农民购买棉种价格变化

年份	用种量（千克/亩）	单价（千克/元）	种子费用（元/亩）	占物化成本（%）
2009	2.4	14.8	35.7	6.5
2010	2.5	15.0	37.5	6.8

资料来源：中国棉花生产预警监测数据。

（三）品种“多乱杂”有所收敛，主导品种优势地位不明显

1. 优势品种（组合、系）37 个，占全国播种面积的 68.9%，减 0.9 个百分点。2010 年占全国播种面积 0.5%以上（面积 37.3 万亩以上）的品种（组合、系）37 个，其中中棉所 41 占播种面积比例达 11%，面积 820 万亩，仍没有一个品种种植面积突破 1 000 万亩（表 4-8）。

表 4-8 2009—2010 年全国棉花种植的优势品种

年份	数量（个）	占品种数的（%）	占播面的（%）	前 10 名品种（系）排序
2009	34	6.3	69.8	中棉所 41、新陆中 35、新陆中 36、鲁棉研 21、中棉所 43、新陆早 26、SGK958、710、豫杂 37、新棉 33B（10 个计占 47.6%）
2010	37	6.5	68.9	中棉所 41、冀棉 958、新陆早 33、新陆中 35、中棉所 43、新陆中 36 号、新陆早 26 号、新陆早 36 号、中棉所 49、鲁棉研 28（合计占 42.1%）

资料来源：中国棉花生产预警监测数据。

2. 审定数量有所减少。2010 年全国审定品种少于 100 个（表 4-9），结束自 2006 年连续 4 年审定数量破百个的记录。据统计，2006—2010 年初次审定品种数量达到 597 个，可见品种烂审是多乱杂的源头。

表 4-9 2009—2010 年以来全国棉花品种审定数

单位：个

年份	合计	国审	地方审定															
			川	湘	鄂	赣	皖	苏	浙	冀	鲁	豫	晋	秦	津	疆	甘	辽
2009	117	23	3	14	1	2	7	2		7	8	17	3	4	4	16	4	2
2010	97	6	5	6	2	1	11	2		11	12	19	4	1	5	6	3	

注：国家和地方重复审定计 1 个，省与省之间的重复审定也计 1 个，但在应用区域和面积上有差异。

资料来源：中国棉花生产预警监测数据。

（撰稿：毛树春 中国农业科学院棉花研究所，国家棉花产业技术体系）

第二节　棉花、棉副产品及棉纺织品的贸易变化

加入 WTO 后，由于全球纺织品贸易一体化的进程加快，我国棉纺织业的加工优势得到充分高效的释放，棉花及棉产品的进出口贸易呈快速持续增长的态势。迄今，我国已经成为全球最大的棉花进口国，棉花在国内的贸易地位也显著上升，已成为全国大宗农产品中进口增幅最大的一个，在贸易地位上仅次于大豆和食用植物油。

我国棉花在国际贸易地位已从入世前的调节国转变为入世后的净进口国。棉花在全国粮食、棉花、油料和大豆等大宗农产品中的贸易地位显著上升。按进口金额计，棉花贸易地位 2002 年排第四位，2003—2004 年上升到第三位，2005 年和 2006 年上升到第二位。由于食用植物油进口数量俱增，2007—2010 年下降到第三位。即在全国粮棉油大宗农产品的贸易中，棉花是仅次于大豆或食用植物油的第二或第三大农产品。

棉纱线和棉机织物进出口贸易也呈快速持续增长的态势，经过加工和贸易实现了增值，有效增加了国内的贸易顺差，还新增大量的就业岗位，实现了农村劳动力的成功转移。

在棉花、棉纱线和棉机织物三个产品贸易顺差持续不断增长的条件下，我国棉产品形成了“大进大出”这样一种新型结构，结果表明，这是一个双赢或多赢的结构，表明我国棉纺织业是一个竞争优势很强的产业。

一、棉花及棉副产品进口量增长

（一）棉花及棉副产品进口量增加

1. 棉花进口数量大。2010 年进口原棉 284.5 万吨，进口额 56.56 亿美元，入世后 9 年（2002—2010 年）累积进口原棉（税号 52010000）1 812.0 万吨，进口额 440.9 亿美元。另外，还进口已梳棉花（税号 52030000）2.9 万吨，进口额 0.34 亿美元。

2. 棉短绒与废棉及棉的回收纤维进口数量大。2010 年进口棉短绒 19.0 万吨，比 2009 年增 2.9 万吨，增 18.0%；进口金额 1.4 亿美元，比 2009 年增 159%。9 年累计进口棉短绒 81.3 万吨，进口额 3.7 亿美元。

2010 年进口废棉 10 万吨，进口额 5 029 万美元（表 4 - 10）。9 年累计进口废棉数量 88.3 万吨，进口额 3.0 亿美元。

表 4-10 2001—2010 年进口废棉及回收纤维

年份	数量（万吨）	金额（万美元）	平均单价（美元/吨）	单价增幅（%）
2001	5.3	785.3	148.2	100
2002	2.3	456.0	198.3	33.8
2003	8.1	1 819.2	224.6	13.3
2004	7.7	1 954.2	253.8	13.0
2005	8.0	2 424.8	303.1	19.4
2006	16.4	5 347.7	326.1	7.6
2007	15.6	5 622.6	360.4	10.5
2008	7.8	3 279.8	420.5	16.7
2009	7.1	3 463.2	487.8	16.0
2010	10.0	5 029.3	503.0	3.1
比 2009 年增减（%）	40.8	45.2	3.1	−12.9
2010—2002 年合计	88.3	30 182.1	—	—

注：废棉税号包括 52021000、52029900 和 52029100。

（二）进口棉来自全球 30 多个国家或地区，仍以美国为主，印度后来居上

入世 9 周年我国累积进口原棉 1 812 万吨（表 4-11），进口额 273.4 亿美元。美国、印度、乌兹别克斯坦和澳大利亚（图 4-4 和图 4-5）是我国进口棉花的主要来源地，数量分别占 46.0%、17.6%、10.3%和 5.9%，该 4 国合计占 79.8%。其他约 20%来自非洲和巴西，其中西非占 11.5%，布基纳法索所占比例最大，其次是贝宁、马里、科特迪瓦和喀麦隆。

表 4-11 2002—2010 年中国进口棉花来源地前 10 位

国别	进口量（万吨）	占进口量比重（%）	进口金额（亿美元）	占进口金额比重（%）
中国	1 808.8	100.0	273.4	100.0
美国	832.0	46.0	124.0	45.4
印度	318.6	17.6	55.2	20.2
乌兹别克斯坦	186.7	10.3	28.2	10.3
澳大利亚	106.3	5.9	16.9	6.2
布基纳法索	64.3	3.6	9.2	3.4
贝宁	52.1	2.9	7.4	2.7
马里	34.1	1.9	4.9	1.8

（续）

国别	进口量（万吨）	占进口量比重（%）	进口金额（亿美元）	占进口金额比重（%）
科特迪瓦	28.6	1.6	4.4	1.6
喀麦隆	26.5	1.5	3.9	1.4
巴西	21.6	1.2	3.2	1.2
其他	137.9	7.6	15.7	5.8
前10位合计	1 670.9	92.4	257.3	94.3

注：包括边境小额进口，全部进口数量为1 812万吨。

数据来源：据《海关统计》2002—2010年整理。

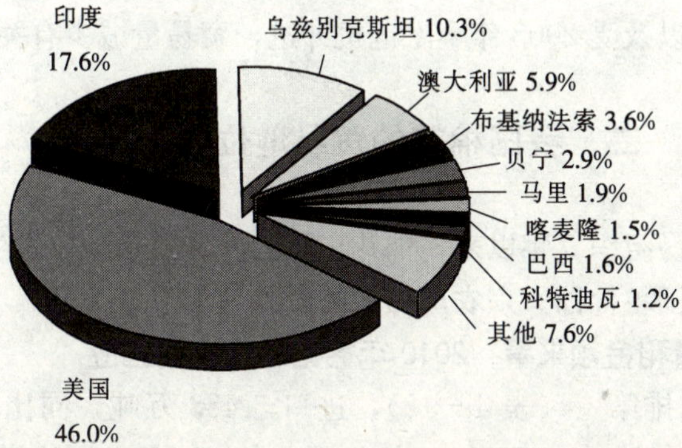

图4-4　2002—2010年（加入WTO后9年）进口棉花1 812万吨来源地比重

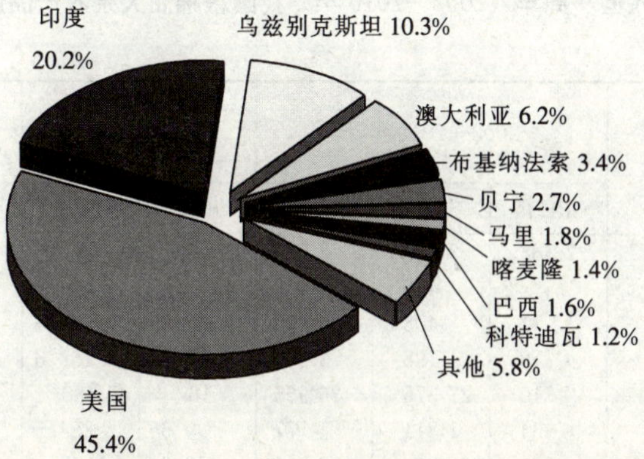

图4-5　2002—2010年（加入WTO后9年）进口棉花金额273.4亿美元来源地比重

(三) 进口棉花的作用和问题

1. 进口棉的作用。一是通过进口弥补国内庞大的棉纺加工产能之需，形成进口的原动力。二是国际棉价多数时期低于国内，由于价差的存在形成进口的推动力。三是进口棉品质相对好于国产棉，形成进口的诱惑力。主要是美棉、澳棉无或少“三丝”等有害外来杂物，且商品品级的一致性好。

2. 进口棉存在的问题。大量进口棉花，也出现许多新问题：一是数量上短重，缺斤少两。二是降质或质量不稳定。品级、长度、细度和成熟度不稳定等。三是检疫发现有害杂物、霉烂和污染物。四是包装和掺杂使假等。五是棉花包装不规范，包装破损和不良；包装材料不符，如部分采用塑料包装。六是贸易过程中的问题。如货物批次不清和包号不清晰，码单与实际货物不符等。六是进口棉品质各年有差异。其中2009年有明显改善。这与我国加强质检和海关监督有关，以及受2008年金融危机冲进，贸易量减少有关。

二、我国棉花的贸易地位显著提升

加入世界贸易组织9年以来，棉花在国内外的贸易地位发生显著变化。在国内，棉花在全国粮棉油大宗农产品中的贸易地位显著上升。

(一) 从数量和金额来看，2010年棉花进口排第三位

1. 大豆进口排第一（表4－12），进口5 488万吨，同比（与2009年相比，后同）增28.8%；金额250.8亿美元（表4－12），同比增33.5%。

表4－12　入世9周年（2002—2010年）**我国粮棉油大宗农产品进出口数量**

单位：万吨

项　目	2002—2010年计			2010年		2010年比2009年增减率（%）	
	出口	进口	平衡	出口	进口	出口	进口
谷物及谷物粉	7 188	3 648	3 540	120	571	－9.0	81.2
其中：小麦		1 476	－1 476	—	123	—	36.1
稻谷和大米	1 117	408	709	62.2	38.8	－20.2	8.8
玉米	4 758	1 198	3 560	12.7	157.3	－1.7	1 762.2
大豆	310	27 275	－26 965	16	5 480	－52.8	28.8
原棉	34	1 811	－1 777	0.65	284.5	－21.8	85.9
食用植物油和油籽	916	33 260	－32 344	62.2	6167	－28.0	21.6
其中：食用植物油	148	5 985	－5 837	9.2	687	－19.1	－15.8
含：豆油	26	1 764	－1 738	5.9	134	－14.2	－43.9
食用油籽	768		768	53	—	－29.3	—

(续)

项目	2002—2010年计			2010年		2010年比2009年增减率(%)	
	出口	进口	平衡	出口	进口	出口	进口
粮棉油总计	8 170	42 974	−34 804	183	7 022	−16.6	26.8
肥料	6 586	9 581	−2 995	1 657	718	83.0	74.6
其中：矿物肥料及化肥	5 447	6 212	−765	1 614	708	82.8	75.2
尿素	2 687	179	2 508	702	1.3	109.6	−60.5

注：(1) 资料据2002—2010年《海关统计》整理，各年四舍五入有差异。

(2) 小麦无出口。大豆出口含在食用油籽中，进口单列。食用油籽出口含大豆、花生、花生仁，无进口。食用植物油进出口含豆油、菜子油、芥子油等。化肥出口以尿素为主。

(3) 食用植物油和油籽，出口＝食用植物油＋食用油籽（含大豆），进口＝食用植物油＋大豆。

(4) 粮棉油总计＝谷物及谷物粉＋棉花＋食用植物油和油籽。

(5) 平衡＝出口－进口。

(6) 净进口＝进口－出口。逆差即进口大于出口，顺差即出口大于进口。

(7) 2009年食用植物油进口数量增长8.4%，数据应为885万吨而非《海关统计》的816万吨。

2. 食用植物油排进口第二，进口687万吨，同比减8.4%；金额60.3亿美元，同比增2.2%。

3. 棉花进口排第三，进口284.5万吨，同比增85.9%；金额56.6亿美元，同比增167.5%。

4. 谷物及谷物粉排进口第四，进口571万吨，同比增81.2%；金额15.3亿美元，同比增70.1%。

5. 肥料进口718万吨，同比增74.6%；金额25.96亿美元，同比增29.3%。其中矿物肥料及化肥进口708万吨，同比增1 111.6%；金额25.6亿美元，同比增28.8%。

（二）从9年贸易平衡来看，粮棉油在国内外贸易地位发生很大的变化

从9年贸易平衡来看，我国粮食在国际上的贸易地位为调节国，数量为净出口，但品种结构存在明显差异，其中小麦为净进口，玉米、稻谷和大米为净出口，表明我国粮食生产能力的提高，成功地解决了13亿人口的吃饭问题。然而，我国食用植物油、大豆和棉花的国际贸易地位为净进口国，其数量和金额逆差都很大，是我国大宗农产品中最为短缺的农产品。

入世后9年累计净进口数量（表4－12）和金额（表4－13）综合排序如下：

1. 谷物及谷物粉出口排第一，9年累计净出口（顺差）3 540万吨，净出

口额 30.85 亿美元。其中：

小麦净进口（逆差）1 353 万吨，净进口额 29.95 亿美元；

玉米净出口 3 560 万吨，净出口额 53.82 亿美元；

稻谷和大米净出口 709 万吨，净出口额 18.37 亿美元。

2. 食用植物油和油籽净进口排第一，9 年累计净进口 32 344 万吨，净进口额 1 440.3 亿美元。

表 4-13　入世 9 周年（2002—2010 年）我国粮棉油大宗农产品进出口金额

单位：百万美元

项　目	2002—2010 年计			2010 年		2010 年比 2009 年增减（%）	
	出口	进口	平衡	出口	进口	出口	进口
谷物及谷物粉	12 201	9 116	−3 085	661	1 527	−7.1	70.1
其中：小麦	0	3 310	−3 310		315		49.6
稻谷和大米	3 683	1 846	1 837	418.7	271	−19.4	25.9
玉米	5 809	427	5 382	33.3	367.9	5.2	1624.1
大豆	1 516	107 299	−105 783	118.3	25 081	−50.1	33.5
原棉	443	27 349	−26 906	9.2	5 665.8	−49.2	167.5
食用植物油和油籽	7 010	151 037	−144 027	744	31 107	−8.5	12.0
其中：食用植物油	1 468	43 737	−42 269	122.6	6 026	−19.1	2.2
含：豆油	537	13 205	−12 668	65.1	1 203	−14.2	−34.7
食用油籽	5541	0	5 541	621.7		−6.0	
粮棉油总计	23 546	159 303	−135 757	1 415	38 300	−8.6	24.4
肥料	19 681	22 931	−3 250	5 473	2 596	109.7	29.3
其中：矿物肥料及化肥	17 130	17 725	−595	5 395	2 559	110.8	28.8
尿素	7 152	144	7 008	2 096	3	134.2	−60.5

注：(1) 资料据 2002—2010 年《海关统计》整理，各年四舍五入有差异。

(2) 小麦无出口。大豆出口含在食用油籽中，进口单列。食用油籽出口含大豆、花生、花生仁，无进口。食用植物油进出口含豆油、菜子油、芥子油等。化肥出口以尿素为主。

(3) 食用植物油和油籽，出口＝食用植物油＋食用油籽（含大豆），进口＝食用植物油＋大豆。

(4) 粮棉油总计＝谷物及谷物粉＋棉花＋食用植物油和油籽。

3. 大豆净进口排第二，9 年累计净进口 26 965 万吨，净进口额 1 057.8 亿美元。

4. 棉花净进口排第三，9 年累计净进口 1 777 万吨，净进口额 269.1 亿美元。

5. 肥料 9 年累计净进口 2 995 万吨，净进口额 32.5 亿美元。其中：矿物肥料及化肥净进口 765 万吨，净进口额 5.95 亿美元，主要是进口磷肥和钾肥；其中尿素净出口 2 508 万吨，净出口额 70.1 亿美元。

（三）我国棉花在国际贸易中的地位已发生显著变化

加入世界贸易组织 9 年以来，棉花在国内外的贸易地位发生显著变化（图 4-6）。在国际上，我国已成为全球最大的原棉进口国，进口量占同期的 30.3%，最高年景占 38.8%（2010 年度），是全球最大的棉花净进口国（第二是孟加拉占 10.0%，第三位是土耳其占 9.8%，第四位是印度尼西亚占 5.8%）。

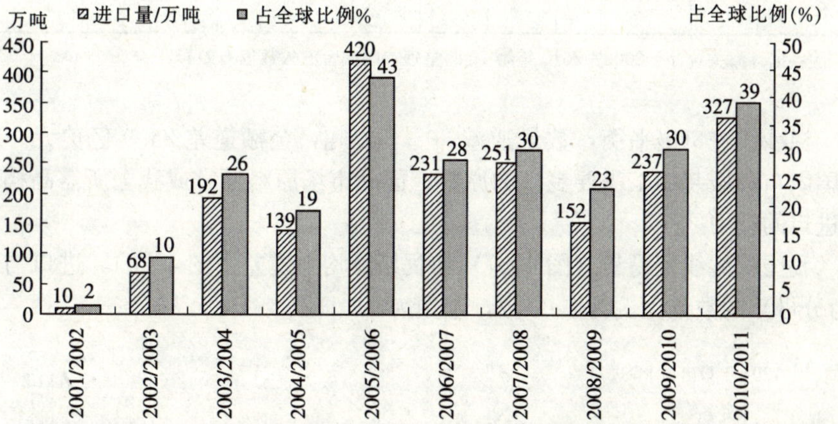

图 4-6 2001/2002—2010/2011 年度中国棉花进口数量及其占全球比例的变化（USDA 2011 年 1 月数据）

三、棉纱和棉机织物进出口贸易呈典型加工贸易型

我国是棉花加工产品的进出口大国，也是棉纱线和棉机织物净进口国，从棉产品的贸易中获取加工利润，还安置了大量的劳动力，为农村劳动力的转移提供了产业支撑。

（一）棉纱线贸易为逆差

9 年（2002—2010 年，后同），我国棉纱线累计进口 769.1 万吨（表 4-

14），进口额 175.1 亿美元；累计出口数量 456.4 万吨，出口额 149.2 亿美元。

表 4-14　原棉和棉纱进出口

单位：亿美元

项　目	原棉（万吨）				棉纱线（万吨）				棉机织物（亿米）			
	出口		进口		出口		进口		出口		进口	
	数量	金额	数量	金额	数量	金额	数量	金额	数量	金额	数量	金额
2009 年	0.82	0.18	152.7	21.1	53.8	18.2	103.1	23.5	65.5	85.1	9.3	17.1
2010 年	0.65	0.09	284.5	56.6	52.5	22.5	111.2	32.1	78.8	113.9	8.6	17.3
比 2009 年增（%）	−21.8	−49.2	85.9	167.5	−2.3	24	7.9	36.5	20.3	33.8	−7.5	1.1
2010—2002 合计	34.1	4.4	1 811.8	273.4	456.4	149.2	761.9	175.1	580.3	693.3	124.6	184.2

注：据《海关统计》2002—2010 年第 12 期整理，因四舍五入数据有差异。

棉纱线进口出平衡，数量逆差 305.5 万吨，金额逆差 25.9 亿美元。表明我国织布和服装加工需要更多的原料，国际市场原料便宜或我国所需高档面料是进口的动力之一。

我国棉纱线贸易量（图 4-7）和贸易额均为逆差（图 4-8），进口与出口（为分母）的数量比例为 1：1.7，金额为 1：1.2。

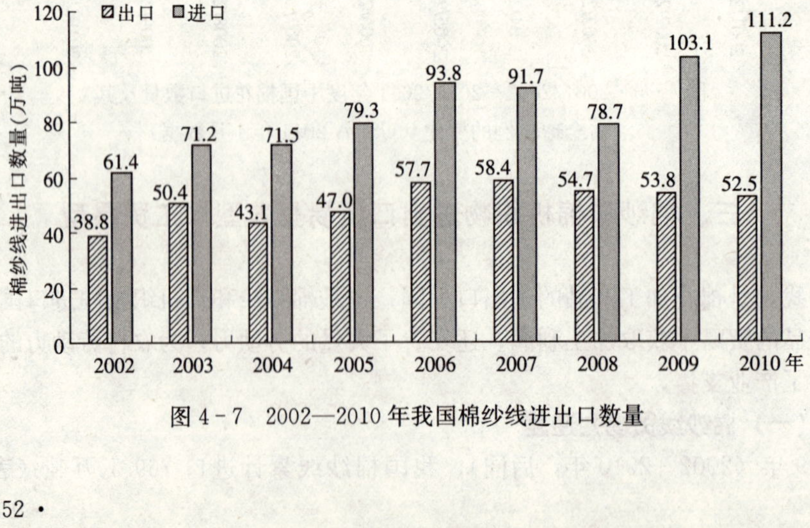

图 4-7　2002—2010 年我国棉纱线进出口数量

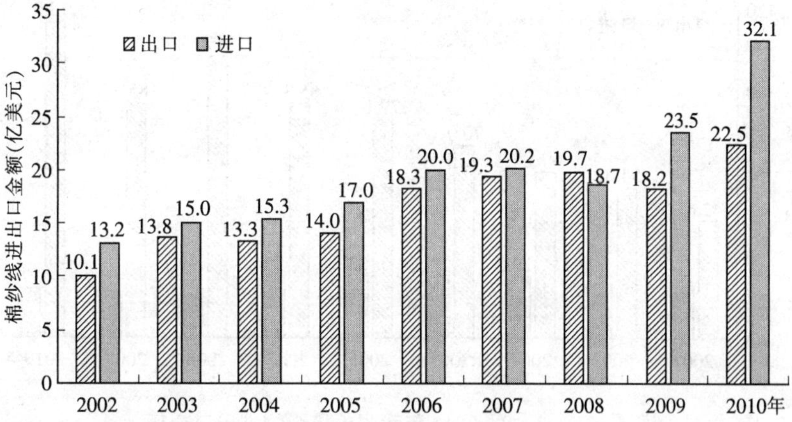

图 4-8 2002—2010 年我国棉纱线进出口金额

（二）棉机织物贸易为顺差

棉机织物 9 年累计进口 124.6 亿米，出口 580.3 亿米（表 4-14），数量顺差 455.7 亿米（表 4-15）；出口金额 693.3 亿美元，进口金额 184.3 亿美元，金额顺差 509 亿美元（表 4-15）。表明我国棉机织物的加工优势更明显。

我国棉机织物每年的贸易额均为顺差（图 4-9、图 4-10，表 4-15），进口与出口（为分母）的金额比例比从 2002 年 1∶0.44 下降到 2010 年的 1∶0.27。数量也为顺差，进口与出口（为分母）的数量比例从 2002 年的 1∶0.34 下降到 2010 年的 1∶0.14。

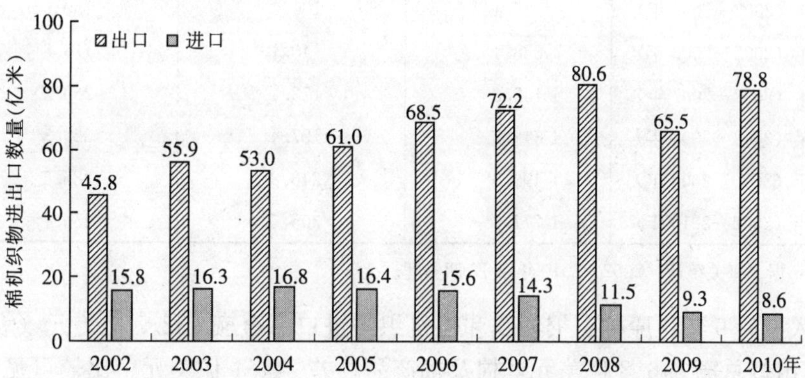

图 4-9 2002—2010 年我国棉机织物进出口数量

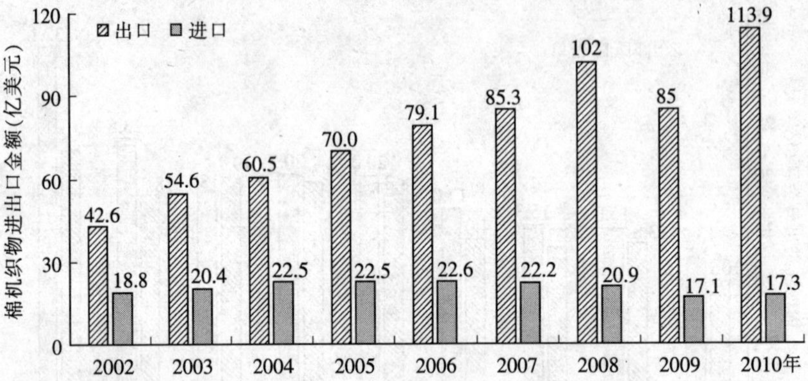

图 4－10　2002—2010 年我国棉机织物进出口金额

(三) 棉花产品总贸易为顺差

在原棉、棉纱线和棉机织物的贸易平衡中，9 年净进口原棉 1 777.3 万吨（表 4－15），净进口棉纱线 305.5 万吨。

表 4－15　我国原棉、棉纱线和棉机织物贸易变化

入世后	原棉逆差（万吨）	棉纱线逆差（万吨）	棉机织物顺差（亿米）
后 1 年（2002 年）	3.0	22.6	30.0
后 2 年（2002—2003 年）	78.8	43.4	62.6
后 3 年（2002—2004 年）	268.9	71.8	90.1
后 4 年（2002—2005 年）	525.4	104.0	130.6
后 5 年（2002—2006 年）	888.4	140.1	176.5
后 6 年（2002—2007 年）	1 132.3	173.4	260.2
后 7 年（2002—2008 年）	1 342.2	197.4	329.3
后 8 年（2002—2009 年）	1 493.9	246.8	385.5
后 9 年（2002—2010 年）	1 777.3	305.5	455.7

注：据《海关统计》2002—2010 年第 12 期整理。

入世后 9 年，原棉、棉纱线和棉机织物进口总金额 632.7 亿美元（表 4－16），出口总额 846.8 亿美元，棉及棉产品顺差 241.1 亿美元。比较可见，随着入世时间的延长，我国纺织品的加工优势放大效应更明显，综合优势更加突出。

表 4-16 我国原棉、棉纱线和棉机织物贸易金额变化

单位：亿美元

项　　目	进口总金额	出口总金额	总顺差	原棉逆差	棉纱线逆差	棉机织物顺差
后 1 年（2002 年）	33.8	54.3	20.5	0.2	3.0	23.8
后 2 年（2002—2003）	80.9	123.0	42.1	11.5	4.4	58.0
后 3 年（2002—2004）	150.5	196.9	46.4	43.1	6.4	95.9
后 4 年（2002—2005）	222.0	282.1	60.1	74.0	9.4	143.5
后 5 年（2002—2006）	313.3	379.7	66.4	122.5	11.2	200.1
后 6 年（2002—2007）	390.5	484.7	94.2	156.9	12.0	263.1
后 7 年（2002—2008）	465.0	607.0	142.0	191.5	10.8	344.3
后 8 年（2002—2009）	526.7	710.3	183.7	212.5	16.3	358.8
后 9 年（2002—2010）	632.7	846.8	214.2	269.0	25.9	455.4

注：据《海关统计》2002—2010 年第 12 期整理。

比较原棉、棉纱和棉机织物三个产品，在放大逆差的同时，也不断放大顺差，这与进口国际市场较为便宜的棉花和棉纱原料的关系密切。

（四）棉产品总顺差大小取决于价格

从表 4-17 可见，总顺差有 4 次增量大，3 次增量少，分析认为，棉价对棉产品的顺差产生关键影响。入世后 2 年，即第一次增量大，总顺差从 20.5 亿美元增加到 42.1 亿美元，增幅达到 1 倍多，主要原因是国内库存的大量低价棉，那时国内棉价低于国际市场 200 元/吨以上。入世后的第 4 年，即第 2 次增量大，总顺差从 46.4 亿美元增加到 60.1 亿美元，增幅达到 29.5%，原因是 2003—2004 年主动追加配额又主动放弃约束关税，国际上大量低价棉被进口，那时，国际市场棉价低于国内 1 600～2 000 元/吨，国内高价棉被进口低价棉所“稀释”，棉产品成本降低，收益大。在入世后的第 7 年放大 48 亿美元，然而，受危机的冲击，第 8 年即 2009 年缩减至 41.7 亿美元。第 9 年即 2010 年国内通货膨胀，特别是发达经济体通货紧缩，顺差缩至 30.3 亿美元。

（五）原棉、棉纱和棉机织物三个产品的贸易不平衡，其中棉机织物受惠最大

在棉花产业链条中，9 年中原棉逆差最大，金额逆差达到 269 亿美元，棉纱线逆差 25.9 亿美元，棉机织物顺差 455.4 亿美元。结果表明，在放大了贸易逆差的同时，赚回了更多的贸易顺差，进口更多的棉花和棉纱有利于获得更多的

顺差，我国纺织业优势从比较贸易中得到了充分发挥，是一个多赢的结果。

上述结果还表明，加入 WTO 之后，在棉花产业链条中，棉机织物的受惠最大，棉纱线次之，原棉受惠最小，或受冲击最大，表明棉花产业之间存在利益非均衡性问题。

（撰稿：毛树春　中国农业科学院棉花研究所，国家棉花产业技术体系）

第三节　入世九周年对棉花产业经济影响的基本评价

自 2001 年 11 月加入 WTO 之后，我国棉花产业经济出现许多新情况和新问题，急需科学解释和阐述，急需寻找新的对策和措施。本节论述入世 9 周年棉花及棉产品的贸易格局和产业结构变化特点，试图探讨经济全球化条件下棉花产业经济发展的相关对策。

一、棉花及棉产品形成“大进大出”的贸易格局

从国际贸易来看，我国棉花产业经济形成一种“大进大出”格局，这是在加入 WTO 之后出现的新情况，即棉花进口多，棉纱线进口多，棉机织物出口多，服装出口多，通过加工和贸易获取的利益多。

图 4－11 指出，入世后 9 年（2002—2010 年，后同），我国累计净进口原棉 1 777.3 万吨，净进口棉纱线 306 万吨，净出口棉机织物 455.4 亿米。

入世 9 周年，我国原棉、棉纱线和棉机织物贸易进口总额 632.7 亿美元，出口总额 846.9 亿美元，累计顺差 214.2 亿美元（图 4－12）。并且三种产品的顺差是不断增加的。

棉花产品“大进大出”这种新格局，在贸易理论上，国际贸易的基本理论是比较优势。即一个国家出口有优势或竞争力强的产品，进口优势弱或劣势或资源稀缺性产品，通过国际交换获得更多的利润，取得更好的效益，弥补稀缺性资源的制约。从这个意义上讲，棉花产品“大进大出”带来了双赢和多赢的结果。通过贸易发挥各国的比较优势，形成具有竞争优势的集约化、规模化产业，从而提高人民生活水平，推进社会进步。

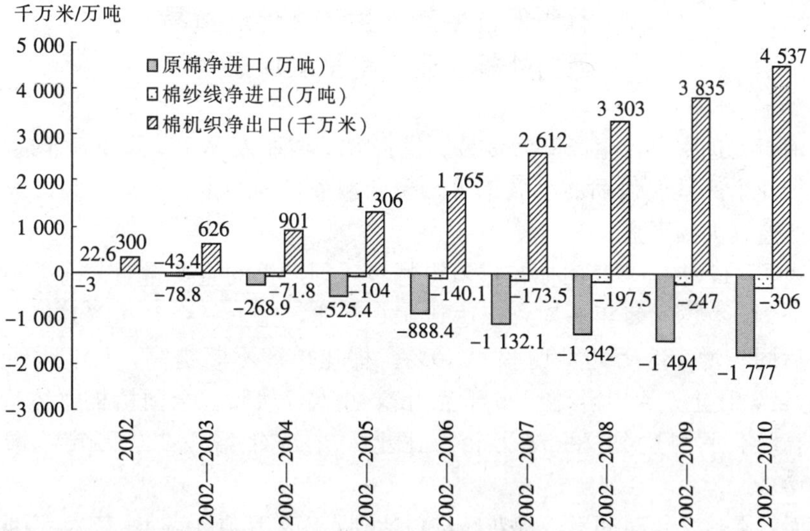

图 4-11　入世 9 周年原棉、棉纱线和棉机织物贸易量变化

数据来源：表 4-16。

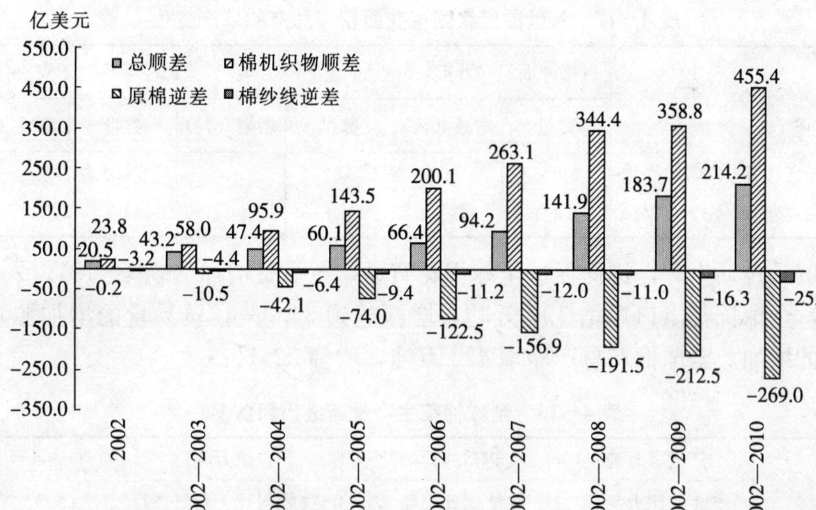

图 4-12　入世 9 周年我国原棉、棉纱线和棉机织物贸易金额变化

数据来源：表 4-17。

二、消费促进生产，生产又促进贸易，国内外棉花生产都呈发展态势

消费促进生产，生产又为贸易提供资源。在加入 WTO 的前 9 年时间里，我国棉花生产呈现强劲的发展态势，受金融危机的冲击，2009—2010 年面积和总产连续大幅下滑。

表 4 - 17 指出，我国棉花进口得越多，国产棉的生产量也越多，棉花总产不断刷新纪录，8 年平均总产达到 636 万吨，比上一个 5 年（1997—2001 年，后同）增 183 万吨，增幅 40.0%。棉花单产不断提高，8 年达到 79.5 千克/亩，比上一个 5 年增 5.5 千克/亩，提高 7.4%。全国植棉整体呈扩大走势，8 年平均达到 7 967 万亩，比上一个 5 年增 1 329 万亩，增幅达到 20.0%。

而就在这 9 年时间里，棉花净进口达到 1 777 万吨（表 4 - 17），说明棉花生产和净进口存在相得益彰的关系，至少不是“一荣一损”，在经济全球化和市场国际化条件下，消费拉动贸易，而贸易促进生产，对这一现象的理论有待深入研究。

表 4 - 17　入世前后我国棉花面积、总产和单产变化

年	播种面积（万亩）		总产（万吨）		单产（千克/亩）	
	数量	增减（%）	数量	增减（%）	数量	增减（%）
前 5 年（1997—2001）平均	6 638	—	454	—	74.0	—
后 9 年（2002—2010）平均	7 891	18.9	631	39.4	79.8	7.8

贸易拉动生产，进而促进全球棉花贸易，贸易量增加（表 4 - 18）。入世 9 周年，全球棉花出口净增 197 万吨，增幅达到 34.0%，贸易量的增加源自生产量的增加，全球棉花总产净增 423 万吨，增幅 22.1%。

表 4 - 18　全球棉花生产及其进出口贸易

度	产量（万吨）		进口（万吨）		出口（万吨）		出口量占生产量的（%）
	数量	比上年（%）	数量	比上年（%）	数量	比上年（%）	
前 5 年平均	1 973	—	583	—	578	—	29.3
后 5 年平均	2 327	17.9	793	36.0	797	37.9	34.3
后 6 年平均	2 409	22.0	799	37.2	803	38.9	33.3

（续）

度	产量（万吨）		进口（万吨）		出口（万吨）		出口量占生产量的（%）
	数量	比上年（%）	数量	比上年（%）	数量	比上年（%）	
后7年平均	2 406	21.9	768	31.7	771	33.4	32.0
后8年平均	2 396	21.4	764	31.0	767	32.7	32.0
后9年平均	2 409	22.1	772	32.4	775	34.0	33.2

注：数据来自美国农业部。

我国棉农收益整体呈增加的趋势，但波动或振荡很大，不稳定是主要问题。9年中有8年主产品产值提升。据中国棉花生产预警监测数据（图4-13），加入世界贸易组织的9年中，有6年产值突破1 300元/亩，2010年继续创新高，达到2 433元/亩。受籽棉收购价格、生产资料价格高位上涨和单产增减的多重因素影响，棉农收益在9年中有6年增加3年减少，增减幅度也很大。受通货膨胀影响，2010年收益强势增长，增幅高达1 191元/亩。

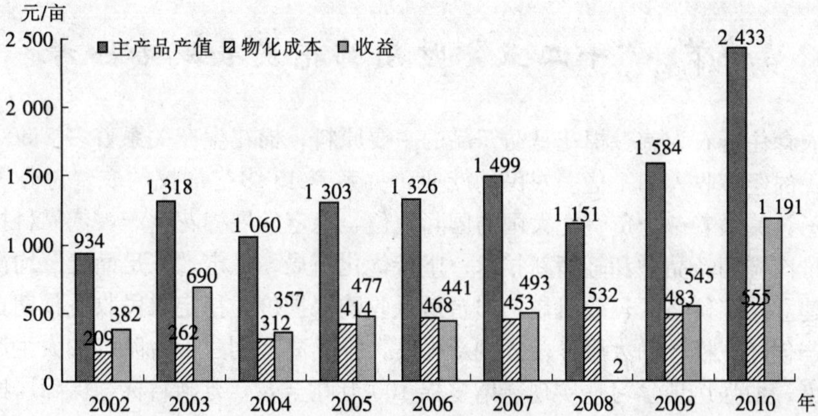

图4-13　2002—2010年全国棉花产值和收益对比（元/亩）

资料来源：中国棉花生产预警监测数据。

（撰稿：毛树春　中国农业科学院棉花研究所，国家棉花产业技术体系）

第五章

专题研究：棉花发展战略与全球棉花贸易60年

本章专题研究“十二五”棉花生产的发展战略问题，继续研究有关全球棉花60年的贸易问题。

第一节 “十二五”时期棉花发展战略思考

衣食住行衣为首。棉花是纺织品的主要原料，棉花生产关系着多2 500万户农民的经济收入和1亿多农民的就业，关系着13多亿居民的衣着温暖和丰富多彩，关系着一个负责任大国的国际地位，稳定发展棉花生产，依靠科技进步，推广应用新品种和轻简新技术；坚持优化布局，稳定“三足鼎立”均衡结构；建立稳定价格的长效机制，出台最低收购保护价，稳定农民收益预期；扩大高产创建规模，加大服务模式创新力度，推动高产创建上台阶；加大生产扶持力度，加强培训学习；实现新增皮棉100万吨至800万吨目标，保障居民日益增长的纺织品原料需求，对“振兴国内消费”、“为全面建成小康社会打下牢固基础”和提升国际地位具有重要的战略意义和现实意义。

一、“十一五”棉花生产取得的成就巨大

（一）成就巨大

“十一五”时期（2006—2010年）我国棉花生产取得长足进步。5年平均总产达到700.6万吨，同比“十五”时期（2001—2005年）平均总产542.5万吨，增幅高达29.1%，其中连续3年达到750万吨，最高760万吨（2007

年)，创历史新高。植棉面积 8 191 万亩，同比“十五”7 457 万亩增 9.8%。5 年平均单产 85.4 千克/亩，同比“十五”72.9 千克/亩增 17.1%，其中 2006 年和 2008 年单产达到 86 千克/亩，也创历史新高。棉花生产的发展为满足纺织工业原棉需求，满足居民日益增长、丰富多彩的纺织服装需求立下汗马功劳。

与此同时，棉花产值和棉农收入也取得了明显提高。据中国棉花生产监测预警数据，“十一五”时期主产品产值 1598.38 元，同比增 50.6%；然而，受金融危机的冲进和市场波动，植棉平均收益 534.42 元/亩，同比增 37.2%。

（二）推动棉花生产发展的主要因素

1. 政策支持。继续开展优质棉生产基地建设，每县支持国拨资金 200 万元建设良种繁殖加工工程。2007 年实行良种棉补贴，2009 年全覆盖 14 个产棉省（市、区）。2009 年开展棉花高产创建，全国 198 个县（市、区）建立高产示范片 200 片，每县支持 20 万元，成为稳定发展棉花生产的推手。2010 年应对金融危机支持棉花高产工程建设，以及测土配方施肥、统防统治等专项，棉花也是受益者。

同时，进口棉继续实行配额和关税管理。配额追加采用协商制度，配额外进口棉实行从量税政策。

2. 科技支撑。据测算，科技进步对棉花生产的贡献率达到 60%，高于粮食作物的 8 个百分点。科技进步的显著特点是支撑单产水平的大幅地提高，核心竞争力不断增强。近 10 年，我国单产水平达到 78.3 千克/亩，高于同期全球平均水平 63%，高于美国 36%。近 5 年（2005—2010 年）单产 85.4 千克/亩，高于全球平均水平 66.2%。近 30 年全国单产以 1.54%的速率增长，年增 2.02 千克/亩。由于单产水平高，我国不仅成功解决了 13 亿人的穿衣问题，“衣被天下”，而且还节省了 2 个百分点的耕地面积，相当于每年节省耕地面积 3 000 万亩（按大田作物播种面积 15 亿亩匡算），同期全球棉花播种面积占全球大田作物播种面积的 5%，而我国只占 3%。按同期全球单产水平测算，我国用 8 000 万亩棉田生产出 1.4 亿的总产量，相当于每年节省耕地 6 000 万亩。正是因为棉花高产，我国才得以战胜国际低成本原棉的冲击，战胜棉花自身不断上涨的成本压力，战胜粮经作物的挤占和打压，稳定了棉田面积。科技进步主要方面如下：

一是改革耕作制度，提高复种指数，实现粮棉双丰收，促进粮棉的可持续生产。在 20 世纪中后期，我国棉区耕作制度先后进行了两次大的改革。本世纪全国棉田两熟和多熟种植面积占总面积的 2/3，复种指数达到 156%；长江流域高效棉田的复种指数达到了250%～300%。黄河流域耕作制度改革实现了粮棉的“双增双扩”（即粮棉面积的双扩大和产量的双增加），从套种（栽）改革为连作移栽，取得年增产小麦800万吨，生产皮棉200万吨的良好效果，相当于扩大耕地面积3000万亩。依靠耕作制度改革和集约化种植取得粮棉协调同步增产的显著效果，最具中国特色。

二是选育多类型新品种，满足高产优质抗性的新需求。据不完全统计，“十一五”期间首次通过国审和省审品种597个，同比“十五”时期增加1.34倍，更新周期从5～6年缩短至每3年一次。据中国棉花生产监测预警数据，国育Bt棉完全替代美国品种，国育Bt棉累计种植面积达到1.7亿亩，约占同期棉田面积的45.0%，种植Bt棉节省农药用量的60%，节省成本60元/亩，且保护了环境，减少人工管理。杂交种棉种植面积快速扩大。“十一五”期间，杂交种制种累积面积52.5万亩，杂交种F_1代累积种植面积1.08亿亩，占同期播种面积的26.3%，其中2006年为最大面积达到2 896万亩，占播种面积的33.2%。目前长江基本普及杂交种，黄河种植面积不断增加，新疆生产建设兵团也在积极尝试。短季棉新品种的成功选育为耕种制度改革和棉区西移提供重大技术支撑。高比强、海岛棉和彩色棉等优质专用棉品种选育丰富了纤维品质，增加纺织品的附加值。一般认为，新品种替代旧品种，单产提高10%～15%，杂交种比常规种增产8%～10%，且新品种的抗病性和品质也有明显改进和提高。“十一五”期间，新品种的纤维长度延长0.8～1毫米，比强度提高2～3克力/特克斯，总体上我国棉花纤维长、细、强遗传品质基本协调，达到国际先进水平。

三是改进栽培技术措施，提高科学植棉水平。育苗移栽、地膜覆盖和化学调控是我国棉花增产的关键技术，居国际领先水平。棉花生产采取“不栽就盖、不盖就栽”和“既栽又盖”技术，应用面积占播种面积95%上下，直播（不移栽不覆盖）仅占5%上下，育苗移栽增产15%～20%，地膜覆盖增产15%～20%。化学调控长江、黄河一年使用2～3次，西北内陆5～7次，并由看苗化控发展到全程化控，取得增产8%的良好效果。根据土壤测定，复配棉花专用肥料，平衡施用氮磷钾和硼锌微肥，基施、追施和叶面喷施结合，测土配方施肥节肥10%和增产10%。黄河、西北采用盐碱地压碱、灌溉底墒水和生育期补充灌溉，井灌、沟灌和滴灌结合。其中兵团普及膜下滴灌技术，灌溉水的利用率提高70%，取得灌溉增产15%的良好效果。综合测算栽培技术对棉花增产的贡献率达到45%左右，优质棉比例提高20个百分点。

四是综合防治病虫草害，发展统防统治，减少产量和品质损失。棉种包衣基本普及，苗期病虫害得到有效控制，有利一播全苗。大面积种植抗虫棉以后，次要害虫如棉盲蝽呈发生危害加重，通过加强测报，实行统防统治，较好地解决农村劳动力不足，提高种植水平，防治效果显著提高，受到农民欢迎。棉田除草剂应用扩大，减少人工除草。科学防治病虫害每年减低产量损失15%～30%，挽回产量50万吨。在Bt棉的抗性监测和治理、农药新品种的开发与天敌保护利用方面也取得了一系列新进展。

五是种植标准化和模式化，支撑高产再高产。长江抗虫杂交棉简化高产和油棉两熟技术、黄河流域麦棉两熟双高产技术和滨海盐碱地植棉技术，西北“密矮早膜”、机采棉技术和“精准技术”（精准播种、施肥、灌溉、化调、打顶和收获）等模式化栽培，应用模式化技术可再增产10%。其中棉田间作套种多熟高效种植技术，增效500～1 000元/亩，对稳定棉田发挥积极作用。新疆生产建设兵团应用“密矮早膜”与“精准技术”比常规技术增产15%～20%，节肥30%～40%。由于精准技术较好地解决了群体的均衡生长，因而具有高产超高产的潜力，在南疆由体系专家创籽棉806千克/亩的最高纪录。

六是研究开发轻简化和机械化植棉技术，急生产之所需。“十一五”期间，在行业（农业）科研专项—棉花简化种植（3-5）和国家棉花产业技术体系等项目的资助下，研究形成一批适合不同产区的轻简化和机械化栽培新技术，具有现代农业特征，省工3～4个/亩、节本10%和增产效果10%以上的良好效果。据不完全统计，示范应用面积3 000万亩（次）。

3. 相关政策配套。“十一五”期间，棉花的农业保险在福建、湖南、河南。山东等进入棉田，有利于减轻灾害损失，弥补棉农收益。

二、棉花生产发展面临的突出问题

我国棉花生产面临成本、市场、技术和气候异常的严峻挑战，比较优势日渐削弱。

（一）棉花生产面临成本上涨的挑战与市场不稳的严峻考验

1. 面临管理复杂与成本高涨的挑战。劳动力数量减少，生产成本大幅上涨，种植管理由精细转向粗放制约单产水平提高，削弱核心竞争力。棉花从种到收需工序40多道，亩用工20个，是小麦、水稻、玉米的3倍多。然而，棉花种植用工数量大幅减少，从1978年的61个/亩减少到2006年的20.4个/亩，每年减少1.29个/亩。植棉大户已减少到10个/亩上下，其减速之快出乎意料。就发展而言，棉花生产用工还将越来越少，预测2015年将减少到 10 个/亩上下。

然而，棉花生产成本早已攀高到千元的高水平。据中国棉花生产监测预警数据，“十一五”时期成本 1 067.82 元/亩，同比增 60.5%。自 2007 年成本跃入千元之后，2010 年攀升到 1 242.6 元/亩，同比增 17.5%。而棉花产值仅相当于蔬菜的 1/3，因成本高而植棉收益下降。在成本中，物质费用占 45%～46%，人工费用占 40%～43%，人工费用所比重比 90 年代增加 2 倍，雇工费用也上涨 2 倍多。由于成本大幅增加，特别是人工费用的大幅提升，物化投入必将减少，对夺取高产很不利，制约棉花生产发展。

受资源短缺、石油化学品、劳动力和土地升值等的推动，未来成本将在高位上不断上涨，棉花生产的压力越来越大。

2. 植棉面积和总产的稳定性差，供给与预期更差。近 4 年植棉面积增减相差 1 000 多万亩，其中 2006 年比 2005 年增加 1 103 万亩，增幅 13.9%，总产增 183 万吨，增幅 32.1%。2009 年植棉面积比 2008 年减少 1 203 万亩，减幅 13.9%；总产减 111.3 万吨，减幅 14.9%。这种波动是对市场价格，以及气候变化的强烈反映，政府、企业、农民和市场都无法预期，无可奈何。

3. 市场不稳，价格大起大落，植棉积极性严重受挫。加入世界贸易组织以来，棉花市场化和国际化的进程加快，国内外的关联度更加紧密，市场的稳定性越来越差，年际间和年内的价格波动都很大，大起大落的周期短。据中国棉花生产监测预警数据，与上年度相比，近 11 年农民籽棉售价相对平稳（售价增减幅度在 10%）只有 3 个年度（2000、2001、2006），减幅 20%以上 2 个年度（2004、2008），增幅 20%以上有 6 个年度（2002、2003、2005、2007、2009、2010），其中 2003 年度涨幅超过 50%，2010 年度涨幅超过 70%。2008 年度金融危机时籽棉售价下降 22.2%，皮棉跌至 8 000 元/吨还无人问津，“卖棉难”前所未有，棉农遭受的冲击最大，直接经济损失高达 431 亿元，而 2010 年度籽棉售价高于 2008 年度皮棉价格 36.0%。这种“过山车”式的波动令农民无所适从，地方领导无法组织生产，致使植棉面积增减剧烈。因此，要稳定棉花生产必须先稳定农民的收益预期。

（二）技术支持跟不上

长期以来，我国棉花栽培技术依托劳动力资源优势，建立以人力资源为主体的种植、管理的农艺措施，实行精耕细作。随着农村劳动力转移、劳动力数量减少，要满足“80 后”和“90 后”这些新型劳动者的需求，急需从劳动密集型向技术密集转变，用轻简化、机械化技术替代传统的精耕细作。

（三）棉花生产发展关联问题突出

棉田基础设施很差，灌溉和排渍无法保障。棉花技术推广缺乏人力，基层技术人员老化，技术退化现象严重，急需培训学习新知识和技术。

三、“十二五”棉花生产发展目标及其战略定位

（一）新增皮棉 100 万吨至 800 万吨，方可满足居民日益增长的纺织品消费需求

据毛树春等的新近研究，“十二五”期间满足居民纺织品需求需新增皮棉 100 万～800 万吨。2007 年，我国居民人均纺织品消费 14.6 千克，人均年消费皮棉 5.1～5.2 千克。按 3%的增长率测算，2015 年将达到 18 千克（即使达到也不足 2003 年美国居民 40.5 千克/人的一半；2007 年人均纺织品消费水平，美国 42.7 千克，北美 38.1 千克，泰国 19.8 千克/人，世界 10.9 千克/人），人均需棉 5.7～6.1 千克/年。再按人口 13.89 亿人（联合国数据），需棉 800 万～850 万吨。特别是国家“十二五”规划第一次把振兴国内消费提到首位，提出努力实现居民收入增长和经济增长同步，城乡居民收入的普遍较快增加，把提高农民生活水平放到重要高度，将进一步释放城乡居民的消费潜力，纺织品消费水平有可能加快提速。

实现这一目标，在前 5 年（2006—2010 年，后同）总产 700 万吨基础上需新增 100 万吨。又据测算，在稳定面积 8 468 万亩的基础上，要求单产从 84.0 千克/亩（前 5 年）提高到 90 千克/亩，即：单产递增 1 千克/亩、总产年均增加 20 万吨方能满足增长的需求。分析表明，依靠科技进步，大力推广优良品种、轻简化、标准化和机械化植棉，加快发展社会化服务，加大资金投入和政策支撑，全力提高棉花产品的竞争力，确保棉农增收，“十二五”期间可以稳定面积 8500 万亩，单产提高到 90 千克/亩，可以满足居民日益增长纺织品消费的增长需求，也可以避免步入大豆沦陷的后尘。

针对居民纺织品消费，我国棉花资源没有进入短缺时代。“十一五”前 4 年（2006—2009 年）国产棉完全能够满足居民消费，即使进口也是结构性而非资源性的短缺。据 2006—2009 年统计数据，全国平均人口 13.2 亿，人均年消费皮棉 5.1～5.2 千克，计 2 693 万～2 746 万吨，同期国产棉 2 906 万吨，加上絮棉和军用，产需是大致平衡的。然而，针对加工能力我国棉花资源的确进入了短缺时代，同期进口 975 万吨，占全球的 31.6%，而棉纺织品出口也占同期整个纺织品服装出口的 1/3，进出口也是大致平衡的。

关于棉纺织加工能力，经过本轮的结构调整，棉纺产能从沿海地区不断向中西部转移，同时不断更新加工设备，提升工艺水平，纱布质量的提升和服装品牌的做大将形成新一轮的比较优势，竞争力增强，棉纺纱锭在1亿锭基础上还会扩大，预测“十二五”棉花加工能力将可能增加到1 300万吨以上。我国的确没有能力也没必要承担如此之大的加工需求，也没有必要背起如此之大的供需包袱。赞同“没有必要消耗有限资源来支持低水平的纺织产业发展，也没有必要为全球穿衣盖被做贡献”观点。同时，我国作为负责任的大国，也必须承担起居民日益增长的纺织品消费量，满足“进一步释放城乡居民消费潜力”的需求。因此，在国家层面上，新增皮棉100万吨应如同新增粮食1 000亿斤一样来看待。

(二) 优化布局，稳定“三足鼎立”的均衡结构是实现目标的重大战略定位

鉴于消费大国与季风气候影响，要规避生产风险，保障巨大需求总量的相对稳定，必须坚持长江、黄河和西北“三足鼎立”结构，这是一个均衡的、优化的结构，以保障8 500万亩的植棉面积，实现800万吨的总产目标。稳定棉区布局结构要作为制定发展规划、基地建设和重大政策扶持的基础。

长江植棉面积2 000万～2 100万亩，总产190万～200万吨，主攻目标仍是提高单产，力争单产恢复到90年代的“双百斤”水平。针对该区域经济相对发达，劳动力转移加快，高产创建要主抓植棉业的社会化服务，培育多途径的新型服务模式，培育植棉大户，在农民自愿基础上，积极稳妥推行土地流转，促进一批大县的单产恢复到90年代“双百斤”水平。事实上，长江中游（湘、鄂、赣和皖、江）棉田“下湖上山”持续了好多年，植棉面积一直在扩大。近几年，通过高产创建和“千（公）斤棉”创建，大力推广杂交棉增密技术取得了明显成效。据2010年9—10月测产，湖南、湖北、江西、安徽和江苏等创建区收获密度增200～300株/亩，增产籽棉超过50千克/亩，长江单产恢复很快，2009年还涌现出“千（公）斤棉”的超高产典型。尽管2010年天气十分不利，仍出现不少400千克/亩的高产田块。

黄河流域植棉面积3 400万～3 500万亩，总产290万～300万吨。一靠棉麦（菜、瓜）双高产稳定面积1 000万亩。二靠滨海盐碱地扩大面积500万亩，加上原有一熟棉田面积计2 400万～2 500万亩。受棉花管理复杂和天气不利的影响，河南与皖北植棉面积连续多年减少。新近研究麦茬连作棉花可以实现粮棉双丰收双高产，并可推进两熟北移两个维度至天津，因此稳定1 000万亩两熟面积有技术保障。在滨海（冀、鲁、苏、津、辽）有可供植棉的盐碱地500万亩，这些盐碱地大多经过国土整治，完成了沟、渠、路和条田建设，只要国家重视，投入1 000～1 500/亩元进行土地平整和培肥，潜在的滨海盐碱地即可变成现实高产棉田。按单产80千克/亩即可增加总产40万吨。同时，由于气候变化特别是降水量的增加明显，近几年黄河单产提升加快，植棉绝对成本也相对降低。

西北内陆棉区的植棉面积2 700万～2 800万亩，总产300万～310万吨，未来要靠平衡增产以增加总产。据分析，兵团提高单产难度加大的主要问题是品种和技术跟不上，当前生产上所采用的高密度、宽膜覆盖、膜下滴灌、杂交种以及育苗移栽等现代集成技术，籽棉产量提升约50～100千克/亩。2009年体系专家在农一师16团还创建"千（公）斤棉"的超高产条田，但从整体看再增产的潜力难度很大，且成本大幅增加。然而，兵团比地方的单产高42千克/亩，且兵团不同条田的产量也存在很大差异，如果地方单产提高20%，加上兵团内部的均衡增产，即可增加总产30万吨，可见西北棉区走平衡增产之路仍有很大的增产潜力。

四、实现目标的对策措施建议

（一）政策支持是保障

1. 建立稳定价格的长效机制，出台最低收购保护价，适时发布，稳定农民收益预期是稳定棉花生产的最主要的政策支持。虽然2010年度新棉高价，棉农的确增收，还出现籽棉12.2元/千克，皮棉30 000元/吨的高价，当前籽棉价格已高于2008年度皮棉的三成多，这种因资源短缺、美元贬值以及市场炒作推高的价格一定不会长久。2008年度金融危机时籽棉售价4.69元/千克、皮棉价低于8 000元/吨还无人问津，"卖棉难"全所未有，棉农承受着巨大风险，冲击最大，直接经济损失高达431亿元，受害最深。综合近3年籽棉售价，尽管2010年价格异常偏高，但农民并没有获得超额利润。这种"过山车"式的价格令农民无所适从，地方领导无法组织生产。因此，出台最低收购价格，避免波动，稳定农民收益预期是稳定生产的最主要的政策措施。

据对支持政策进行比较研究，发现对籽棉收购价格的支持更有利于稳定面积。因为产值是单产和价格的乘积，采用产值有利于调动农民科学植棉的积极性，大力提高单产水平，还可更好地发挥市场调节资源生产的效率。综合劳动力成本大幅上升、粮价的不断提升和肥价的不断上涨，保持粮棉1∶10的比价，建议 2011 年棉花主产品产值 2 000 元/亩作为收益预期目标，相当于籽棉最低售价 7.6 元/千克，按衣分率 38.5%，油籽价 3 元/千克，皮棉成本 15 000 元/吨，在当年 1 月发布。

2. 扩大创建规模，加大服务模式创新力度，提升创建水平，推动创建上台阶。2011 年棉花高产创建示范片点数由 200 片增加到 500 片，这对更高层面推进科学植棉和发展现代植棉业十分有利。高产创建在完成目标产量水平的同时，要不断创新植棉业的服务模式，从更高层面上扩大创建的内涵，提升服务水平。据调查了解，对农民而言，补贴资金和物资并不比提供服务合算，说明当下很多产区社会化服务甚至比技术自身更为急迫。实现“四个 100%”必须重视服务模式的创新，部级督导和验收要检查“四个 100%”进展情况，总结好的经验，提炼成模式加以示范推广。实行整村和整乡推进一定要加强服务模式的创新——培育和鼓励植棉能手和植棉大户扩大植棉面积，鼓励大户带小户，能人多种田；大力培育农民合作组织，实行农资、良种的集中采购，发展代育代栽代播代耕等互助种田模式。

在创建的组织和领导形式上要坚持政府的主导作用，发挥政府的领导和协调功能，其作用只能加强不能削弱，不能把创建工作一转（到技术服务机构）了之。高产创建要为创建现代植棉业搭建起新的平台，打造成现代农业的新抓手，在更高的层面上进行集成和集合。一是集成综合农田水利建设，包括林田路和排灌渠的一体化，建成旱涝保收的高标准棉田，江西彭泽和湖北武穴进行了有益尝试，值得借鉴。二是集成综合现代植棉业，包括轻简化、标准化和机械化作业。三是集成创新服务模式，包括棉花生产的组织化程度、服务方式、专业合作社、耕种管公司和订单模式等。四是集成防减灾技术，包括人工干预天气和涝能排旱能灌等。

3. 出台重大技术扶持专项，加快轻简化、机械化技术的示范转化。稳定发展棉花生产，还需要国家出台重大技术专项，加快新技术成果转化力度。在公益性行业（农业）专项、产业技术体系和支撑计划等项目支持下，“十一五”取得滨海盐碱地保苗、两熟连作移栽和轻简化育苗等一批新技术成果。建议 11 项技术列入专项予以扩大示范（表 5-1）。①沿海盐碱地植棉专项，选择鲁冀津苏等沿海 10 个县盐碱地规模化植棉技术示范。②黄淮平原两熟移栽和北移双高产技术专项，选择豫皖鲁苏等黄河集中产棉县 10 个县，开展麦茬移栽棉双高产示范专项。③新疆膜下滴灌超高产技术，在新疆选择 10 个县集中推广高密度膜下滴灌节水高产技术专项。④新疆机采棉推广专项，在兵团和地方选择 30 个县团推广。⑤进一步推广轻简化育苗技术，2012 年扩大到 50 个县等。

表5-1　建议"十二五"列入重大技术推广专项

序号	专项名称	主要内容	主要技术效果	主要棉区
1	轻简化育苗技术	基质育苗、水浮育苗、穴盘育苗，工厂化育苗	省工省力省种，适合规模化发展	长江流域、黄河流域。2011年列入农业部种植业司，9省9个1万亩，2012年扩大30个县30个万亩
2	机械化移栽技术	机械化移栽	省工，机械化移栽可解决合理密植问题	长江和黄河流域产棉省市
3	增密增产技术	杂交抗虫棉增密，转基因抗虫棉增密	增密100株/亩，增产10%	长江、黄河
4	滨海盐碱地植棉技术	播种保苗技术、施肥技术、规模化种植技术等	扩大棉田面积500万亩，潜在增产皮棉40万吨	东海黄海滨海各省，山东、河北、江苏、天津、辽宁、浙江
5	氮磷肥经济施用和测土配方	减氮减磷节本，简化施肥	省氮20%，省磷30%	长江、黄河和西北主产区
6	棉花专用缓控释肥	专用配方缓控释肥	省肥20%，省工50%，节本30%	长江产棉各省
7	黄淮海平原两熟移栽和北移双高产技术	两熟改套种为麦茬移栽连作，解决一熟有余两熟不足	增产小麦200千克/亩，籽棉产量保持春套水平，两熟北移可扩大面积500万亩，增产小麦200万吨	河南、河北、山东和天津
8	膜下滴灌超高产技术	4.8米的宽膜覆盖，膜下软管输水和毛管滴灌	籽棉增产33%至400千克/亩	新疆兵团和地方
9	新疆机采棉技术	机械化采收	一台采棉机可完成600个拾花工的工作量，显著节省人力，节省成本300元/亩，特别是减轻劳动力的需求压力	新疆兵团、新疆地方和甘肃
10	强优势杂交种和高产抗虫棉	中棉所60、新陆中35、新陆中36、新陆早33、鲁棉研21、中棉所43、新陆早26、豫杂37、鲁棉研28、中棉所63、中棉所50、陆海杂交种等	提高单产，改善品质	三大产区

（续）

序号	专项名称	主要内容	主要技术效果	主要棉区
11	三系棉制种	三系亲本材料隔离繁殖，三系制种	恢复系或保持系种子成本8元/千克，不育系40元/千克，制种田成本2 500元/亩，F_1杂交种40～50元/千克，补贴制种田4 000元/亩或F_1杂交种40元/千克	黄河、新疆制种基地

4. 大力推进统防统治，发展统一调控和除草是棉花生产机制创新的具体行动。统防统治之所以深受农民欢迎，主要是有效解决“妇女农业”、“老人农业”和“兼职农业”无法解决的繁重管理问题，为大面积均衡增产提供了服务性的支撑，建议作为高产创建的硬性指标予以强化。同时，建议加上统一化学调控，形成统防统治、统除统调模式。赞同“加大扶持一批专业化服务组织，培育一批专业技术队伍，推广一批先进实用技术”等措施。

加强病虫害的预报预测是提高统防统治的基础，各地要强化病虫害测报队伍的建设，建立以村级和地块级的测报网点，把测报作为创建的经常性工作，可以减少盲目用药，提高防治效果。针对棉盲蝽发生危害加重趋势，建议加强综合防治，依靠测报，推行多作物、大范围、联合的统防统治，有效提高防治效果。

5. 进一步加大棉花生产的扶持力度。①提高棉花良种补贴标准。近几年，长江流域基本普及了转基因抗虫杂交棉，黄河流域普及了转基因抗虫棉，这些种子价格都高于常规棉种。西北内陆棉区用种量大，种子费用高。目前15元/亩的补贴标准不到棉农实际购种费的三分之一，建议提高到40元/亩。②棉花农资综合补贴的倡议甚好。如有可能，补贴一熟制棉田相对较为合理。补贴省（市、区）包括新疆、甘肃、河北、天津和山东东营、滨州和德州地区，这些产区因水资源短缺和盐碱危害都为一年一熟制棉田，农民常年植棉，没有代替作物，还较好地发挥了棉花耐旱耐盐碱的生物学特性，提高土地产出率。③棉花大县奖励政策。全国棉花大多布局在经济欠发达地区，产棉大县多是财政穷县，对大县给予适当的奖励，可调动地方政府植棉积极性。建议对1万吨以上的产棉大县，每县每年奖励2 000万元；对总产超过5万吨5年以上的大县加倍重奖，每年4 000万元。

（二）科技发展，发挥引领和支撑作用

棉花的根本出路在于轻简化栽培、机械化管理和组织化服务。机采和机栽是轻简化和机械化的核心技术内容，也是一个前瞻性和挑战性极强的研究课题。关于农艺与机械化配套问题，在机栽和机采方面内地几乎没有破题，“十二五”必须破题。

棉花生产用工20个/亩，是大田作物最多的。过去依靠丰富劳动力建立的劳动密集型技术体系遭遇严峻挑战。因此，要在减少劳动力数量和减轻劳动强度方面进行研究。棉花生产“一前一后”问题最为突出。前即育苗移栽，需工6个/亩，仅顾工移栽的费用就达90～100元/亩；后即采收，人工采收费用300～500元/亩，每千克籽棉最高价1.5元，每亩产300千克，几乎占生产成本的1/4。特别是老龄化劳动者，无法承担这些劳动。只有加快研究轻简化技术，加快研究农艺与农机配套技术，实行机械化作业才能解决。有了轻简化和机械化技术才能发挥组织化的服务功能。

1. 适合机采的高产品种和强优势杂交种选育。农艺性状优良、果枝节位高、株型紧凑、吐絮集中和通畅、纤维延长2～3毫米的新品种，支持机械化采收。

突破杂交制种的技术难点，补贴三系制种田（表5-1）。与人工除雄授粉杂交制种相比，三系（不育系、恢复系和保持系）杂交种制种省工和轻简的特点最为突出，前几年国家审定的银棉8号和邯杂301有一定增产效果，但应用面积不大。中棉所选育的中杂07-5区试增产8.5%，生产示范增产18.5%，且抗虫、抗（耐）枯、黄萎病，即将通过审定。加大三系亲本繁殖，提供纯度高和数量足的亲本材料，需要在隔离条件下繁殖三系材料。据两年制种的成本测算，生产恢复系或保持系8元/千克，不育系40元/千克，制种田成本2 500元/亩，F_1杂交种40～50元/千克。建议补贴制种田4 000元/亩或F_1杂交种40～50元/千克，并有专门的制种机构承担，才能保障扩大制种的数量和质量，为大面积推广提供优良三系杂交种。

2. 加大轻简化、机械化、标准化技术的研究和应用。2011年农业部组织9省市推广轻简化育苗，产业体系和行业专项要积极配合，加大技术培训力度，进村入户开展服务，提倡“专家多走一公里，农民少走十公里”；积极配合办好示范样板，培育规模化育苗基地，扶持大户集中育苗，尝试整村推进，树立一批新典型。

进一步研究滴灌高浓度肥料，标准化植棉、规模化植棉、机械化整地、播种、覆膜、中耕培土等技术措施；进一步研究盐碱地保苗措施、杂交棉超高产

技术和麦棉两熟机械化技术，渍涝排除、烂铃的预防和救治实用控制措施等。

3. 加快机栽、机采农艺关键技术研究，刻不容缓。近几年，农村劳动力转移之快和雇工成本上涨之高让人始料不及，栽培管理技术储备严重不足，不能满足生产之需。分析指出，当棉价上升到合理的价位之后，粮棉经作物之间的竞争则从比价竞争转向到技术和服务的竞争上来，即技术和服务决定棉花的竞争力高低。新疆机采棉研究应用持续了 20 多年，到 2008 年采收 116.5 万亩，2009 年 174.1 万亩，2010 年扩大到 257.8 万亩，不少大户自购采棉机，可见劳动力成本的刚性上涨正在加快推进棉花生产机械化。

针对棉花移栽和收摘费劳、费工、费时、费钱的“四费”重大技术问题及其需求，建议把“棉花机栽和机采关键技术研究和示范”列为“十二五”行业科研的重大专项，组织精干力量攻关。主要研究内容：一是研究工厂化育苗和机械化移栽技术，突破裸苗自动分苗装置的难点，实现旱地全自动机械化裸苗移栽。二是围绕内地急需的中小型采棉机采收技术引进筛选中小型采棉机，经改进优化提高达到实用目的；设计、比较和筛选适于机采的种植模式；选育适于机采的品种；机采棉的株型、熟性、水肥、催熟和脱叶调控技术。三是进一步研究新疆大型采棉机的集成技术，促进农机、农技和农艺相互配套。

4. 加强病虫害综合防治技术研究和应用。继续加强棉铃虫的监测和预警技术研究，加强棉盲蝽、棉蚜、棉叶螨等的预测和防治技术研究。春季低温高湿度要加强苗病防治技术研究。烂铃是导致 2010 年棉花减产和降质的主要因素之一，特别是黄河流域持续 40 天的阴雨连绵致使烂铃超过三成，由此改变了全国产量由增到平到减的走向。值得注意的是，进入新世纪黄河烂铃呈加重趋势，像 2003 年、2005 年和 2008 年烂铃比例均在 20%。这是由于我国雨带明显北移和降水季节的明显后移的结果。科学防治烂铃要抓好及时采收黄熟铃，推株并行，打老叶剪空枝，及时剥开晾晒。保持沟渠排水通畅，减轻田间湿度。同时可用波尔多液、代森锌和多菌灵等药剂防治。建议防治烂铃列为行业专项的减灾技术进行研究。

5. 搞好“千（公）斤棉”创建，积极发挥示范引领作用。产业技术体系开展“千（公）斤棉”创建取得了新进展，在生产中起到积极的示范引导作用。以体系创建为平台，集成品种、技术和服务模式，总结提出高产转基因抗虫棉和强优势杂交种、优化行株距配置和增加密度、简化育苗移栽、增施有机肥和缓控释肥、增铃保铃调控和统防统治统调等 6 项集成技术，实现“四高”，即成铃率高、铃重高、衣分率高和优质铃比例率高，要进一步总结经验，不断扩大示范，发挥好示范引领作用。

五、相关配套政策措施

（一）加强培训，提高科学植棉水平和决策支持能力

棉花是技术性和知识性都很强的大田经济作物，是国内产业关联度和国内外市场关联度极高的“双高”经济作物。学习植棉技能和知识，学习现代棉花科技，既可满足农民、基层推广人员和棉花专业领导的需求，也可防止知识老化和技术退化。所到各地，基层农技人员和地方棉花生产干部对有组织的学习和培训提出了非常迫切的要求。山东省滨州市农业局棉技站陈汝涌站长讲，90年代优质棉基地时曾经进行过系统培训，近20多年从来没有系统培训过，新知识匮乏，知识老化和技术退化严重，跟不上形势，组织生产和决策支持力不从心。同时一批年轻大学生、研究生走上政府、科研和产业的工作岗位，包括棉花专业科研机构在内都缺乏棉花专业知识和技能，需要进行棉花知识、科技、政策、市场和组织领导能力的培训学习。

为此，建议开展分层和多途径的学习培训和考核，实行现场培训和田头观摩相结合，集中培训和脱产培训相结合。培训对象：一是植棉大户、植棉能手、棉花劳动模范、普通农民和专业合作社成员，植棉乡镇农技推广人员。二是地方棉花业务干部和领导、技术骨干、推广机构和地方专家。三是棉花产业化龙头企业、种业和专业合作社领头人等。国家培训国家级、省级、10万吨的主产地级和百万担的大县，省级培训地级和大县级，县级培训乡村级，乡培训到村组和农户等。

依托产业技术体系专家编写两类教材：一类为实用教材。包括优良品种、轻简技术、病虫害防治及其机械化作业管理等适时教材，要求实用性、先进性和可读性强。同时录制光盘和发放“明白纸”。二类为高级教材。包括棉花新科技、生产新发展、植棉新政策、期货与农民的接轨，全球棉花资本、流通、贸易和国内外市场新变化等内容的高级教材。

建议培训学习列入高产创建规划，着手编制计划和制定方案，尽快组织实施。

（二）搞好关联配套政策支持

处理好国产棉和进口棉的关系，实践上要坚持配额外追加5%的最低关税率，坚持配额外分批追加与协商制度，执行好的滑准税税率原则。

认真落实2011年一号文件，加强棉田基本建设，提高灌溉和排渍能力，在黄河可试验发展滴灌技术。

（撰稿：毛树春，喻树迅，等　中国农业科学院棉花研究所，国家棉花产业技术体系）

第二节 全球棉花贸易60年

棉花是纺织工业的主要原料。棉花贸易是棉花产业经济的一个重要环节。全球棉花贸易量从50年代的295.4万吨增长到本世纪头十年的739.9万吨，增长1.50倍；60年的贸易增长率为2.02%，近30年的增长率为0.34%。同期全球棉花生产量从895.9万吨增长到2 315.9万吨，增长1.58倍；60年的增长率为2.09%，近30年的增长率为0.76%。同期全球棉花消费量从886万吨增长到2 332.1万吨，增长1.63倍；60年的增长率为2.02%，近30年的增长率为0.34%。

全球棉花贸易及其生产和消费格局与结构调整和市场变化紧密相关。60年以来，全球棉花出口原产地从50年代的31个增加到近10年的84个，表明棉花生产的国家和地区增加。美国、俄罗斯及中亚、非洲、澳大利亚、印度和巴西等是主要出口国家和地区。近5年出口地相对集中，美国、印度、乌兹别克斯坦、澳大利亚和巴西出口量占全球市场份额的76.4%，加上非洲出口所占份额的15.7%，合计占92.1%。美国出口占全球份额的35.4%，印度占14.4%，是2个最主要的出口市场，美国数量在减少。

60年以来，全球棉花进口目的地从50年代的42个增加到近10年的98个，其中90年代多达106个。表明全球纺织业在扩张，从事纺织业的国家和地区在增多，也有部分地缘政治关系。全球棉花进口集中区域大致分为两个阶段，前3个十年以欧洲为主，进口量占全球市场份额从67.5%下降到47.6%，那时欧洲仍是全球棉花的进口和纺织消费中心。后3个10年以亚洲为主，进口量占全球市场份额从51.8%增长到71.4%，其中90年代的结构调整和消费变化最为明显，本世纪前10年特别是近5年亚洲已成为全球棉花进口和纺织消费中心。

中国是全球棉花生产、进口、消费和纺织品中心。近5年，中国棉花产量占全球的30.3%，进口量占30.3%，消费量占40.1%，纺织品服装出口额占全球的30.3%（2008），均位居全球首位。

一、全球棉花贸易60年概况

全球棉花出口量增长。从20世纪50年代到本世纪头十年的60年间，全球棉花出口量从295.4万吨增加到739.9万吨（表5－2），年均增长率

2.02%，年均增量8.3万吨（图5-1）；近30年增长率0.34%，年均增量6.4万吨。出口量占生产量的比重从39.9%下降到31.7%，但绝对量增加了1.50倍。

在6个十年中，除90年代出口量比80年代减少7.2%、净减45.5万吨以外，其余5个十年都比上一个十年增加，增幅11.1%～52.8%，其中70年代增幅最大，净增196.8万吨，本世纪头十年为第二，净增152.7万吨。

全球棉花进口量也增长。与出口量相对应，60年间全球棉花进口量也从298.4万吨增加到742.9万吨，年增长率2.0%，近30年增长率为0.33%，进口量占生产量的比重从33.3%下降到32.1%，绝对量也增加了1.50倍。

表5-2　全球棉花60年贸易、生产和消费变化

单位：万吨

项　　目	出口量	增长率（%）	进口量	增长率（%）	生产量	增长率（%）	消费量	增长率（%）
50年代（1950—1959）	295.4	—	298.4	—	895.9	—	886.0	—
60年代（1960—1969）	372.9	26.2	347.4	16.4	1 117.3	24.7	1 112.9	25.6
70年代（1970—1979）	569.7	52.8	573.1	65.0	1 311.2	17.4	1 317.1	18.3
80年代（1980—1989）	632.7	11.1	637.1	11.2	1 631.7	24.4	1 495.4	13.5
90年代（1990—1999）	587.2	−7.2	607.1	−4.7	1 914.2	17.3	1 877.2	25.5
本世纪头10年（2000—2009）	739.9	26.0	742.9	22.4	2 315.9	21.0	2 332.1	24.2

注：50年代数据出自刘毓湘《当代世界棉业》，60年代以后数据来源于美国农业部，http://www.usda.gov/wps/portal/usda/usdahome，截止日期2011年1月。

在这6个十年中，除90年代进口量比80年代减少4.7%，净减30万吨以外，其余5个十年进口量都比上一个十年增加，增幅11.2%～65.0%，其中70年代增幅最大，净增225.7万吨，本世纪头十年为第二，进口量增加135.8万吨。

分析90年代全球棉花贸易量的减少，可能与原产地（国家、地区）包括巴基斯坦、印度本国用棉量的增加与生产增量相对减少有关。

全球棉花生产量和消费量增长。60年间，全球棉花生产量从50年代的895.9万吨增长到本世纪头十年的2315.9万吨，年均增长率为2.09%，近30

年增长率为 0.76%。全球棉花消费量从 886 万吨增长到 2 332.1 万吨，增长率为 2.02%，近 30 年为 0.34%。

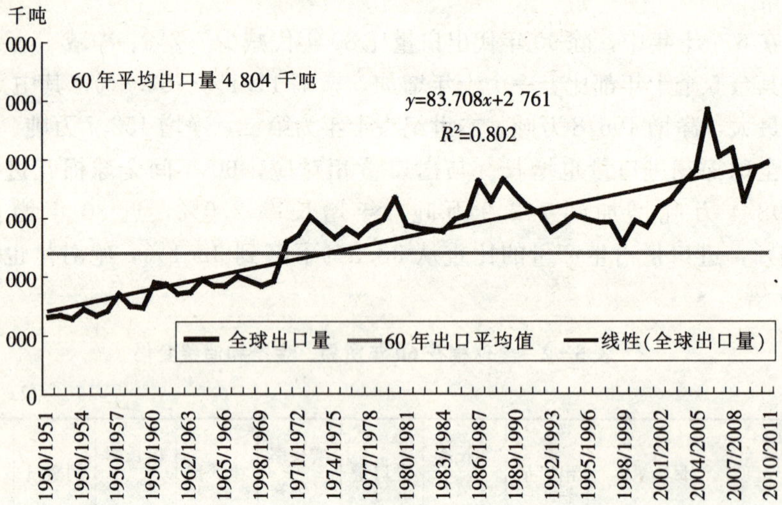

图 5-1　1950—2011 年全球棉花出口增长趋势

二、全球棉花出口贸易 60 年变化

60 年以来，全球棉花出口国家和地区从 50 年代的 31 个增加近 10 年的 84 个（表 5-3），主要出口原产地是美国、俄罗斯及中亚、非洲、澳大利亚、印度和巴西等。除非洲传统出口市场以外，近 10 年向美国、印度、乌兹别克斯坦、澳大利亚和巴西集中。近 5 年，美国出口 229 万吨，占全球份额的 35.4%；印度出口 94 万吨，占全球份额的 14.4%；乌兹别克斯坦出口 84 万吨，占全球份额的 12.9%；澳大利亚出口 41 万吨，占全球份额的 6.3%；巴西出口 48 万吨，占全球市场份额的 7.3%，上述 5 国出口量占全球份额的 76.4%，加上非洲主要是西非出口所占份额的 15.7%，占全球的 92.1%。

（一）各洲出口变化

在过去的 60 年时间里，五大洲以亚洲和美洲比例最大，两洲合计占全球比例的 71.1%（表 5-3）。

亚洲出口不断增长，占全球出口的比例从 50 年代的 14.2%提高到本世纪头十年 28.1%，数量增幅最大为 3.8 倍。亚洲包括中国、印度、巴基斯坦以及中亚的乌兹别克斯坦生产不断发展，出口量持续增加。

美洲出口占全球的比例不断下降，从50年代的53.1%下降到本世纪头9年43.3%，数量增加了97.7%。但绝对量仍最大，占全球第一，为43.0%。

非洲出口占全球的比例下降，从50年代的21.4%下降到本世纪头9年的16.6%，数量增加89.5%。出口绝对量占全球第三为16.6%。6个十年出口占全球市场份额，最低为90年代，最高为50年代。出口量占本地产量的比例50年代最高为84.1%，80年代最低点为56.2%，90年代上升到62.1%，新世纪头十年为76.0%（表5-3）。

欧洲出口占全球的比例下降，从50年代的11.3%下降到本世纪头9年的4.9%，数量基本持平。出口绝对量占全球第三，为16.6%。

表5-3　五大洲棉花出口贸易量及其占全球贸易量比重

单位：万吨，%

年份	亚洲		非洲		欧洲		美洲		大洋洲	
	出口量	占全球比重	出口量	占全球比重	出口量	占全球比重	出口量	占全球比重	出口量	占全球比重
1950—1959	41.7	14.2	63.1	21.4	33.4	11.3	156.6	53.1	0	0.0
1960—1969	61.8	16.3	73.9	19.5	53.9	14.2	189.9	50.0	0.04	0.0
1970—1979	74.3	17.9	76.3	18.4	83.8	20.2	179.8	43.3	1.1	0.3
1980—1989	109.6	23.4	72.2	15.4	92.1	19.6	180.6	38.5	14.9	3.2
1990—1999	178.0	32.6	82.2	15.0	46.5	8.5	195.4	35.7	44.6	8.2
2000—2008	202.2	28.1	119.6	16.6	35.5	4.9	309.6	43.0	53.7	7.5

资料来源：FAOSTAT，http：//faostat.fao.org。注：苏联在未解体之前属于欧洲。

（二）主要出口国和地区变化

中国。是一个出口比重不大的国家（表5-4）。80年代生产发展，特别是1984年丰收，总产创新高632万吨，出口27.4万吨。90年代因亚洲金融危机和纺织业结构调整，出口12.1万吨，随后进口大幅增加。本世纪，纺织业受惠于加入世界贸易组织，出口很少，进口则大幅度增加。

美国。全球最大的棉花出口国，长期占据全球霸主地位，左右国际市场，是我国最大的进口棉来源地。出口量从50年代的98.8万吨上升到本世纪头十年的277.8万吨，增长1.8倍；出口占同期全球的比重从33.3%上升至37.5%，增3.9个百分点。期间70年代和80年代因苏联、中国、巴基斯坦、印度等国棉花连年增产，挤占了美棉市场，出口比重下降。本世纪美国采取出口补贴措施，使出口竞争力显著提高，出口份额提高到37.5%。近5年，美国平均出口229万吨，占全球份额下降到35.4%，这与美国大力发展生物质能源，植棉面积减少有关。

表5-4 全球棉花出口60年

年代	全球出口量（万吨）	主要国家和地区（个）	主要国家和地区出口占全球出口棉的比例（%）
50年代	295.4	31	美国33.4、非洲21.4、苏联10.6、墨西哥9.4、巴基斯坦5.2，占79.9
60年代	372.9	75	美国25.3、非洲20.0、苏联11.8、墨西哥9.2、巴西6.5、巴基斯坦3.1、土耳其4.6、叙利亚3.3、秘鲁2.8，占86.6
70年代	569.7	73	苏联39.2、美国19.7、非洲13.3、土耳其4.5、墨西哥3.0、巴基斯坦2.4、巴西2.1、叙利亚2.0，占86.2
80年代	632.7	80	苏联33.4、美国20.6、非洲10.8、巴基斯坦6.5、中国4.3、澳大利亚2.8、巴拉圭2.0、土耳其1.9、墨西哥1.6、印度1.5，占85.4
90年代	587.2	84	美国25.6、非洲15.1、乌兹别克斯坦18.0、澳大利亚7.8、土库曼斯坦4.4、希腊3.1、巴基斯坦2.7、叙利亚2.6、中国2.0、巴拉圭1.8，占83.3
头10年	739.9	84	美国37.5、非洲15.7、乌兹别克斯坦11.0、印度7.5、澳大利亚6.8、巴西4.1、希腊3.4、土库曼斯坦1.8、叙利亚1.8、塔吉克斯坦1.6，占91.1

注释：50年代数据来源于刘毓湘《当代世界棉业》，60年代以后数据来源于美国农业部，http://www.usda.gov/wps/portal/usda/usdahome 截止日期2011年1月。

苏联及中亚。为全球第二大出口地，50年代出口量为31.3万吨，占全球份额的10.6%；70年代达到最高为223.5万吨，增长了6.1倍，占世界出口量的39.2%；80年代出口量略下降到218.8万吨，占全球份额的34.5%。1991年苏联解体后出口市场由中亚几个产棉国接替。近2个十年，乌兹别克斯坦出口量为105.7万吨和82.1万吨，占全球份额的18.0和11.0%；土库曼斯坦出口量26.0万吨和13.7万吨，占全球份额的4.4%和1.8%；塔吉克斯坦出口12.3万吨和11.7万吨，占全球份额的2.0%和1.6%。近5年乌兹别克斯坦出口量为84万吨，占全球份额提高到12.9%。

埃及。是历史上全球产棉大国之一，也是传统出口大国之一。50年代到80年代年出口量分别为29.7万吨、29.9万吨、21.5万吨和13.7万吨，占全球市场份额最高达10.8%。然而，由于自用棉增加与生产的不稳定，近两个十年出口量下降到5.7万吨和9.6万吨。

西非。出口占非洲的60%左右。该地区植棉面积相对稳定，单产较高，其中马里、贝宁、布基纳法索、科特迪瓦等近两个十年出口增加。马里出口14.4万吨和16.5万吨，贝宁出口10.8万吨和12.1万吨，布基纳法索出口7.9万吨和19.4万吨；科特迪瓦出口9.7万吨和8.7万吨；哈麦隆出口5.8万和7.3万吨；乍得6.2万和5.1万吨。这些国家也是中国主要进口来源地之一。

印度。是一个棉花生产大国、消费大国和出口大国。前4个十年出口比例很少，90年代出口跃入10万吨级为10.5万吨，近10年出口55.3万吨，占全球份额的7.5%，同比增5.8个百分点，出口量增4.3倍。近5年出口跃入百万吨级，出口94万吨，占全球份额的14.4%，为全球仅次于美国的第二大出口国，也是中国主要进口来源地。主要源自科技兴棉，引进美国转基因抗虫棉品种，增加投入，单产水平得以大幅度提高，植棉面积进一步扩大。

澳大利亚。是一个新兴植棉国、净出口国，也是总产很不稳定的国家。近3个十年出口量分别为17.6万吨、45.9万吨和50.3万吨，占全球份额为2.8%、7.8%和6.8%；近5年出口41万吨，全球份额提高到6.3%，成为全球第五大出口国。

巴西。出口不稳定。60年代受益于经济高速增长，出口量最高为24.5万吨，仅次于美国和埃及；然而80年代，受国际环境剧变和国内政策失误的影响，巴西经济遭遇严重衰退，出口量随之大幅下降，80年代和90年代出口量仅为8.8万吨和2.7万吨。进入本世纪，巴西实施出口导向型战略，生产量和出口量随之快速提升，虽然近十年受美国补贴的打压，出口量仍恢复到60年代水平，为30.8万吨，但占全球贸易量份额比60年代下降了2.4%，仅为4.2%。近5年生产恢复加快，平均出口量48万吨，占全球份额提高到7.3%。

巴基斯坦。6个十年中有5个十年出口量在10.0万吨水平上，其中80年代最高为41.4万吨，占全球份额的6.5%。近10年加快纺织业发展，改出口原棉为棉纱，原棉出口减少到7.9万吨，同比下降51.0%，仅占全球份额的1%。

墨西哥。6个十年中有4个十年出口10.0万吨级以上，其中50年代和60年代出口27.7万吨和34.6万吨，占全球份额高达9.2%～9.4%；70年代和80年代出口量下降到17.2万吨和10.4万吨，占全球份额的3.0%和1.6%，近2个十年退出出口市场。

叙利亚。6个十年中有4个十年出口10.0万吨级，占全球份额为1.8%～3.3%。

希腊。近2个十年，希腊出口19.5万吨和25.1万吨，占全球比例为3.1%和3.4%。

土耳其。60—80年代出口17.5万吨、24.5万吨和125万吨，占全球份额的4.7%、4.5和1.9%。

巴拉圭、秘鲁（南美洲）和危地马拉（北美洲）等出口量也曾达到10.0万吨级水平。

三、全球棉花进口贸易60年变化

60年以来，全球棉花进口目的地从50年代的42个增加到近10年的98个，其中90年代多达106个（表5-5)，表明纺织业扩展，从事纺织业的国家和地区增多，也有部分地缘政治因素。全球棉花进口大致分为两个阶段，前3个十年以欧洲为主，进口量占市场份额从67.5%下降到47.6%，那时欧洲仍是全球棉花的进口和纺织消费中心。后3个十年以亚洲为主，进口量占全球份额从51.8%增长到71.4%，现在亚洲业已成为全球棉花进口和纺织消费的新兴中心。

（一）主要进口洲变化

亚洲。从50年代到本世纪头十年（表5-5)，亚洲进口量从86.8万吨增加到507.万吨，增幅4.8倍，占同期的全球份额比重也从29.4%上升到71.4%，增42个百分点。同时亚洲还是全球棉花的集中产区，拥有中国、印度、巴基斯坦和乌兹别克斯坦等生产和出口大国，还是全球棉花的消费中心。自80年代起全球纺织业逐步向亚洲转移，近10年亚洲成为全球最大的纺织服装生产基地，亚洲原棉消费量占全球的75%。在亚洲内部，日本、韩国、中国台湾和香港等80年代进口量大，是当时的纺织新兴产业。日本本世纪前十年比50年代进口量下降了69.9%，进口占全球市场份额也从17.3%下降至2.1%。韩国近40年保持较高进口量，60年代进口最多达38.1万吨，近10年下降到26.5万吨，进口占全球市场份额也从最高6.0%下降至3.5%。中国在2001年加入世界贸易组织，纺织业加工业快速发展，棉花加工量占全球的35.3%。同时，人口众多的印度、巴基斯坦、印度尼西亚、孟加拉、印度尼西亚、土耳其、泰国和越南等国家，凭借劳动力资源和低成本优势也在大力发展纺织业，因而成为全球原棉进口最大地区。

近5年，中国、孟加拉、土耳其和印度尼西亚4国年均进口442万吨，占同期全球进口量的55.9%。表明全球纺织产业进一步向亚洲集中，亚洲又向这4个国家集中。

欧洲。从50年代到本世纪头10年（表5-5），欧洲原棉进口量从199.4万吨下降到104万吨，减幅47.9%，占同期的全球份额也67.5%下降到14.6%，减54个百分点。与50年代相比，近10年主要进口大国德国、法国、英国的进口量分别下降了76.8%、96.5%和81.7%，进口占全球的份额，德国从12.0%下降到1.1%，法国从9.3%下降至0.7%，英国从11.4%下降至0.1%。在欧洲国家中只有意大利保持较高的、稳定的进口量和市场份额。

表5-5　五大洲棉花进口量及其占全球贸易量比重

单位：万吨，%

年代	亚洲		非洲		欧洲		美洲		大洋洲	
	进口量	进口占全球比重	进口量	进口占全球比重	进口量	进口占全球比重	进口量	进口占全球比重	进口量	进口占全球比重
20世纪50年代	86.8	29.4	1.3	0.4	199.4	67.5	17.0	5.8	1.9	0.6
20世纪60年代	138.5	37.1	5.0	1.3	216.4	58.0	18.3	4.9	1.6	0.4
20世纪70年代	198.3	47.0	7.5	1.8	200.5	47.6	14.9	3.5	5.0	0.1
20世纪80年代	252.3	51.8	12.1	2.5	202.4	41.5	20.3	4.2	1.0	0.0
20世纪90年代	300.7	53.9	19.0	3.4	166.0	29.7	72.5	13.0	0.01	0.0
21世纪头9年	507.2	71.4	21.4	3.0	103.9	14.6	78.0	11.0	0.03	0.0

资料来源：1950—1969数据来自刘毓湘主编的《当代世界棉业》，1970—2008年数据来自FAOSTAT，http://faostat.fao.org。注：苏联在未解体之前属于欧洲。

欧洲其他进口国家还有加拿大、罗马尼亚、荷兰、波兰、瑞士、西班牙、前南斯拉夫、葡萄牙、乌克兰、白俄罗斯等大多是非产棉国。

美洲。从50年代到本世纪头十年（表5-5），美洲进口量从17.0万吨增加到78.0万吨，增幅3.5倍，占同期的全球份额也5.8%上升到11.0%，增

5.2个百分点。美洲国家中主要是墨西哥占增量的48%。

非洲和大洋洲。非洲进口原棉较少，近10年近21.4万吨，占全球份额的3%。大洋洲基本不进口原棉。

(二) 主要进口国和地区变化

中国（包括台湾省和香港）。中国进口多于出口，60年代以后的5个十年分别进口9.6万吨、32.8万吨、24.0万吨、381万吨和170.3万吨，占全球份额从2.6%增长到22.9%；近5年进口240万吨，占全球的30.3%，为全球最大的进口国。加入WTO以后我国进口棉的原产地详见第四章。同期台湾省进口量分别为7.4万吨、18.5万吨、30.9万吨、28.9万吨和24.1万吨，占全球份额从1.9%增长到3.2%。1998年香港回归祖国后，纺织业转移加快，进口量分别为13.7万吨、19.8万吨、22.7万吨、16.8万吨和8.7万吨，占全球份额从1.7%下降到1.1%。

日本。为非产棉国家和新兴纺织强国（表5-6）。前5个十年分别进口51.7万吨、71.3万吨、74.4万吨和72.2万吨，占全球进口市场份额从17.3%下降至6.6%，近10年从进口原棉纺纱转向进口棉纺，以及纺织加工业向外转移。

德国。为非产棉国。前4个十年进口35.8万吨、37.5万吨、30.7万吨和33.5万吨，占市场份额的9.3%、10%、5.4%和5.2%，近2个10年进口量下降到16.7万吨和8.3万吨，占全球份额下降到2.8%和2.1%。

英国。为非产棉国。前3个十年进口34.0万吨、20.7万吨和10.2万吨，占全球份额从11.4%下降到2.0%，近2个十年进口量下降到1.2万吨，基本退出进口市场。

法国。为非产棉国。前5个十年进口18.7万吨、26.5万吨、22.1万吨、16.6万吨和12.3万吨，占全球份额从50年代的9.3%下降到90年代的2.0%。近10年进口量减少到5.1万吨。

意大利。为非产棉国，也是全球先进纺织工业国家，是欧洲保留较大纺织加工能力的国家。6个十年分别进口18.7万吨、22.1万吨、19.8万吨、26.8万吨、32.8万吨和17.5万吨，占全球份额从6.3%下降到2.3%，是欧洲进口最多的国家，也是纺织品制造大国。

俄罗斯。苏联时期纺织业集中在欧洲地区，用棉靠中亚加盟共和国供应，前4个十年进口7.9万吨、17.0万吨、160.0万吨和146.0万吨，占全球份额从2.6%增长到的22.9%。苏联解体后俄罗斯本土基本不生产棉花，近2个十年进口49.6万吨和28.8万吨，占全球份额的8.2%和2.8%。

韩国。非产棉国，新兴的纺织强国，也是净进口大国之一。60年代以后的5个十年分别进口7.4万吨、20.2万吨、38.1万吨、35.9万吨和26.5万吨，占全球的份额从1.9%增长到3.5%。

印度尼西亚。是一个产棉不多的消费大国之一。70年代以后的4个十年分别进口6.5万吨、16.6万吨、43.7万吨和48.7万吨，占全球的份额从1.2%增长到6.5%。近5年进口46万吨，占全球份额的5.8%。

土耳其。近2个十年进口量大增，分别为22.2万吨和66.2万吨，占3.7%和8.9%。近5年进口77万吨，占全球份额的9.8%。

孟加拉。近10年进口54.1万吨，占全球份额的7.2%。近5年进口79万吨，占全球市场份额的10.0%。

泰国和越南。新兴的纺织国家。近3个十年泰国进口量分别为16.4万吨、32.5万吨和40.3万吨，占全球份额从2.6%增长到5.4%。近10年越南进口18.0万吨，占全球份额的2.4%。

巴基斯坦和印度。巴基斯坦为了发展国内纺织业也进口原棉，近10年进口37.5万吨，占全球份额的5.0%。印度是棉花贸易调节国，因国内减产也有少量进口，近10年进口21.5万吨，占全球份额的2.8%，近5年国内生产发展加快成为一个净出口国。

表5-6　全球棉花进口60年

年代	全球进口量（万吨）	进口国家和地区（个）	主要进口国家和地区占全球进口棉的比例（%）
20世纪50年代	295.4	42	日本17.3、德国12.0、英国11.4、法国9.3、意大利6.3、印度4.3、加拿大2.6、苏联2.6、前捷克斯洛伐克2.6、荷兰2.3，占70.7。
20世纪60年代	372.9	72	日本19.0、德国10.0、法国7.1、意大利5.8、英国5.5、苏联4.5、印度3.7、中国香港3.7、波兰3.6、前捷克斯洛伐克2.8，占67.5。
20世纪70年代	569.7	77	苏联27.9、日本12.9、中国5.7、德国5.4、法国3.9、韩国3.5、意大利3.4、中国香港3.4、台湾省3.2、波兰2.7，占72.0。
20世纪80年代	632.7	93	苏联22.9、日本11.3、韩国6.0、德国5.2、中国台湾省4.9、意大利4.2、中国3.8、中国香港3.6、法国2.6、印度尼西亚2.6、泰国2.6，占69.7。

（续）

年代	全球进口量（万吨）	进口国家和地区（个）	主要进口国家和地区占全球进口棉的比例（%）
20世纪90年代	587.2	106	俄罗斯8.2、印度尼西亚7.1、日本6.6、中国6.2、韩国5.9、意大利5.4、泰国5.3、中国台湾省4.8、土耳其3.7、墨西哥3.0，占56.2。
21世纪头10年	739.9	98	中国22.9、土耳其8.9、孟加拉7.2、印度尼西亚6.5、泰国5.4、墨西哥5.0、巴基斯坦5.0、俄罗斯3.8、韩国3.5、中国台湾省3.2，占71.4。

（撰稿：毛树春，李菲　中国农业科学院棉花研究所，国家棉花产业技术体系）

第六章

2010年中国棉花生产景气报告选辑

2010年我国棉花生产经历了通货膨胀与气候异常两件重大事件。这一年项目组紧密跟踪市场，努力把握棉情，及时反映新情况，全力为生产服务。全年出版《中国棉花生产景气报告》58期，本章选辑26期。这是公益性行业（农业）科研—棉花专项组（3-5）和国家棉花产业技术体系共同的研究成果，是提升产棉大国信息化水平的一种新方式。这些报告有以下几个特点：

一是适时性。本年论述中国棉花生产景气指数（CCPPI）和中国棉花生长指数（CCGI），每期紧扣季节性和生育期，通过CCPPI和CCGI，力争实现告诉“春天种多少，预期价格怎么样，夏天如何管，秋天卖给谁”。即：年初对生产的走向和走势提出预测，监测播种面积，提出期望产量，中期对生产和产量进行阶段性述评，收获期监测进度和价格，年末进行综合述评，以增强信息的时效性和透明度，满足各市场主体的需求。

二是前瞻性和预见性。通过CCPPI预测“棉花种多少合适”，通过CCGI告诉“长得怎么样”，力争准确地监测长势，预测“生长产量”或“过程产量”。由于生产与需求存在着紧密的联系，CCGI对现货和期货市场，对涉棉各市场主体的决策都产生积极的影响。

三是紧跟时代脉搏，关注热点和难点问题。积极为应对通货膨胀与气候异常出谋划策，反映呼声，许多棉情信息得到多方认可，棉花管理建议和意见被采纳。

四是服务性和指导性。服务于生产是项目组的根本目标。每期在对上一月做出简要述评之后，根据当前长势，紧密结合后一阶段的生长发育特性，提出管理指导意见和具体措施，针对低温、干旱、渍涝、冰雹等提出补救措施，对生产管理具有指导和借鉴作用。

五是连续性和系统性。由于报告是系列出版物，不断生成新信息，同时也对前述的信息和数据进行补充、修正，因而许多数据具有阶段性或过程性特征。

在出版之际对一些重要报告做了简要的点评，指出准确和谬误之处。

中国棉花生产景气报告 NO：194　　出版日期　2010 01 27

2010 年棉花种植意向调查报告（一）

——意向植棉呈缩减的走向，预计面积下降到 7 000 万亩上下

毛树春　冯　璐　李亚兵

一、意向植棉面积呈减少的走向

（一）意向植棉减半成

2010 年全国植棉意向呈减少趋势，比 2009 年同期减少近半成。据 1 月对 141 个优质棉样本县（团）、253 个乡（镇）、346 个村、3 995 个植棉户的监测结果（表 6-1），持平户占 53.8%，同比增 10.1 个百分点；增加户占 25.6%，同比增 22.0 个百分点；减少户占 19.5%，同比减 28.8 个百分点。

预测意向植棉面积减 4.9%，比照 2009 年植棉面积 7 546 万亩（中棉所数据）减至 7 176 万亩。另有 1.1%的农户占 1%播种面积即 70 万亩的意向尚处观望和等待之中。

表 6-1　2010 年农户植棉意向监测结果（一）

棉区	县团数（个）	户数（户）	持平		增加户数		减少户数		徘徊户数	
			户数	%	户数	%	户数	%	户数	%
全国	141	3 995	2 151	53.8	1 021	25.6	780	19.5	43	1.1
长江流域	56	1 605	871	54.3	507	31.6	217	13.5	10	0.6
黄河流域	59	1 545	727	47.1	309	20.0	476	30.8	33	2.1
西北内陆	22	684	527	77.0	71	10.4	86	12.6	0	0.0
特早熟	4	161	26	16.1	134	83.2	1	0.6	0	0.0

（二）意向植棉变化特点

一是三大棉区有增有减（表 6-2），长江增 7.0%，黄河减 7.5%，西北减 9.3%，其中北疆减 13.2%、南疆减 5.5%。二是各地有增有减。按增幅：鄂增 12.3%、赣增 9.1%、湘和皖各增 6.3%、豫增 4.5%、津增 2.4%、甘增

0.3%，按减幅：秦减 29.4%、冀减 18.4%、晋减 17.2%、新减 9.6%、苏减 6.5%、川减 3.8%、鲁减 2.1%、辽减 0.4%。

表 6-2　2010 年籽棉售价和植棉面积监测结果（一）

棉区	县团数（个）	户数（户）	籽棉售价（元/千克）			植棉面积变化（%）
			2009/2010 年度	2008/2009 年度	2009 比 2008 年度增减（%）	
全国	141	3 995	6.31	4.69	34.5	-4.9
长江流域	56	1 605	6.27	4.46	40.6	7.0
黄河流域	59	1 545	6.45	4.65	38.8	-7.5
西北内陆	22	684	6.09	4.92	23.8	-9.3
特早熟	4	161	6.40	5.18	23.5	-0.4

注：籽棉售价：2009 年度为到 2010 年 1 月中旬之前的加权平均值；2008 年度同期的加权平均值。

二、植棉意向分析

（一）后危机时代棉花生产面临更加严峻的挑战，植棉信心不足

受 2008 年金融危机的冲击，虽然国家收储 272 万吨，解决了“卖棉难”问题，但没有解决农民的收益问题，由于籽棉售价跌幅高达 22.2%，农民蒙受 431 亿元的巨大损失，2009 年植棉面积和总产锐减，产需矛盾加剧。截至 2009 年 12 月，全国棉花交售进度 94.2%，籽棉售价 6.31 元/千克，比 2008 年 4.69 元/千克回升 34.5%，但比 2007 年度 6.03 元/千克仅回升 4.6%。

监测结果，植棉收益低而不稳，而成本突破千元（表 6-3），3 年平均成本 1 046.2 元/亩，收益仅 346.8 元/亩，收益低于同等粮食的两成多，低于其他高效经济作物的更多。加上棉花管理繁琐，用工多，投入大，农民认为，种棉不划算，信心低落。

表 6-3　近几年全国棉花产值和收益对比

项目	主产品产值		总成本		其中物化成本		收　益	
	元/亩	增减（%）	元/亩	增减（%）	元/亩	增减（%）	元/亩	增减（%）
2007	1 498.5	12.1	1 005.1	13.6	452.5	-3.3	493.4	11.9
2008	1 150.9	-23.2	1 149.0	14.3	531.5	17.5	1.9	-99.6
2009	1 583.8	37.6	1 038.6	-9.6	482.8	-9.2	545.2	543.4

（二）粮棉、棉经的竞争激烈，棉花比较优势进一步削弱

一是黄河粮棉存在激烈的竞争现象。虽然2009年棉价回升，但由于粮价持续上涨且涨得更多，粮粮两熟产值高达1 950～1 960元/亩，收益高于粮棉两熟20%以上，另有粮食直补和农资综合补贴90～100多元/亩不等，加上种粮管理简捷，机械化水平高，优势更加明显，预计双重产区的植棉面积将还持续缩减，有两个产棉大省将下滑到分散产区的地步。

二是北疆大幅减少的主要原因是粮食面积扩大，加上北疆由于水资源短缺加剧，一些低产棉田退出，改种投入少、管理简单的油葵、打瓜和大豆等。另外，近几年地方和兵团沿天山北坡大力发展“一红”（西红柿、辣椒和葡萄等）高效经济作物，也挤占了大量棉田。

三是南疆红枣、核桃、杏和香梨等果树的快速发展，有“一亩果园胜过十亩棉花”的说法，随着果树的长大，棉田大片变成果园，棉花面积减少，单产水平也将大幅下降。

四是长江中游植棉呈增加趋势。2009年单产提高较多，收益增加明显；受水资源和灌溉条件的制约，以及留守妇女和老人适合种棉而不适合种粮，棉田继续“下湖上山”。

三、恢复植棉信心的确需要政策支持，提高单产要大力推进科技兴棉

棉价整体偏低和不稳定是制约我国棉花生产发展的最大障碍，提高农民籽棉售价是遏止面积持续下滑，恢复信心和生产的关键对策。为此提出：

一是我国的确要出台棉花最低价格支持政策。目前看，农民籽棉最低售价以不低于6元/千克为宜。同时，要制定最低价的实施方法，要让新政策惠及农民。

二是提高良种棉补贴强度，建议补贴提高到35元/亩。

三是狠抓科技兴棉，大力推广轻简技术，全力提高单产水平。推广应用优良品种、转基因抗虫棉、杂交棉增密、工厂化育苗、机械化移栽、缓控释肥、盐碱旱地植棉等轻简技术，两熟连作移栽双高产模式；同时要减少物化投入，节省人工，降低成本，促进增收。

四是切实搞好高产创建和“千（公）斤棉”竞赛活动。制定规划，开展培训，总结经验，特别强调高产创建要大力引进示范轻简节本技术，各地创建经验的总结，强调技术不能走老路和回头路，正确引导科学植棉。

中国棉花生产景气报告 NO：197　　发布日期　2010 03 18

2010/2011 年度中国棉花生产景气报告（二）

——需求稳中有升，面积稳定难度加大，进口大幅增长，价格高位运行

毛树春　李亚兵　冯　璐

中国棉花生产景气指数（CCPPI）2010/2011 年度为 300，回升 50 点，恢复到 2008/2009 年度水平。预测棉花产业经济走向为“需求稳中有升，面积稳定难度加大；进口大幅增长，价格高位运行”，棉花需求“三个没有改变”的态势加强。从纺织来看，2010 年没有上年充足廉价的原料，同时必须面对“招工难”和人工成本的上涨，加上国际市场可供采购原料的减少，综合分析棉纱产量增幅将由两位数降至一位数。供决策参考。

一、预测棉纱产量增长一位百分数，出口有所恢复，内需保持增长

（一）2009 年棉纱产量在逆境中增长，出口大幅下滑，内需大幅增长

1. 棉纱产量在逆境中增长。2009 年，全国棉纱产量 2 405.6 万吨，同比增 12.0%，高于 8.7%的 GDP 增速，纺棉 1 202 万吨（表 6－4），分析原因：一是资源充足，且价格偏低，大量低成本皮棉支持了棉纱的增长。二是内需加速，成为应对危机的有力举措。2009 年国内衣着类消费品零售总额同比增 20.8%，特别是农民人均收入超过 5 000 元，拉动了农村纺织品的消费，进而推动棉纱产量的增长。三是棉纺产能基数大，另外，一些工厂被动开工，增加了产量。然而，受全球经济下滑和消费疲软的影响，纺织服装出口大幅下滑至 9.8%，出口 1 672.2 亿美元，其减幅与国际货物贸易下滑 12%的幅度相近。

2. 面积和总产大幅缩减两位百分数，产值和收益大幅回升。受金融危机的冲击，2010 年全国棉花播种面积大幅减 14.0%为 7 425 万亩，总产大幅减 14.6%为 640 万吨；主产品产值突破增至 1 583.8 元/亩，创新高。还因成本下降 9.6%，纯收益 545.24 元/亩，与 2008 年收益 1.9 元/亩相比，植棉收益

明显增加543.34元/亩。

（二）预测2010/2011年度CCPPI回升，预计棉纱产量增长一位百分数

预测2010/2011年度中国棉花生产景气指数（CCPPI）回升到300，增50点。一是全球经济缓慢复苏，纺织服装出口恢复到2008年水平预计需要两年时间，但2010年增幅有望达到5%。国际各大机构预测2010年全球经济增速将由上年负增速的－2.2%转正，回升至2.4%（联合国）、2.7%（世界银行）～3.9%（IFM，2010年1月，2009年12月为3.1%）；国际货物贸易也由2009年－14.4%转正回升至4.3%（IFM，2010年1月，2009年12月为2.5%），但远远没有恢复到2007年7.3%的增速水平。二是国内消费增长。国家力保农民人均收入增长6%，有利于拉动农村纺织品的消费。三是纺织业转移中部，初步形成新一轮的动态比较优势。

综合来看，2010年棉花需求“三个没有改变”的态势增强。即：棉纺产能基数很大，棉花消费突破1 000万吨格局不会改变，出口总量保持高位且呈恢复的态势不会改变，居民消费650万吨的格局不会改变。从纺织来看，没有2009年充足廉价的原料，同时必须面对“招工难”和人工成本的上涨，加上国际市场可供采购的资源减少，预测棉纱产量增长将由两位数降至一位数，增幅8%上下，原棉消费总量保持稳定的可能性加大。

二、稳定面积的难度加大

虽然2009年植棉收益大幅回升，然而植棉意向仍呈减少趋势。据中国棉花生产预警监测数据，1月全国植棉意向减少4.9%，3月意向继续减少，其中黄河和西北减幅有所缩小，长江增幅持平。从棉种销售来看，去冬今春各地市场复苏缓慢，时值播种季节各地仍较疲软，销售进度缓慢。由于2月国家再次提高水稻最低价，长江实际播种面积会比意向减少。就全国而言，由于大宗农产品扶持政策非均衡性日益加大，加上蔬菜、花卉和经济果林的激烈竞争，预计今后几年植棉面积还将进一步下滑，稳定面积的难度越来越大。

三、国内外棉价高位运行

受总产减少，消费增长，2009/2010年度新棉产销两旺，价格大幅回升。据中国棉花生产预警监测结果，本年度农民籽棉出售均价6.31元/千克，比2008年度危机时回升了34.5%，但仅比2007年度回升4.6%。CC Index 328

2010 年 1 月 15 082 元/吨，2 月 14 905 元/吨，同比 2009 年危机时大幅回升了 36.2%和 32.8%。3 月 2—16 日涨至 15 264 元/吨，同比增长 32.9%。

受国际棉花消费的回升影响，我国棉花资源减少，进口量增加，预计 2010 年国际棉价不断上扬，期间可能达或超过 90 美分/磅的高水平。其中 Cotlook A 指数 2010 年 1 月 77.39 美分和 2 月 80.07 美分/磅，同比 2009 年危机时大幅回升了 34.2%和 45.0%；3 月 2—16 日 85.73 美分/磅，同比增长 68.3%。

四、进口大幅增长，全球可供采购的棉花资源减少

2009 年进口 152.7 万吨，同比减 27.7%。2010 年 1 月进口 30 万吨，同比增 286.4%，预测 2010 年进口增长 50%上下，恢复到 2007 年的 250 万吨水平。然而，由于全球棉花自 2008/2009 年度进入缩减期，可供我国采购的资源总量在减少。据 USDA 最新报告，2009/2010 年度全球总产 2 237 万吨，比历史上最高的 2006/2007 年度减少 459 万吨，减幅高达 17.0%。特别是美国加快发展生物质能源，植棉面积大幅缩减，全球可供采购的棉花减少。

五、稳定棉花生产的对策和建议

我国是棉花消费大国，稳定面积对保障基本供给事关重大，保障居民消费需棉 650 多万吨，面积至少 8 000 万亩。由于危机冲击产生的严重后果，稳定生产的难度加大，因此要以提升籽棉收购价格和恢复植棉信心为重点，采取一系列稳定生产的对策和措施。

1. 宏观上，国家要重视棉花，客观上要消除粮棉争地的顾虑；政策层面上要兼顾粮棉协调发展；主产区要粮棉一起抓。一是我国能够实现粮棉双丰收，宏观上要消除粮棉争地的顾虑。最近 6 年粮食连续丰收，棉花也连续 5 年丰收，出现粮增棉增，粮棉同步增长的良好局面，十分难得。虽然 2009 年粮食增产 0.4%，但秋粮减产 0.6%，棉花大幅减产，粮棉产量走向也是同步的。尽管取得双丰收的要素很多，但现行的种植业结构、棉区“三足鼎立”的合理布局是一个重要的要素。一旦粮棉布局结构被打破，重建则需很多年。二是政策层面上要兼顾粮棉协调发展，主产区要粮棉一起抓。国家粮棉政策要统筹兼顾，平衡和协调大宗农产品政策是保障大宗农产品供给的出发点和落脚点。同时，主产区地方政府要统筹兼顾，做到粮棉一起抓。

2. 研究出台最低收购价政策，形成一种机制性的支持，给农民一个价格预期。据对比研究国际支持政策，发现对籽棉收购价格的支持更有利保持面积的稳定。因为产值是单产和价格的乘积，采取产值有利于调动农民的积极性，激发科学植棉，提高产量，还可有效发挥政府调控的效率。2010年一号文件指出“保持农产品市场稳定和价格合理水平”，根据2009年粮棉比价、棉肥比价，籽棉最低收购价不宜低于6.5元/千克。

3. 处理好国产棉和进口棉的关系。对进口棉要坚持国产棉优先消费、配额外协商追加、坚持5%最低约束关税税率的原则，这是看好国门的坚强卫士。

4. 狠抓科技新棉，提高棉花产品竞争力。

一是“一号文件”提出“扩大粮棉油糖高产创建实施规模，年内高产创建覆盖所有农业县（场）”。以高产创建和“千（公）斤棉”竞赛为契机，扩大创建规模，增加创建面积，探索创建模式，加强创建的组织、领导和督促检查，搞好培训和现场服务，通过创建摸索出促进棉花生产方式转变的新经验、新方法。

二是加快轻简节本技术的示范推广。推广抗虫棉新品种和杂交种，大力示范轻简育苗移栽，缓控释肥，精量播种，统防统治，测土施肥，安全施用除草剂，办好样板，多召开观摩现场会，让农民看得见，学得会，提高植棉收益。

三是以创建带动面上生产，把创建取得的好经验、好方法加以总结进行推广。要加强病虫害的预测预报，大力推进统防统治和防灾减灾，为高产提供保障。

四是发展棉花生产的社会化服务。在高产创建中积极探索统一育苗移栽、统防统治、统一耕作播种、统一施肥等规模化植棉作业的服务方式方法。积极稳妥推进土地合理流转，培育植棉大户和种植专业合作社，摸索切实可行的转变棉花生产发展方式的措施。

表6-4　2010年中国棉花生产景气指数预测数（二）

（2010年3月18日）

项目	纺织服装出口（亿美元）	棉纱产量（万吨）	纺纱用棉（万吨）	棉花价格（元/吨）	棉花（万吨）	
					进口	出口
2009年	1 670.2	2 405.6	1 202	12 772	152.7	0.8
2010年预测—中水平	1674（0%）	2 360（0%）	1 180	14 500～15 000	250	0.5
低水平	1 758（5%）	2 478（5%）	1 239	14 000～14 500	200	0.5
高水平	1 841（10%）	2 572（9%）	1 286	15 500～16 000	300	0.5

注：2010年实际：纺织品服装出口2 065.3亿美元，棉纱产量2 738.7万吨，CC Index均价19 374元/吨，进口284.5万吨。

中国棉花生产景气报告 NO：198　　出版日期　2010 03 25

2010年棉花种植意向调查报告（二）

——意向呈现增幅减少和减幅减低的特点

毛树春　冯　璐

一、植棉意向呈现增幅减少和减幅减低的特点

（一）植棉意向减少3.5%，比1月减低1.4个百分点

据监测，今年全国植棉意向呈减少走向，面积比2009年同期减少3.5%。据3月对122个优质棉样本县（团）、223个乡（镇）、351个村、3 256个植棉户的监测结果（表6-5），持平户占51.8%，比1月增2.0个百分点；增加户占29.0%，比1月增2.9个百分点；减少户占18.7%，比1月减0.8个百分点。尚有观望等待农户占0.4%，比1月减0.7个百分点。预测意向植棉面积减3.5%，比1月减低1.4个百分点，预测植棉面积将下滑到7 202万亩（国家统计局7 425万亩，减223万亩）～7 325万亩（中国棉花生产预警监测7 552万亩，减227万亩）。

表6-5　2010年农户植棉意向监测报告（二）

（截至2009年3月）

棉区	县团数（个）	户数（户）	持平		增加户数		减少户数		徘徊户数	
			户数	%	户数	%	户数	%	户数	%
1月										
全国	141	3 995	2151	53.8	1021	25.6	780	19.5	43	1.1
长江流域	56	1 605	871	54.3	507	31.6	217	13.5	10	0.6
黄河流域	59	1 545	727	47.1	309	20.0	476	30.8	33	2.1
西北内陆	22	684	527	77.0	71	10.4	86	12.6	0	0.0
特早熟	4	161	26	16.1	134	83.2	1	0.6	0	0.0

（续）

棉区	县团数（个）	户数（户）	持平		增加户数		减少户数		徘徊户数	
			户数	%	户数	%	户数	%	户数	%
3月										
全国	122	3 256	1 729	53.1	926	28.4	587	18.0	14	0.4
长江流域	58	1 649	806	48.9	606	36.7	237	14.4	0	0.0
黄河流域	39	870	343	39.4	233	26.8	294	33.8	0	0.0
西北内陆	24	716	559	78.1	87	12.2	56	7.8	14	2.0
特早熟	1	21	21	100.0	0	0.0	0	0.0	0	0.0

（二）意向植棉变化特点

一是三大棉区为一增两减（表6-6）。1月和3月，长江增7.0%和4.5%，黄河减7.5%和9.4%，西北减9.3%和3.9%，其中北疆减13.2%和6.9%，南疆减5.5%和1.2%。二是各地有增有减。按增幅：1月和3月，鄂增12.3%和14.9%，赣增9.1%和7.0%，皖增6.3%和7.5%，湘增6.3%和5.0%，豫增4.5%和7.0%，津增2.4%和1.9%；按减幅：1月和3月，秦减29.4%和19.4%，冀减18.4%和18.4%，晋减17.2%和19.1%，新疆9.6%和3.9%，苏减6.5%和5.0%，四川减3.8%和8.9%，鲁减2.1%和8.0%；另外，甘先增0.3%和后减3.9%。

二、意向增减的原因分析

在植棉整体意向减少的背景下，3月意向呈现增幅减少和减幅减低的特点。主要原因如下：

（一）价格翘尾的拉动效应明显

进入2010年全国棉价继续走高，当期价格从1月的6.50元/千克提高3月的6.56元/千克，其中西北涨幅最大为2.8%。全国农民籽棉交售均价从1月前的6.31元/千克提高到3月的6.36元/千克，主产品产值1 596.36元/亩，创新高。价格的翘尾对生产的拉动效应明显。同期意向植棉面积的减幅也从1月的4.9%减低到3月的3.5%，减低1.4个百分点。西北的减幅从1月的9.3%减低到3月的3.9%，减低5.4个百分点。

表 6-6　2010 年籽棉售价和植棉面积监测报告（二）

（截至 2010 年 3 月）

棉区	县团数（个）	户数（户）	籽棉售价（元/千克）				植棉面积变化（%）
			2009/2010 年度		2008/2009 年度	2009 比 2008 年度增减（%）	
1月							
全国	141	3 995	6.31[1]	6.50[2]	4.69	34.52	−4.9
长江流域	56	1 605	6.27	6.68	4.46	40.6	7.0
黄河流域	59	1 545	6.45	6.98	4.65	38.8	−7.5
西北内陆	22	684	6.09	6.15	4.92	23.8	−9.3
特早熟	4	161	5.40	5.40	5.18	4.2	−0.4
3月							
全国	122	3 256	6.36	6.56	4.63	41.7	−3.5
长江流域	58	1 649	6.30	6.38	4.44	43.6	4.5
黄河流域	39	870	6.56	6.88	4.52	52.2	−9.4
西北内陆	24	716	6.12	6.32	4.94	27.9	−3.9
特早熟	1	21	5.50	5.65	5.18	9.0	0.0

（二）政策非均衡性的作用效果十分显著

2009 年 10 月和 2010 年 2 月国家公布提高小麦和水稻最低价，对棉花产生直接影响。长江植棉扩大意向从 1 月的 7.0%下降到 3 月的 4.5%，减少 2.5 个百分点。黄河意向减幅从 1 月的 7.5%扩大到 3 月的 9.4%，扩大 1.9 个百分点，特别是河北和山东等大省减幅仍较大。据了解，最近长江下游粳稻价上涨到 1.35 元/斤，涨幅近三成，原计划植棉的农户可能改种水稻，棉种销售很是疲软。

（三）棉花的比较优势在削减

生产上，棉花管理费工费时，用工多，机械化、集约化程度都很低，特别是轻简种植技术对生产的支撑不够。价格上，明显偏低，年内和年际间的波动大，稳定性很差。比价上，棉花不及稻麦，在黄河棉花收益比小麦和玉米两熟约低两成，在新疆不及“一红”的 1/3。成本上，已突破千元大关，不得不逼迫低产田退出，不得不逼迫大户减少人工费用，对加强管理和增加物化投入不利。政策上，除没有最低价支持以外，还没有粮食直补和综合补贴。信息上，严重不对称，农民知道甚少。由于比较优势的日益削弱，全国植棉面积整体呈缩减趋势，其中少数产棉大省将下滑到分散产区的地步。

三、稳定植棉面积，的确需要政策支持和科技支撑

棉价偏低及不稳定是制约我国棉花生产发展的最大障碍，提高农民出售籽棉的价格是稳定植棉面积的关键对策。为此建议：

一是研究出台最低价格支持政策。目前看，农民籽棉最低出售价以不低于6.0元/千克为宜。同时，要制定最低价的实施措施和方法，要让新政策惠及农民。

二是狠抓科技兴棉，全力提高单产水平。大力推广杂交棉增密技术、工厂化育苗、机械化移栽、专用缓控释肥、盐碱旱地植棉等轻简技术，提高科学植棉水平。

三是切实搞好高产创建和“千（公）斤棉”竞赛活动。政府领导、专家和技术人员多下乡，多到田间地头走和看。同时要用项目带动本地的棉花生产，组织必要的培训会、现场会和观摩会议，推进新技术的应用。

四是夺取生产的开门红。针对春寒，把握好适时播种，力争一播全苗。北疆和沿海盐碱地适当推后播种。要开展科技服务，常下乡，切实为棉花生产服务，为农民服务。

中国棉花生产景气报告 NO：199　　出版日期　2010 04 01

棉花播种保苗技术

毛 树 春

全国棉花播种移栽从3月下旬开始，一直持续到5月。由于今春气温回升慢，3月下旬气温明显偏低2℃以上，加上长江雨水多，北疆大雪，南疆沙尘，气温偏低更多。据3月31日中央气象台预报，4月上旬气温仍偏低，寒潮频率高，强度大，因此，要注意天气预报，把握好适期播种和苗期管理的关键环节，力争一播全苗，壮苗早发，夺取棉花生产的开门红。

一、大田播种主要环节

1. 备足种子，选用精加工良种。在选择对路品种的基础上，生产上一般要求备种量为用种量的50%。精加工种子一般淘汰30%劣子，并包有杀虫剂和杀菌剂，可防治苗期病虫害，因而具有一播全苗的潜势。提倡使用。自留种要求精选，除去瘪子、红子和不饱满种子，人工硫酸脱绒。

2. 掌握播种适期。棉花是喜温好光作物。种子萌发和出苗要求土壤5厘米地温稳定通过14℃，且在短期内上升到16℃为播种的适宜温度，生产上要注意天气预报，一般选择“冷尾暖头”播种。内地地膜覆盖和露地播种一般在4月中下旬。西北适播期一般在4月上、中旬。华北北部的盐碱地土壤温度回升慢，新疆天山北坡寒气重，提倡在适播期靠后播种。

3. 提高地温。地膜覆盖能够显著提高地温，培育壮苗，促进早发。大田直播在西北提倡宽膜覆盖。在华北提倡先地膜覆盖后播种。地膜膜边埋深5cm以上，压紧扎实；及时放苗，防高温烧苗和大风揭膜。播后查苗补种，移栽补苗。一般播后7～10天出齐苗，之后逐地块逐床查苗，补子补苗。

4. 加强苗期管理。大田直播，要求精细整地，足墒播种。地膜覆盖，适时放苗，间苗和定苗。低温要多中耕勤锄地，可提高地温。

5. 搞好病虫害防治。立枯病、猝倒病和炭疽病等是主要苗病。在种子包衣基础上提倡用半量式波尔多液防治。地老虎、蜗牛、苗蚜、棉蓟马等是苗期的主要害虫，用敌百虫制成毒饵或辛硫磷等对路农药防治。

二、育苗移栽环节

育苗移栽面积常年占全国棉田面积的45%上下，分布在长江流域和黄淮平原棉区，具有较好的增产效果。育苗移栽分营养钵和基质等轻简几种方法。最大优点是省种省时，可以通过覆盖农膜增温提高抗耐低温、雨水和寒潮的功能。其中基质育苗病害轻、烂子烂芽几率更低，优点更多，适合不利气候环境。

（一）营养钵育苗移栽关键环节

1. 选好床址，培肥床土。要求床址地势高，避风向阳，床土肥沃无病。培肥床土，规范制床，宽1.2米，长不超过15米，挖好围沟，排水顺畅。

2. 中等钵体，足够数量。按移栽密度加一倍钵，播前钵体施足水分，每钵播包衣棉种1粒，用爽土覆盖，厚度适宜，喷施多菌灵消毒，防苗病。

3. 适时播种，一播全苗。营养钵育苗要求地温稳定通过10℃，播种时间：一熟棉田4月初，麦套棉4月上旬，油后棉4月中旬播。

4. 加强管理，培育壮苗。低温播种提倡苗床双膜覆盖，期间增温降温保温结合，苗不移栽，膜不离床。搬钵蹲苗，栽前揭膜炼苗。

5. 适时移栽，确保密度。按照计划密度开沟或打洞穴栽，移栽时确保不破钵、不断根、钵肩不外露、不落坑，栽后浇足“定根水”，以缩短栽后缓苗期。

（二）基质育苗移栽关键环节

基质育苗用基质替代营养钵，具有苗床成苗率高、移栽成活率高、产量高和省种、省工、省时、省劲等“三高五省”的效果。本法联合使用育苗基质、促根剂和保叶剂等产品，在湖南常德，湖北荆州、仙桃、湖北龙感湖农场和运粮湖农场，江西九江，安徽安庆和固镇，江苏射阳，河南唐河，河北邱县，山东金乡和天津武清等建有基质综合种苗基地，可实行集约化、规模化和委托育苗。主要环节如下：

1. 制造苗床。基质苗床每平方米成苗500株。移栽1 500株/亩，需苗床3平方米，需基质2袋。利用小拱棚、蔬菜大棚或工厂化温室大棚，苗床底部铺农膜，育苗基质厚10厘米，播种行距10厘米，粒距1.8～2厘米。

2. 适时播种。按移栽期倒推苗床播种时间，控制适宜的移栽苗龄在25～30天，叶龄2～3片真叶，苗高10～15厘米。规模化育苗移栽播种需分期分批。

3. 苗床管理以控为主。出齐苗到子叶平展灌促根剂一次。苗床期管理以控温、控水和通风炼苗为主。在起苗前 7 天左右，苗床不再灌水，保持适宜含水量取苗方便。

4. 起苗。起苗前喷施保叶剂可防萎蔫。打开床的一头，轻走苗保证棉苗带走大量的原生根，每 30～50 株扎成一小捆，用"促根剂"浸根 15 分钟。

5. 足墒移栽。人工开沟、打孔或采用机械化移栽，沟或孔的深浅合适，放苗覆土轻镇压，栽后及时浇足"安根水"。

三、加强服务

一是开展技术培训和巡回指导。依托高产创建和"千（公）斤棉"竞赛活动，通过项目带动本地的棉花生产，组织必要的现场会和观摩会议，促进新技术的应用。当前正是棉花备播和播种季节，针对春寒，把握好适时播种，力争一播全苗。在播种保苗期间，组织专家和技术人员深入田间地头，现场巡回诊断，切实帮助棉农解决实际问题。

二是提高应变能力。由于春季气候多变，要结合看天看地看苗，听天气预报，主动掌握气候变化，及时寻找应对措施。

点评

针对低温准确，提出的措施实用、有效。

中国棉花生产景气报告 NO：203　　出版日期　2010 04 21

棉花播种进度和生产管理建议（一）

毛树春　冯　璐

一、初播推迟10天以上，播种进度慢五成多；气候异常，低温是主因

至4月15日，全国棉花春播（栽）面积仅占预计总面积的18.8%（表6-7），慢于2009年同期五成多即20.7个百分点。从区域来看，除南疆略慢于去年同期以外，长江播种面积不足20%，其中北疆和华北约3 000万亩仍未开播，为历史罕见；早播棉田出苗时间延长，出现烂种烂芽问题。湖北、湖南和安徽采用基质育苗的轻简新方法，苗床出苗整齐，抗低温能力大幅提高，显示新技术优点。整体看，全国棉花播种不利，播种时间明显推迟，出苗慢，苗势弱。气候异常是主要原因，寒潮强度大，气温明显偏低，持续时间长，回升慢。其中北疆还多次遭遇雨雪和强寒潮的侵袭，因积雪融化慢而无法整地，长江雨日和降水也增多。

长江春播面积占预计面积的13.0%，同比慢5.5个百分点，其中湖南刚初播，湖北和安徽沿江约播20%。在江汉平原、洞庭湖和沿江两岸，采用基质育苗的苗床出苗好，苗齐苗壮。分析原因：一是气温偏低，降水多不利播种，不利出苗，其中湖南提出推后播种的指导意见。二是受油菜最低保护价的积极影响，今年油菜和小麦面积继续大幅增加，冬闲田所见很少，这类棉面积通常采用油（麦）后移栽，苗床播种一般在4月中下旬。

黄河春播（栽）面积占预计面积的8.4%，同比慢22.5个百分点，其中位于华北尚未开播。分析原因：一是气温明显偏低，寒气袭人。4月16日前5厘米地温低于去年同期5℃以上，没有达到适播14℃的要求。陕西和山西播种进度也减慢，还因强寒潮造成冻害。二是茬口影响，淮北平原主要是河南改麦套棉为麦后移栽，苗床播种一般在4月中下旬。

西北播种面积占预计面积的34.8%，同比慢36.5个百分点。南疆与兵团快于北疆与地方。迄今北疆大部没有开播，是历年播种最晚和进度最慢的一

年，同时早播因低温出苗时间延长，出现烂种烂芽问题。主要原因：一是由于冬季强降雪，加上 3 月 28 日前后的强降雪降温，春季迟到 10 天，天山山前因棉田积雪较多，不利开犁，无法播种，初播期推迟 20 天。二是 4 月以来连续多次的雨雪和强降温，使播期推后 10 天以上。南疆白天气温正常，但沙尘、浮尘天气较多，特别是夜温较低，部分早播棉田出现烂种烂芽问题。

辽河播种通常偏迟，4 月 15 日前尚未开播。当气温回升，4 月下旬到 5 月上旬播种。

二、抢时播种，促早保苗，增加密度，晚种争早夺高产

早播是高产的要素之一，根据经验，自 4 月 1 日起每早播一天可增产皮棉 0.5 千克/亩，因此，晚播存在减产和晚熟的威胁。针对今年棉花大面积迟播，低温导致出苗时间延长，弱苗面积大的现实问题，为此，提出棉花生产要采取晚播争早夺高产的技术路线，当前（4 月下旬到 5 月上旬）要紧紧抓住抢时播种、促早发保全苗、增加密度和防灾减灾的关键措施。

一是抢时播种。从全国来看，4 月下旬仍是棉花的播种适期。自 4 月 17 日起，华北南部 5cm 地温回升到 14℃，进入适播期；但华北北部地温尚未达到要求。当气温回升后要趁墒抢时间抓紧播种，同时“抢冷尾暖头播种”也是有效措施。

二是促早保苗。包括育苗移栽，苗床实行双膜覆盖，出苗后及时揭膜。大田播种棉田实行地膜覆盖和宽膜覆盖，以及在播种行上进行双膜覆盖；也可先地膜覆盖地温回升后在膜上播种。要压实地膜的两边，防大风掀膜；同时还要及时放苗，防高温烧苗。

三是增加密度。针对晚播 10～20 天的现实，建议增加收获密度 10%，可补偿晚播产量的损失，也有利于夺取高产。因此，适当增加播种量，长江油（麦）后棉要育足苗数，栽足株数，浇足“安家水”，成活率达到 95%以上，确保密度。

四是查苗补种，勤中耕勤锄地。持续低温和阴雨易导致烂种烂芽。需查苗补种，有条件提倡育苗备栽。需要勤中耕勤锄地，促地温提高。

五是防治病虫害保全苗。用“棉增灵”、多菌灵和半量式波尔多液等防治苗病（立枯病、炭疽病、猝倒病和红腐病），效果好。同时防治棉蚜、地老虎和蜗牛等害虫危害。高湿棉田要勤中耕，勤锄地，提高地温，降低湿度。

六是施足底肥，早施提苗肥。针对晚播，提倡增施底肥；苗期适当补施提

苗氮肥。

七是加强指导，防灾减灾。针对今春气候异常，防灾要抓"五防"：防低温冻害，防烂籽烂芽、防渍涝、防病虫害危害和高温烧苗。一旦出现灾情，首先要调查摸底，实行分类指导。遭遇冻害子叶和真叶发紫，气温升高之后，当幼苗生长点发黑，则无活力，需要重播。

加强指导。提倡巡回指导，深入田间地头，察看苗情，有针对性解决实际问题。

表6-7　2010年春播（栽）进度调查（一）

项目	总计进度（%）		初播日期（月/日）		大田直播进度（%）		育苗移栽播种进度（%）	
	2010	2009	2010	2009	2010	2009	2010	2009
全国	18.8	39.5	4/1	3/22	17.8	29.5	6.8	10.0
长江流域	13.0	18.5	3/29	4/1	1.7	0.0	20.8	18.5
黄河流域	8.4	24.5	4/7	3/13	12.9	16.0	4.1	9.0
西北内陆	34.8	71.3	3/24	3/20	34.8	71.3	—	—
辽河	0.0	3.00		4/17	0.0	0.0	—	—

点评

提出增加密度，以密补晚措施，得到积极响应。全国播种密度增加12.5%。本期《农民日报》2010年4月29日以"专家建议增加播种量，确保收获密度增加10%"为题转发。

中国棉花生产景气报告 NO：206　　出版日期　2010 05 03

棉花播种进度和生产管理建议（二）

——播种进度慢一成多，出苗时间延长，四月苗少；
增加密度，晚播争早夺高产

毛树春　冯　璐　李亚兵

一、播种进度慢一成多，出苗时间延长，四月苗极少，苗势弱

由于棉区持续强低温，加上强寒潮、雨雪大风的频繁侵袭，播期推迟10～20天，其中北疆和华北直到4月中旬末（17日）才入春。4月下旬气温由西向北回升，各地抢播，进度加快，至4月底，全国春播进度81.8%（表6-8），同比慢16.7个百分点。

出苗时间特别长，历史罕见。常年播种出苗需时7～10天，今年延长至20天。四月苗不足两成，其比例低于任何一年。据安阳记录，4月10日播种，1.2米宽的地膜覆盖，到4月底出苗好的六七成，差的四五成，且苗势弱，子叶小，参差不齐。在日光温室育苗，苗期1月才生长真叶1片。

由于强寒潮、雨雪、降水、大风、大雨等不利天气的侵袭，早播棉田出现烂种烂芽和冻害，苗床积水毁坏营养钵，需补种和重播面积大占播种面积约三四成。4月21日自西向东强风暴侵袭，棉花因晚播避过一灾，但华北早播地掀起地膜三四成，幼苗受冻害。

长江春播（栽）面积占预计面积的96.3%，略慢于去年同期，至4月底偶见移栽进入大田。分析原因：二是气温回升慢，降水多不利播种，播种推后，至月4月中旬末苗床播种才进入高潮。二是受油菜最低保护价的积极影响，今年油菜和小麦面积大幅度增加，冬闲田所见很少，这类棉面积通常采用油（麦）后移栽，苗床播种一般在4月中下旬。

黄河春播（栽）面积占预计面积的86.3%，同比慢一成多。分析原因：一是天气原因，华北平原东部入春迟至4月17日，下旬末气温回升到28℃，

滨海盐碱地的地温回升极慢，5厘米地温低于去年同期5℃，播种进度慢于去年同期25个百分点。二是茬口影响，淮北平原改麦套棉为麦后移栽，苗床播种推后。黄土高原也略晚于去年同期一周以上。

西北播种面积占预计面积的66.3%，同比慢三成多。其中北疆慢约60个百分点，因积雪多，融化慢，加上强寒潮和降雪频繁，土壤湿度大，机械无法整地，至4月25日气温回升才开始大面积播种，播期推后10天以上，但土壤失墒快，需要滴水出苗，现大部地区正抢时滴水。还因北疆春小麦无法播种，仅石河子增加棉花播种面积50万亩也延后。南疆因枣棉间作，农机作业困难，播种延后6～8天。河西走廊因雨雪天气多，播期一再推后，早播棉田出现烂种烂芽和冻害，补种和重播面积占三四成。

辽河播种进度慢于去年同期约30百分点，月底气温快速回升有利出苗和保苗。

二、晚播争早夺高产是今年棉花生产的主攻目标任务

针对大面积迟播，晚苗面积大的实际问题，确定全国棉花晚播争早夺高产为主攻目标，采取促早和密植为关键技术路线，以保全苗、促早发和留苗增密为苗期管理的主要对策措施。只要加强管理，紧紧抓住保全苗、增加密度、勤中耕、及时疏苗定苗、早施追肥和防治病虫害等措施，可以补偿晚播的产量损失，相信晚播同样可以夺取高产。5月初气温回升，土壤墒情合适，有利播种、出苗和生长。

1. 促早保苗。要充分运用促早技术措施。包括育苗移栽，苗床实行双膜覆盖，出苗后及时揭膜。大田播种棉田实行地膜覆盖，宽膜覆盖和行上双膜覆盖。要压实地膜的两边，防大风掀膜，及时放苗防高温烧苗。勤中耕保墒除草，干旱时要浇水保苗。

2. 留足苗数，增加密度。建议增加收获密度10%，早疏苗，早间苗，防治苗荒苗和草荒苗，要多留苗，留足苗数。移栽棉田要育足苗数，栽足株数，浇足“安家水”，成活率达到95%以上，确保密度。长江安全使用除草剂也是促早的措施。

3. 防治病虫害保苗。用“棉增灵”、多菌灵和半量式波尔多液等防治苗病（立枯病、炭疽病、猝倒病和红腐病），效果好。同时防治棉蚜、地老虎和蜗牛等害虫危害。

4. 早施追肥。针对晚播，在增施底肥基础上早施追肥，当真叶出齐之后，

可适当补施提苗氮肥，南方可施入粪尿。

5. 防灾减灾。要查苗补种，早播棉田，要逐块检查，发现缺苗要补种或移栽补缺，确保密度。由于气温忽高忽低，既要防高温和低温，还要防涝、防旱和防病虫危害。要深入田间地头，察看苗情，提出切实可行办法，指导生产。

表 6-8　2010 年春播（栽）进度调查（二）

单位：%

项目	总计		初播期（月/日）		直播		育苗移栽播种		移栽进度（%）	
	2009	2010	2009	2010	2009	2010	2009	2010	2009	2010
全国	98.5	81.8	3/22	4/3	64.5	54.6	34.0	27.2	13.0	2.7
长江流域	99.5	96.5	4/1	3/29	3.7	6.7	95.8	89.8	35.6	3.3
黄河流域	97.5	86.3	3/13	4/7	72.1	74.3	25.4	12.0	9.0	4.6
西北内陆	99.0	66.3	3/20	4/2	99.0	66.3				
辽河	100	71.8	4/17	4/27	100	71.8				

中国棉花生产景气报告 NO：207　　出版日期　2010 05 23

5月中国棉花生长指数分析

——苗情明显差四成，生产开局不利

毛树春　冯　璐　李亚兵

一、苗情差，区域间相对平衡，开局不利

中国棉花生长指数（CCGI）5月为62（表6-9），真叶数1.5片/株，少于去年和历年同期1片/株。其中一类田2～3片/株，比例仅20%，同比少40个百分点，4—5月中旬苗情差于去年和历年同期的近四成，播种进度慢（表6-10），表明棉花生产开局十分不利。

表6-9　2010年5月中国棉花生长指数（CCGI）

棉区	2010年5月	为常年的
全国	62	62
长江流域	74	74
黄河流域	67	59
西北内陆	49	59
辽河流域	37	57

从苗情上看：一是普遍晚播10天以上，早苗遭遇低温危害，播种均一再推迟，到4月底播种进度同比慢20个百分点，直到5月上旬春播才结束；一类苗面积比例极少。二是灾情偏重，除低温强寒潮推迟播种以外，4月中旬前播种烂种烂芽，补种和重播面积大。三是晚播棉田病害轻，长势较好，有利于晚中争早。四是区域之间相对平衡。从大区来看，长江好于黄河，西北内陆最差。

从天气上看，一是春季持续低温，寒潮强度大，继续时间长，播种进度慢，缺苗断垄多，出苗不齐。二是灾害多，灾情出现早。从3月下旬播种到5月中旬，三大棉区遭受低温、冻害、沙尘、渍涝、冰雹等危害，受灾区域广，

受灾面积大。特别北疆遭遇雪灾，南疆和甘肃再遭雪灾和冻害，长江中下游遭遇暴雨，营养钵雨水浸溶再播，为历史罕见。

长江 CCGI 5 月为 74，为常年的 74，真叶数 2.2 片/株，同比少 0.8 片/株，苗情差于去年和常年同期近三成。前作油菜小麦因低温晚熟，加上 5 月中下旬的持续降雨，收获延后，棉花移栽进入大田时间推后到 6 月初。此外，因烂籽烂芽，下游不得不改种其他作物。

黄河 CCGI 5 月为 67，为常年的 59，真叶数 1.4 片/株，同比 0.7 片/株，苗情同比差三～四成多。华北平原 4 月中旬前播种，普遍烂籽烂芽严重，补种和重播面积大，但晚播棉田一播全苗苗齐，苗病轻。另外，天津因 5 月无降雨，原计划植棉不得不等雨改种玉米。

西北 CCGI 5 月为 49，为常年的 59，真叶数 1.2 片/株，其中南疆 2.1 片/株，北疆 0.6 片/株，河西走廊 0 片/株，同比分别少 1.3 片、0.8 片和 1.4 片和 1.3 片/株，长势差于去年同期五成多和常年四成多。本流域春晚，4 月中下旬北疆还遭遇强降雪，播期一再推后，直到 4 月下旬才进入播种高潮。虽然南疆播种相对正常，但播后气温偏低，5 月 15—17 日又遭遇降雪和冻害，受灾面积 120 万亩，绝收 11.4 万亩。河西走廊播种一再推后，5 月中旬仍未见真叶。此外，5 月中旬还遭受冻害，棉苗长势极度偏弱。

辽河 CCGI 5 月为 37，为常年的 57。真叶数 0.6 片/株，长势同比差六成多，也常年同期四成多，近七成。

二、主攻目标：晚播争早夺高产

针对大面积迟播迟发的特殊情况，确定晚播争早夺高产为全国棉花的主攻目标，采取促早和密植为关键技术路线，以保全苗、促早发和多留苗为苗期管理的对策措施。只要加强管理，紧紧抓住保全苗，增密度，可补偿晚播造成的产量损失，晚播也可以夺取高产。

1. 勤管早管。一是勤中耕，轻施提苗肥，肥水结合，促进弱苗的转化。二是重播和补种棉田，要早间苗和早定苗，及时中耕松土除草。三是早发壮苗一、二类田和高产创建棉田，要看苗调控；适时进行化学调控，提倡“少控轻控”。

2. 留足苗数，增加密度。建议增加收获密度 10%，早疏苗，早间苗，防治苗荒苗、草荒苗，要多留苗，留足苗数。移栽棉田要栽足株数，浇足“安家水”，成活率达到 95%以上，确保密度。长江安全使用除草剂也是促早的措施。

3. 抢收抢栽。长江油菜和小麦面积大，棉田复播和复栽的面积大，抢栽麦（油）后棉，浇足“安家水”，加快进度（表6-10）。从5月下旬开始，黄河小麦即将进入收获期，在抢收小麦的同时，要早灭茬，棉花早定苗，早施提苗肥。麦茬地移栽晚春棉密度2 500～3 000株/亩，移栽短季棉密度5 500～6 000株/亩，要灌溉补足口墒水。

4. 防病治虫。高温干旱要防治苗蚜和红蜘蛛，低温高湿要防治盲蝽和蓟马，重播和补种棉田要防治地老虎和蜗牛，确保全苗。

5. 防涝防旱。长江流域5月降水明显增多，要开通“四沟”，保证排水渠道畅通。黄河气温回升明显，易出现干旱和麦棉争水矛盾，要注意灌溉保苗促早。

表6-10　2010年春播（栽）进度调查（三）

项目	播种进度（%）			移栽进度（%）
	总计	直播	育苗移栽播种	
全国	97.3	74.8	22.5	18.0
长江流域	92.7	31.0	61.8	43.8
黄河流域	98.3	80.6	17.7	17.7
西北内陆	99.3	99.3		
辽河流域	99.9	99.9		

中国棉花生产景气报告 NO：208　　　　出版日期　2010 05 28

2010 年全国春播（栽）棉花面积减少

——春播（栽）面积 7 354 万亩，减 2.8%；
期望总产 620 万～630 万吨，天气仍起主导作用

毛树春　冯　璐　李亚兵

一、春播（栽）棉面积 7 354 万亩，省与省、流域与流域间的差异大

（一）春播（栽）面积 7 354 万亩，减 2.8%

至 5 月底，全国棉花春播（栽）基本结束，2010 年春播面积继续减少。据对 146 个优质棉代表县（团）292 个乡（镇）4 797 个植棉定点户的连续监测（表 6－11），增加户占 21.9%，持平户占 57.8%，减少户占 20.3%。与 2009 年相比，春播面积减 2.8%，比照上年 7 425 万亩（国统局）和 7 564 万亩（中棉所），面积减 208 万～212 万亩，监测全国春播（栽）面积 7 354 万亩，最终面积还与麦后棉有关。

表 6－11　2010 年春播（栽）棉花面积监测结果

区域	县数（个）	总户数（户）	持平户		增加户		减少户		面积增减（%）	预测面积（万亩）
			户数	比例（%）	户数	比例（%）	户数	比例（%）		
全国	146	4 797	2 772	57.8	1 051	21.9	974	20.3	－2.8	7 354
长江流域	49	1 674	821	49.0	483	28.9	370	22.1	5.6	1 788
黄河流域	49	1 448	702	48.5	299	20.6	447	30.9	－11.0	2 878
西北内陆	44	1 515	1 089	71.9	269	17.8	157	10.4	3.7	2 679
辽河流域	4	160	160	100.0	261	0.0	0	0.0	3.6	8

（二）区域、省份之间出现极端分化现象

长江流域增 5.6%，黄河流域减 11.0%，西北内陆增 3.7%。按增减幅

度：鄂增10.9%、赣增9.8%、湘增6.5%、陇增6.4%、皖增6.1%、新增3.6%，其中南疆持平，北疆增8.5%；津增1.9%；陕减30.0%、晋减18.6%、冀减7.5%、鲁减4.0%、豫减3.9%、川减5.8%、苏减3.0%、辽持平。

二、春播（栽）面积增减原因分析

（一）全国

虽然2009年度棉价大幅回升有利于保持稳定，但棉花面积减少的格局没有变，面积下滑将是当前和今后棉花生产的突出问题。2008年全球金融危机加大了棉花面积减缩进程。尽管长江中游、华北沿海和西北边陲的面积扩大，但全国棉田面积减速快于增速，有一两个大省面积已减半，未来棉花缺口必将放大，这是一个十分危险的信号，要引起高度重视。

此外，今春持续极端低温，也改变了农民种植计划。长江下游因烂籽与渤海盐碱地因5月无降水，加大了面积的减少；北疆因春小麦无法播种而增种棉花。在几种因素平衡中，全国棉花面积相应增加，减幅缩小一个百分点。分析全国棉田面积减少因素如下：

1. 收益大幅回升。据中国棉花生产预警监测数据，2009年度全国棉花主产品产值创新高为1 583.8元/亩，同比增37.6%，收益增543.1元/亩。测算全国棉花主产品增收411亿元，籽棉售价大幅回升至35.6%，今春“价格翘尾”对稳定面积有积极作用。

2. “粮涨棉涨”，粮棉比价缩小。据中国棉花生产预警监测数据，虽然2009年粮/棉比价缩小了10%～22%，但粮价仍呈上涨态势，而棉价仍处于劣势，加之近几年蔬菜、水果收益的大幅提高使得棉价的上涨对棉花种植的调节作用有限。

3. “肥跌棉涨”，剪刀差缩小。据中国棉花生产预警监测数据，棉/肥比价从2008年的1∶4.2提高到2009年的1∶6.3，工农产品“剪刀差”缩小了50%，这对恢复和稳定棉花面积有利，但终因棉花成本高达千元，对增收的作用不大。

4. 棉花良种补贴15元/亩，不足以引导生产，强度低是主因。

（二）区域和省

1. 长江流域主要是劳动力因素。长江中游经济相对发达，棉田仍将“下湖上山”。这是因为植棉适合“留守妇女”和老人，加上农田小水利损坏，无法灌溉，不能种植水稻。本流域除下游棉田继续萎缩以外，中游棉田仍将维持或扩大，但提高单产的难度加大。

2. 黄河流域主要是粮棉比价问题。由于小麦提价到0.90元/斤，玉米价格也已跃上0.8元/斤以上，小麦玉米两季吨粮水平，产值约2 000元/亩，收益约1 200元/亩，比种棉增收500元/亩，加上粮食机收机播，管理简单，劳动力可外出打工，显然种粮合算。今后这一区域的豫东南、皖北，华北平原南部的豫北和冀南还将萎缩，个别省已下滑到分散产区的地步。

3. 西北内陆种植业结构调整仍将继续。地方和兵团都在调减棉田面积，特别是低产田因高成本不得不退出。北疆"一红"仍在扩大，南疆果林间作面积广大到了500多万亩，树冠越来越大，果棉矛盾加大，棉花单产必降。

4. 盐碱旱地棉田呈扩大态势。棉花是盐碱地的先锋植物，由于棉花具有耐盐碱耐旱的生物学特性，只要全力解决出苗所需的淡水和保苗问题，即可实现全苗，产量水平不低，未来东海、黄海和渤海等盐碱地植棉可能加快扩大。

三、预测总产620万～630万吨，天气仍将起主导作用

由于生产开局不利，持续低温，强寒潮，加上春雪大雨霜冻，不利天气导致播期推后10多天，致使5月CCGI 62，差于去年和历年同期近四成，夺取高产的难度加大。同时灾害发生早，频发高，危害大，至5月底，约1/3棉田受灾，其中绝收面积超过10万亩。

如果中后期气候正常，不出现重大天气灾害和病虫危害，预测单产可能略减或持平。然而，据中央气象台预报，2010年是一个中等偏差年景。关于单产，根据春播和5月苗情，利用气候适宜度模型和神经网络模型等进行模拟，预测单产85千克/亩，期望总产620万～630万吨，比2009年640万（国家统计局）～654.6万吨（中棉所）减产20万～25万吨，减幅3.1%～3.8%。

早熟性与播种期的关系密切。大面积晚播对产量和品质都将产生影响。特别是北疆和河西走廊播种期推后太多，晚熟的几率加大，夺取高产的难度加大。华北播种晚10天，由于5月气温偏高偏旱，出苗快，苗全苗齐，苗病轻，苗情转化加快，至5月底，生长时间只滞后5～7天；只要中后期天气正常，产量和早熟性将不受影响，还有可能克服大面积早衰，对夺取高产有利。长江

流域晚播（栽）影响不大，关键看8—9月天气。

点评

5月底监测面积7 354万亩，国家统计局2011年3月1日公布统计数7275万亩，吻合度98.9%。

5月底预测总产620万～630万吨，与国家统计局2011年3月1日公布统计数597万吨的吻合度为96.2%，预测结果较准确。

中国棉花生产景气报告 NO：209　　出版日期　2010 06 20

6月中国棉花生长指数分析

——苗情转化慢，偏迟10天，区域间不平衡

毛树春　冯　璐　李亚兵

一、苗情长势转化慢，生育仍偏迟10天，区域之间不平衡

中国棉花生长指数（CCGI）6月为85（表6-12），真叶数7.7片/株，本月苗情差于去年同期一成半；为常年的80（前7年），差于常年的两成。从苗情总体来看，一是6月苗情转化慢，与播种推迟10天和5月长势滞后10天相比，生育追赶3～5天，但长势仍偏迟7～10天。其中北疆和河西走廊生育偏迟更为明显。二是一类苗面积比例少于去年同期的二到三成，果枝少1～2个/株。三是区域之间不平衡，华北平原和南襄盆地相对最好，南疆一般，北疆、河西走廊和长江下游相对较差。

从5月中旬到6月中旬的天气来看，一是华北降水少，黄淮光温水条件较好，生长转化最快。二是大部棉区气温仍偏低，降水偏多；日照偏少，与去年同期相比，阴雨天气多，日照时数减少一到两成，其中江汉平原和江淮南部明显不足，上述天气对壮苗早发和现蕾不利。三是灾害偏重，受灾面积大。长江渍涝受灾棉田增加，新疆部分地区遭受冻害，黄淮和西北棉蚜偏重发生，局部冰雹偏多偏重。

表6-12　2010年6月中国棉花生长指数（CCGI）

棉区	2010年5月	2010年6月	6月与常年比
全国	62	85	80
长江流域	74	80	75
黄河流域	67	87	79
西北内陆	49	88	88
辽河流域	37	88	62

长江CCGI 6月为80，为常年的75，真叶数6.4片/株。苗情同比差两成，差于常年两成半。由于“五月寒”，洞庭湖和江汉平原迟迟不发，弱苗、老苗、僵苗面积大，但本流域的早春棉与鄱阳湖区的长势较好；下游因小麦晚熟，麦棉共生期延长，棉苗长势略差于去年同期。南襄盆地麦茬移栽棉的面积大，苗情转好。

黄河CCGI 6月为87，为常年的79，真叶数8.4片/株。苗情长势同比差一成半，差于常年两成多。整体看，华北平原转化最快，长势最好，生长仅滞后5～6天，但个体偏小。因小麦晚熟加上6月中旬降水多，淮北平原麦茬棉晚栽7～10天，麦套春棉共生期延长，也是迟发的主要原因。黄土高原因旱苗弱早发。

西北CCGI6月为88，为常年的88，苗情同比差一成和常年的一成多。真叶数7.8片/株，其中南疆8.6片/株，北疆7.1片/株，河西走廊7.8片/株。北疆与河西走廊雨天多，气温忽高忽低，整体气温偏低3～5℃，长势明显偏弱，僵苗、老苗面积大，现蕾晚7～10天。南疆因低温和高湿返盐导致部分棉田死苗3%～5%，田块之间苗情差异大，棉蚜偏重发生。

辽河CCGI 6月为88，为常年的62，真叶数3.8片/株。苗情同比差一成多，差于常年近四成。

二、加强管理，促进转化，协调“三长”，搭好丰产架子

从6月下旬到7月中旬，是搭好丰产架子的关键时期。这一时段天气呈现灾害多发特点，暴雨、干旱及冰雹交替发生，还是“两萎病”大发生期，也是B_t棉棉田盲蝽象的重发期。针对今年弱苗面积大，营养生长和生殖生长不协调，要以平衡生长、营养生长和与生殖生长（即“三长”）相协调为主攻方向，以抗旱与防涝为重点，实行分类管理，以促为主，促控结合，搭好丰产架子。主要技术措施如下：

1. 抢栽麦茬棉，中耕灭茬，定苗整枝。由于小麦普遍晚熟，黄河流域麦茬棉晚栽7～10天，要抢栽抢管，栽后及时灌溉。油茬棉、麦茬棉、麦套棉田和晚播棉田要抓紧定苗，移栽棉要剪除双株，提倡粗整枝，早整枝。长江多雨，杂草生长旺盛，要中耕松土，清除残茬和杂草，清沟理墒，追施蕾肥，黄河要封根培土。

2. 稳施蕾肥，重施花铃肥。蕾期要求稳长，一类早发棉田看苗稳施蕾肥，三四类弱苗要增施氮肥促进生长，地膜覆盖棉田要求揭膜除草之后施肥。花铃

肥长江分两次施用，一次在 6 月下旬到 7 月上旬，一次在 7 月下旬到立秋前后；黄河一般一次施用，时间在 7 月下旬。肥料品种要求氮钾配合，施肥要与培土结合，高培土，有利于灌排，减轻渍涝。

3. 化学调控，塑造高产株型。多雨和早发棉田提倡用缩节胺进行少控、多控和轻控。

4. 预测预报，综合防治病虫害。加强 B_t 棉田的监测，高产创建棉田要做到田块有测报点，村村有测报员，及时发布虫情信息。及时防治棉铃虫和盲蝽象，提倡诱杀与化学防治相结合。西北干旱，要密切关注红蜘蛛和棉蚜的暴发危害，西北要求点片防治，严禁大面积滥用化学农药。

5. 抗旱排涝，减轻灾害。针对高温，西北棉区要加强灌溉，增加滴灌次数和滴水量。长江和沿海棉区遇涝及时清沟排渍，保证渠沟畅通。

6. 洪涝抢救措施。一是扶理倒伏棉株。二是抢排水和快速清洗植株上的泥沙。三是早中耕松土，早施重施肥，四是推迟打顶 7～10 天，精细整枝打杈，及时抹掉赘芽。四是灾后棉花长势偏旺，害虫发生偏重，要及时防治。

7. 冰雹补救措施。对于早期冰雹危害可采用留叶枝和增施氮肥促进生长。晚期（7 月中旬）改种蔬菜等。对受灾棉田要逐田块诊断，划分类型，分类实施补救措施。

中国棉花生产景气报告 NO：213　　出版日期 2010 07 15

加强肥水防控管理，力争晚播争早夺高产

——早管促早，防控贪青晚熟，是应对低温冷凉不利天气的积极举措

李雪源[1]　毛树春[2]　艾先涛[1]

（1，2 国家棉花产业技术体系，新疆农业科学院经作所；2 中国农科院棉花所）

针对今年新疆棉花晚播迟发弱苗面积大的情况，当前生产管理要以晚播早熟夺高产，防贪青晚熟为主攻目标，建议采取勤浇水，早施肥，减氮补钾；控水控肥，适当早停水；早打顶，去无效蕾花；积极防控病虫害等管理措施，力争晚播高产早熟。

一、晚播迟发为全疆棉花长势的写照

今春以来，不利气候条件对全疆棉花生产造成很大困难。

一是气温长期低温、多雨和多风，气候呈现冷凉特点。据记录，南北疆大部产区≥10℃和≥15℃活动积温都比历年偏低200℃左右，是自1996年冷态年型以来又一低温年。特别是5月中旬出现连续多天的冰雹雨雪天气，北疆表现尤为突出，持续时间长，范围广。

二是播种推迟。据中国棉花生产监测预警数据（表6－13），今春南疆早春气温回升快，播种早，播种进度与去年基本接近。然而，北疆初播日期推迟到4月20日，4月底播种进度为38.4%，滞后于去年同期58.6个百分点，直到5月5日才基本结束，5月中旬播种完毕，比去年播种推后10～20天，也为历史少见。

三是生长发育严重滞后，生长量不足。表现大面积苗弱，现蕾迟，开花迟。据中国棉花生产监测预警数据（表6－14），5月新疆棉花生长指数为51；苗情长势仅为去年同期的一半，为常年的61；6月生长指数为88，落后去年同期的一成多。由于长期低温，没有实现“四月苗、五月蕾、六月花”的高产

长势。当前所处7月中旬，正常年景全疆棉花盛花期，而今年则推迟到7月下旬，晚10～15天。同时，营养生长不足、生殖生长量少，棉株个体小，没有搭起丰产架子。据调查，株高矮5～10厘米，单株果枝数少2个左右，单株蕾数少5～6个，预计成铃高峰期后移到8月上旬，从见花到吐絮需时间48天来看，秋桃比例必将大幅增加，预计吐絮高峰将推后到9月中下旬。

表6-13 2010年新疆棉花播种进度和长势

省区	播种进度（%）				生长指数			
	4月15日		4月30日		5月	5月与常年比	6月	6月与常年比
	2010	2009	2010	2009				
全疆	34.3	72.2	65.5	98.5	51	61	88	88
南疆	71.6	74.2	96.4	100.0	71	83	87	92
北疆	1.6	70.0	38.4	97.0	28	36	89	82

二、加强管理，晚播争早夺高产

从全生育期来看，有效现蕾期南疆大部持续到8月5日，还有20天；北疆大部持续到7月底，仅15天。鉴于迟发弱苗面积大，现蕾开花滞后10多天，生产上要以“促早和防控”为主攻目标。即早管早促争早蕾、早开花、早结铃，力保成铃数5～6万个/亩；早防早控蕾铃脱落与贪青晚熟，力保霜前花达到80%。加强以水肥防为中心的田间管理，主要措施如下：

1. 勤浇水，早施肥，减氮补钾。在6月中旬开始浇灌头水的棉田，二水要连接一水滴灌，三水四水连续滴灌，做到多滴勤滴，每次滴灌10～15立方米/亩。同时，要施肥与滴灌结合，花铃期滴施尿素10～15千克/亩，滴4～5次。建议后期适量减氮补施硫酸钾肥3～5千克/亩，有效防治后期贪青晚熟。

2. 控水控肥，适当早停水。针对迟发晚熟，在底施复混肥料基础上，追施氮肥，提倡适当控制，氮肥要两头控，即前轻后轻中重；灌溉前促后控，前期早滴勤滴控量增次，每次滴灌不超过10～15立方米/亩。适当早停水，正常棉田停水时间提早到8月中下旬，比常年9月底停水提早20多天；对弱苗易早衰田块，要看苗适时停水。

3. 早打顶，去无效蕾花。在7月上旬前，棉株果枝6～9个/株即打顶，做到“枝到不等时”；对严重迟发田块，打顶不应迟于7月20日，做到“时到不等枝”。通过早打顶，不仅可以实现晚播争早，而且促进多现蕾，早开花。根据有效现蕾时间，南疆8月5日之后去无效蕾，9月5日之后去无效花；北疆7月底之后去无效蕾，8月25日前去无效花。

4. 看苗化调，少控轻控。在水肥调控基础上，提倡看苗化调，少控轻控，适宜缩节胺用量为2～3克/亩。

5. 加强测报，积极防控病虫害。棉铃虫进入重发频发期，造成蕾铃脱落，加重晚熟。强调加强测报，早发现早预防；点片发生，点片防治，控制扩散；棉蚜、棉叶螨局部暴发，棉盲蝽局部也有危害，采用查、摸、摘、打、追的方法可有效控制，使用辛硫磷、赛丹和功夫等农药进行综合防治。

点评

为了防止后期贪青晚熟，7月15日提出“早打顶，勤浇水，早施肥，减氮补钾”，“控水控肥，适当早停水”，“加强测报，积极防控病虫害”。其措施及时正确，实施有效。

本期与李雪源等专家合作提出的建议，得到新疆维吾尔自治区钱智副主席批示，以“农业厅文件新农种植【2010】249号以《关于加强棉花中后期管理的紧急通知》”的形式，于7月27日下发全区各地州。

中国棉花生产景气报告 NO：215　　　　出版日期 2010 07 25

7月中国棉花生长指数分析

——长势偏差，区域间差异大，灾害重；
加强管理，力争迟发夺高产

一、长势较差，渍涝灾害重；生长发育的早晚相差大，区域之间差异大

中国棉花生长指数（CCGI）**7月为90，为常年的93，全国果节数23个/株，同比少一成和常年半成多。**监测结果（表6-14），从6月中旬到7月中旬棉花长势转化加快，但区域和棉田之间的差异大。一类苗，内地果节数40～50个/株，西北16～20个/株，伏前桃1～2个/株，但大部棉田没有伏前桃，这在近30年很不多见。

总体来看，由于4—5月低温，全国棉花普遍晚播迟发10～15天，长势不均衡。6月中旬以来苗情转化相对复杂：一是黄河苗情转化加快，长势较好，伏前桃仅少1个，有望夺高产。二是长江中游7月上中旬暴雨、渍涝受灾面积大，迟发加重。三是西北7月中旬进入高温，迟发弱苗转化加快，有利于晚播争早。

从天气来看，从6月到7月中旬，高温与低温相间，旱涝并存，流域间气候差异大。长江中游强降雨，气温偏低，棉花生长慢，迟发加重。黄河气温高，苗情转化加快，华北和黄土高原局部伏蚜和红蜘蛛危害加重。

从灾害来看，6月中旬到7月中旬，南涝北旱，受灾面积较大，灾情偏重。6月下旬和7月上旬长江中游强降雨受渍棉田1 174万亩，抽排积水面积200万亩，绝收40万亩。6月下旬到7月上旬黄河≥35℃极端高温持续近20天，受旱棉田200多万亩，抗旱100多万亩，中旬局部降雨缓解旱情。据7月20—23日考察，黄土高原和河西走廊局部苗蚜、伏蚜或红蜘蛛危害较重，下旬降雨被控制。

长江CCGI　7月为78，为常年的75，果节数26.7个/株。苗情长势同比差两成多，差于常年两成半。据分析，前期低温迟发和7月上中旬强降雨造成的渍涝是长势偏弱的主要原因。加上肥水碰头，弱苗长势偏旺，果枝和果节

少，“两萎病”发生面积大而重。

黄河 CCGI 7月为106，为常年的104，果节数30个/株。苗情长势同比好半成多，好于常年同期近半成。据分析，一是本流域持续高温加速转化，二是播种增加密度12.9%补偿因迟发单位面积果节数的不足。三是高温和干旱抑制了“两萎病”发生。整体看，华北丰产架子搭得早，开花早，生殖生长加快。黄淮春套、麦茬和蒜茬晚栽棉花转化加快，好于去年同期苗情。淮北气候适宜，苗情长势好。

西北 CCGI 7月为84，为常年的84，苗情长势同比差一成半和历年近一成半，果节数12.3个/株，其中南疆15.5个/株，北疆9.8个/株，河西走廊8.8个/株。特别是北疆种植密度增加15.1%，补偿因迟播单位面积总果节数的不足，较好地发挥“以密增早”。6月中旬以来气温回升快，日照充足，弱苗转化加快，但由于前中期持续低温，总体偏迟。据7月23日考察，河西走廊开花果枝偏迟3个/株，时间约晚9天。

表6-14 2010年中国棉花生长指数—CCGI

项 目	2010年5月	2010年6月	2010年7月	2010年与常年比
全国	62	85	90	93
长江流域	74	80	78	75
黄河流域	67	87	106	104
西北内陆	49	88	84	84
辽河流域	37	88	92	87

辽河 CCGI 7月为97，为常年的87，果节数8.7个/株，由于气温持续偏低，雨日数多，棉花生长受阻，长势差于去年和常年。7月下旬渍涝又加重了迟发。

二、分类管理，防灾减灾，力争迟发夺高产

8月是棉花产量形成的关键期，生产的主攻目标是增结伏桃和早秋桃。针对今年气候异常、普遍迟发和苗情复杂的现实，强调分类管理，力争迟发夺高产争早熟。同时，8月仍是灾害多发期，既要防自然灾害还要防病虫害，要力争抗灾夺丰收。根据项目组专家会商意见，提出建议，长江要充分利用中期高温富照和秋高气爽的有利天气，发挥棉花独有的无限生长习性，增结伏桃和早

秋桃，实现晚发夺高产。黄河要积极防早衰，增结伏桃和早秋桃。西北要促进早结铃，及早防控贪青晚熟，力保成铃5～6万个/亩，力保霜前花达到80%。从7月下旬和8月，分区域和分类田的管理措施如下：

(一) 长江流域：狠抓中期管理，促弱转壮，增结伏桃和早秋桃

1. 晚发棉田管理。一是重施花铃肥。中游棉田，追尿素15～20千克/亩；底肥不足棉田，补施磷肥和钾肥。氮肥追施时间不能晚于立秋。二是整枝打顶。鉴于迟发，中游打顶时间仍不能迟于立秋，下游一般在7月底。肥水碰头易生长赘芽，要抹赘芽。三是要勤中耕，破除板结，清除杂草。四是分类看苗化调。缩节胺用量为2～3克/亩，旺长田重控，迟发弱苗田轻控。五是综合防治病虫害。

2. 渍涝棉田管理。一是排水降渍。清理"三沟"、快速排除田面积水和暗水，降低湿度，促进恢复生长。二是扶理倒伏棉株，清洗叶片淤泥，扶理后及时壅土护根。三是中耕松土培土，降低土壤湿度。四是补施恢复肥，提倡叶面喷施氮肥、钾肥2～3次。

(二) 黄河流域：狠抓中期管理，防早衰，力争高产夺丰收

1. 揭膜和重施花铃肥。先揭膜，再追肥尿素10～15千克/亩，有条件追肥硫酸钾肥4～5千克/亩。旱地或易早衰棉田，追施尿素7～10千克/亩，时间不迟于7月底，8月中后期提倡叶面喷磷酸二氢钾。

2. 抗旱与防涝结合。当前本流域旱涝并存，鉴于"七下八上"正值雨季，强调灌排结合，抗旱切忌大水漫灌，提倡隔行灌溉，灌水量10～20立方米/亩；持续干旱再浇第二次或第三次，水量要适当加大。同时，打通田间排水沟渠，清理河道渠沟，保证行水通畅，预防大雨暴雨造成内涝。

3. 化学调控。7月下旬打顶后使用一次缩节胺2～3克。弱苗田适当减少用量，推迟用期；旺苗和高肥水田可适当增加用量，提早施用，可防徒长。

4. 整枝打顶。晚发、长势强的棉花不宜迟于7月25日；麦茬和蒜茬棉不迟于7月底。

5. 持续干旱要加强伏蚜和红蜘蛛的监测和防治，做到点片发生，点片治理。

(三) 西北内陆：加强肥水调管理，防晚熟，力争迟发早熟夺高产

1. 勤浇水，早施肥，减氮补钾。近期高温需水增加，三水要连接二水滴灌，四水五水连续滴灌，做到多滴勤滴，每次滴灌10～15立方米/亩。施肥与滴灌结合，花铃期滴施尿素10～15千克/亩，滴4～5次。后期减氮补施硫酸钾肥3～5千克/亩，可防贪青晚熟。沟灌或膜上灌溉棉田要适当控制水量，北疆和河西走廊氮肥追施时间不能迟于7月底。

2. 控水控肥，适当早停水。针对迟发晚熟，在底施复混肥料基础上，追施氮肥提倡适当控制，氮肥要两头控，即前轻后轻中重；灌溉前促后控，前期早滴勤滴控量增次，每次滴灌不超过10～15立方米/亩。适当早停水，正常棉田停水时间提早到8月中下旬，比常年9月底停水提早20天；对弱苗易早衰田块，要看苗适时停水。

3. 除无效蕾花。根据有效现蕾时间，南疆8月5日之后去无效蕾，9月5日之后去无效花；北疆和河西走廊7月底除无效蕾，8月25日前后除无效花。

4. 看苗化调，少控轻控。在水肥调控基础上，提倡看苗化学调控，提倡少控轻控，缩节胺用量为2～3克/亩。

5. 棉蚜和棉叶螨点片发生，采用查、摸、摘、打、追方法，点片防治，可有效控制。

中国棉花生产景气报告 NO：216　　出版日期 2010 07 31

2010 年中期全国棉花产需形势展望

毛树春　冯　璐　李亚兵

一、2010/2011 年度棉花产业经济走向

中国棉花生产景气指数（CCPPI）2010/2011 年度为 300，回升 50 点，恢复到 2008/2009 年度水平。预测棉花产业经济走向为“需求稳中有升，面积稳定难度加大；进口大幅增长，价格高位运行”，棉花需求“三个没有改变”的态势增强。分析指出，金融危机是外因，增长周期是内因，在内外两个因素作用下，我国棉纺织业步入新一轮增长周期是其主要特点。CCPPI 上半年各月分别为 248、242、253、241、256 和 245，呈波浪形，运行特点如下：

（一）棉纱产量恢复两位数增长；出口恢复两位数增长，内需继续保持旺盛态势

上半年棉纱产量 1 277.9 万吨，同比增 174.3 万吨，增幅 15.8%（上半年 GDP 增长 11.1%）。棉布产量 182.2 亿米，同比增 36.5 亿米，增幅 25.1%。实证检验，我国棉纱产能基数很大且产量保持增长的态势没有改变。

在我国经济的拉动下，全球经济进入回暖和复苏态势，上半年纺织服装出口市场十分红火，出口 888.8 亿美元，同比增 88.6 亿美元，增幅 22.0%，高于 2008 年上半年（危机前）的 8.8%。其中纺织品出口 356.5 亿美元，同比增长 32.3%；服装出口 532.3 亿美元，同比增长 16.0%。

上半年纺织行业产销形势大好，1—5 月纺织业实现利润 418 亿元，同比增长 63.8%。1—6 月服装鞋帽、纺织品内销增长 23.8%，金额 2 754 亿元。如果下半年 GDP 保持 8%的增长，棉纱产量 8%的增长为 1 400 万吨，全年棉纱产量 2 600 万吨，按用棉比例 40%测算，纺纱用棉 1 000 万吨的态势没有改变。

（二）播种面积 7 454 万亩，基本持平

监测结果，至 6 月底，黄河与长江麦后棉面积 100 万亩，加上春播（栽）7 354 万亩为 7 454 万亩。与 2009 年 7 425 万亩（国家统计局）和 7 564 万亩（中棉所）相比，面积增 29 万～减 110 万亩，略增 0.39%或略减 1.5%。

（三）进口大幅增加

上半年进口棉花154.5万吨，同比增81万吨，增幅110%。进口额27亿美元，同比增189.5%。

（四）国内外价格走高，棉花市场呈现强劲复苏态势

上半年中国棉花价格指数（CC Index）16 084元/吨，同比增4 130元/吨，涨幅34.5%。其中6月17 896元/吨，比1月14 932的最低价回升2 964元/吨，回升19.8%。上半年A指数84.7美分/磅，同比增27.3美分/磅，涨幅47.6%。滑准税条件下国内外价差缩小至1 000元/吨。

（五）高产创建有利于棉花生产的稳定

今年农业部继续在全国198个县200个万亩片开展棉花高产创建行动，各地积极应对不利天气，有利于生产的稳定，进展良好。棉花良种补贴全覆盖，补贴金额15元/亩，有利于降低生产成本。

二、2010年棉花产量展望

（一）中国棉花生长指数（CCGI）前中期为79，苗情长势同比差两成多

主要问题：一是晚播迟发10天以上，其中早播出苗特别不顺，苗情差异大。二是种植密度增加8.1%，有利于密争早。二是前中期长势差。5月CCGI为62，真叶数1.5片/株，苗情同比差近四成。6月CCGI为85，真叶数7.7片/株，苗情同比差一成半。7月CCGI为90，果节数23个/株，苗情同比差一成。三是流域间差异大。三大流域以黄河最好，西北次之，长江最差。

（二）前中期为偏差年景

4—7月主产区特点：①长江经历低温—渍涝天气过程，前作小麦或油菜晚熟，棉花晚栽10多天，6—7月两次大范围的降水导致渍涝，苗病重，死苗多，密度仅增1.2%，“两萎病”重发，普遍少伏前桃。②黄河经历了低温—高温干旱—局部渍涝天气过程，前期低温导致晚播迟发10天，前期晚播增密12.9%，有利于以密争早；自6月中旬到7月底，华北大部≥35℃高温有20天，7月下旬“桑拿天”持续10天：一方面加快苗情转化生长，病害轻，凡灌溉棉田长势好，7月底成铃10个/株，高于去年同期，长势稳健，有望超高产；另一方面，局部伏蚜、红蜘蛛危害严重，中部脱落多。无灌溉棉田，到7月下旬因旱开花到顶，早衰严重。8月上中旬华北东北部渍涝严重。③西北经历低温—冻害—气温回升—高温天气过程。其中北疆播种持续到5月初，晚播

20天，河西走廊晚播迟发10天，北疆种植密度增15.1%，虽然南疆播种期正常略晚，但因5月低温降雪冻害迟发。5—6月低温，7月气温回升，生长加快。

（三）前中期灾害多，强度大，绝收面积大，局部病虫害重于去年同期

监测结果，2010年灾害早而重，面积大而广。前中期灾害明显重于去年同期和常年。截至7月20日（表6-15），棉田受灾面积7 123万亩次，占播种面积的96.9%，高于去年同期的25个百分点，净增1 545万亩。成灾1 204万亩次，增139万亩，增13.1个百分点。棉田绝收面积约75万亩，是近几年全年面积最大的。三大产区都有成灾面积，其中赣、皖、湘沿江沿湖产区最为严重，绝收面积50万亩。还有6月黄河局部渍涝，5月南疆大风冰雹冻害，以及7月上中旬华北局部严重干旱，西北3月底到4月中旬的雪灾、低温冻害和大风沙尘等。

表6-15　2010年棉花灾情统计

（截止到7月20日）

项　目	受灾面积（万亩次）		受灾面积占播种面积的（%）		成灾面积（万亩次）		成灾面积占播种面积的（%）		绝收面积（万亩）	
	2010	2009	2010	2009	2010	2009	2010	2009	2010	2009
全国	7 123	5 578	96.9	71.9	1 204	1 065	16.4	13.7	75	
气象灾害	2 461	2 109	33.5	27.2	557	467	7.6	6.0	75	
病害	1 512	1 296	20.6	16.7	80	74	1.1	1.0		
虫害	3 150	2 173	42.8	28.0	568	524	7.7	6.8		

（四）预测总产625万吨，关键看天气

根据项目组各方专家的会商，预测单产减3.0%，低于86.7千克/亩为84.1千克/亩上下，播种面积7 454万亩，到7月20日，绝收面积75万亩，收获面积7 379万亩，期望总产626万～636万吨，比2009年640万（国家统计局）～654.6万吨（中棉所）减产14万～20万吨，减幅2.2%～3.1%。

三、新棉价格展望

（一）上半年现金投入减少，雇工费用连续8年上涨，呈"物减工长"态势

监测结果，上半年棉花生产现金投入518.2元/亩（表6-16），同比减少12.2元/亩，减2.3%。其中物质费用减25.1元/亩，人工费用增12.9元/亩，

两项相抵减12.2元/亩。物质成本中因天气不利投入减少，成本有所下降。

分项来看，物质费用中，肥料投入减少17.6元/亩，占物质费用减少部分的70.1%，主要化肥品种用量基本持平，其中尿素降价约5%，二铵与钾肥降价15%，地膜和种子现金投入与去年基本持平，农药、除草剂和化学调节剂的价格基本持平，打药次数减少，投入减少5元/亩，占物质费用减少部分的19.9%；机械作业费略有降低，减少约2.5元/亩，占物质费用减少的10%。

人工费支出增加12.9元/亩，雇工日工资上涨5～10元/工，而雇工数量没有最加。

表6-16　2010年上半年棉花生产现金投入及增减部分

（截至7月20日）　　单位：元/亩

区域	现金支出	同比增减	同比增减（%）	其中物质费用增减额（其中肥料）	其中人工费用增加额
全国	518.2	−12.2	−2.3	−25.1（−17.6）	12.9
长江流域	344.8	−21.7	−5.9	−23.6（−29.9）	1.9
黄河流域	408.9	−28.1	−6.4	−34.0（−19.0）	5.8
西北内陆	764.6	22.7	3.1	−8.3（1.5）	31.1

注：自用工和租地费用未计。

分区来看，上半年现金支出，长江和黄河减少21.7～28.1元/亩，同比减5.9%～6.4%；西北则增22.7元/亩，涨幅3.1%。进一步看，三大棉区物质费用都减少，其中黄河减34.0元/亩，长江减23.6元/亩，7月因长江中游降水“有肥不能施，有病虫不能治，有草不能除”影响了投入，成本下降。西北减8.3元/亩，而雇工费用涨31.1元/亩为最高。还因天气原因西北、黄河补种增费用5～10元/亩不等。

（二）新棉售价仍有上涨空间，但不宜超过8元/千克的高位

据监测，截至2月底，2009/2010年度棉农籽棉售价6.36元/千克，高于2003年度6.20元/千克，是自2002年加入WTO以来的最高价，表明我国棉价已攀至高位。从今年天气与生产、长势、产量与消费、国内外资源与供需平衡等分析，新棉价仍有上涨空间，预计农民新棉售价将延续上年度涨势，由6.36元上涨两成至7.6元/千克为相对合理。按棉籽价3元/千克，衣分率38.5%测算，皮棉成本价15 000元/吨，加上经纪人费用260元/吨，加上轧花加工的成本收益1 000～1 500元/吨，市场相对理性价格在16 260～16 760元/吨水平上。

分析新棉价格再上涨的空间有限。从粮棉比价来看，农民籽棉售价 7.6 元/千克，大致符合 1∶8 的棉粮性价比，今年小麦售价 2 元/千克，对应皮棉价为 16 000 元/吨。从今后粮棉的竞争来看，当价格上涨到一个合理水平后，价格不再是棉花竞争力的唯一因素。植棉劳动强度大，管理费工费时，人工费用不断上涨是竞争的关键因素，科技进步要大力支持轻简化栽培和机械化管理，减少人工和劳动力费用至关重要。再看化肥，监测结果，上半年物化投入减少，成本下降不支持新棉价上涨太多。从时间来看，4—7 月，市场皮棉 18 000～19 000 元/吨，对应籽棉售价超过 8 元/千克（约 8.5 元/千克），有较多的炒作因素，与棉农没有什么关系，是非理性的价格。总体看，农民新棉售价延续上年度价格上涨两成，而大幅上涨的空间有限。

（三）影响新棉价格的几个因素

1. 从生产来看，减产的不确定性增加。监测结果，植棉面积基本持平，前中期天气不利，极端气候导致棉田受灾面积大，绝收面积大，单产持平的难度很大，预计单产减且趋势增强，后期天气仍将左右产量、早熟性和上市时间。

分产区看，长江中游秋桃决定减产幅度的大小；下游和沿海单产增，但要看台风登陆的早晚。黄河单产增，中后期天气影响增产多少，进而影响全国总产。到 7 月底，本棉区大部干旱，由旱转涝或雨季后移，将会造成“烂场”而造成产量损失，“两萎病”重发而早衰减产；西北单产减，其中北疆和河西走廊要看后期气温的下降幅度和初霜的早晚。

2. 从性价比来看，粮棉产区的粮价上涨。黄河小麦售价 2.08 元/千克，玉米约 1.9～2.0 元/千克，粮价的回升有利于带动棉价的回升。

3. 从期货来看，国内外都上涨。郑州 CF009 从 1 月的 15 888 元/吨上涨到 7 月前的 18 670 元/吨的高位。国际上，纽约洲际交易所 10 月的期货价格从 1 月的 73.34 美分上涨到 7 月的 79.05 美分/磅，都支持新棉价格回升，这是市场对资源紧缺的反应。国际棉花咨询委员会预测，新年度全球棉价上涨到 85 美分/磅，比上年度 79.26 美分/磅涨 7.2%。

4. 从棉纺企业来看，成本增加。从第二季度开始，纺织企业工资上涨 15%～20%，生产成本上涨 5%；年初以来皮棉上涨三成多，生产成本增加。6 月衣着类工业品出厂价上涨 1.9%，销售价则下降 1%。

5. 从出口来看，下半年大多持不乐观的看法。主要出口市场美国、欧盟等失业率高，消费市场疲软增强；经济复苏脆弱，不确定性加剧。加上人民币汇率与出口退税都将影响出口。

四、未雨绸缪，研究出台指导价等调控措施，积极防范市场风险

一是加强市场调控，力争实现“三个力保”，即：力保新棉市场稳定，力保价格相对合理，力保棉农增收，这是后危机时代我国棉花市场调控的主要目标。

二是尽早出台收购指导价。建议328级籽棉收购价设定7.6元/千克作为国家指导价。

三是积极防范市场风险，特别注意市场炒作，防范大量游资收购棉花，扰乱市场。

四是看好国门，追加配额的关税税率不能降低到5%。

中国棉花生产景气报告 NO：218　　出版日期 2010 08 18

抢摘黄熟铃，确保夺丰收

毛树春　冯　璐

一、何谓烂铃？

烂铃是指成熟棉铃的腐烂。从铃壳开始发黑，纤维变成僵瓣，种子发芽或分层腐烂，烂铃花称之为僵瓣花。

二、烂铃有何原因引起？

烂铃由高温高湿引起，高湿又有过多降水量或过长降雨日数所致。高温高湿诱发铃疫病—疫病菌、红腐病菌和炭疽病菌等 20 多种病菌发生和危害。

三、烂铃对产量和品质的影响有多大？

烂铃造成产量损失很大，一般年景产量损失为 10%，过多年景达到 20%。像 2003 年、2005 年和 2009 年黄河流域烂铃造成产量超过 20%。烂铃致使原棉丧失原有品质和使用价值，如纤维长度下降 25%，强度下降近 50%，色泽由乳白变黄色、褐色至黑色。烂铃种子由好变坏，不能用作种子。

四、烂铃经济损失有多大？

烂铃造成经济损失很大，由商品棉一级或二级降成四级或等外级，严重时纤维完全不能利用。像高产田块成铃 6 万个/亩，每个成铃值 3 分多，烂铃经济损失达 80%，每个成铃损失 2 分多。一亩烂铃 1 万个，即损失 200～300 元。

五、为什么今年特别强调抢摘黄熟铃？

大家知道，2010 年异常气候，产量来之不易。前期强寒潮低温持续时间，导致播种推后，弱苗迟发；中期长江渍涝，当前高温干旱，伏桃减少。黄河流域7月高温，局部干旱；进入8月降水增加，华北局部内涝严重，导致成铃减少，长势偏差，出现成铃腐烂情况。据8月15日中棉所在安阳的试验地调查，烂铃数0.2～2个/株，最多3个。由于近期黄河正值降雨季节，雨日多，降水量大，田间湿度大，不仅影响末伏早秋的结铃，还加重烂铃。

黄熟铃是指纤维和种子发育已成熟，正值铃开裂吐絮之际，因雨水过多未能开裂。这部分成铃容易腐烂。因此，需提倡抢摘，夺取来之不易丰收成果。

六、如何抢摘黄熟铃?

一是呈阴天或晴天，摘回黄熟铃。二是摊开晾晒；剥出铃壳，晾晒籽棉。三是及时销售。四是杂交制种和繁殖田也要抢摘，如果种子分层则不能用作种子。

七、除抢摘黄熟铃以外，秋季棉花生产还要强调什么?

一是抢排渍水，降低湿度，保持田间干燥。二是剪除空枝，打掉下部老叶，推株并垄，增加田间通风透光条件。三是重控，增加化调次数和浓度，防多雨旺长和贪青晚熟。

图6-1　2010年8月持续近20天的多雨，田间高湿，中棉所试验农场8月18日抢阴天收摘的烂铃。

图6-2　铃壳发黑，及时剥开晾晒，籽棉大部尚好。

点评

烂铃和僵瓣花是一对孪生兄弟，因田间高湿致铃疫病的发生和危害，过去黄河频率很低，进入本世纪年年发生，重发概率达 40%，是 2003 年、2005 年、2009 年和 2010 年减产的主因，已成为棉花减产降质的新问题，要引起科技界的关注。

中国棉花生产景气报告 NO：219　　出版日期 2010 08 24

8 月中国棉花生长指数分析

——吐絮推迟，成铃略少；区域差异大；
分类管理，促早控晚争高产

毛树春　冯　璐　李亚兵

一、苗情转化加快，但普遍晚熟

中国棉花生长指数（CCGI）8 月为 94，为常年的 99，全国成铃数 11.1 个/株，同比苗情差半成多，与常年同期相当（表 6－17）。监测结果，8 月苗情转化加快，长江和西北高温，生长加快，但生长滞后 1 月有余，较为晚熟；华北局部遭遇暴雨几次，加上降雨偏多，光照少，烂铃增加，蕾铃脱落严重，熟性由早转晚。

从总体上看，全国棉花熟性流域间差异大是今年棉花长势的主要特点。其中长江最晚，滞后 1 月多，黄河略迟于去年同期，但 8 月持续 20 天阴雨，由强转弱；西北转化加快。

从天气来看，从 7 月中旬到 8 月中旬，高温与低温相间，旱和涝并存，流域间气候差异大。长江高温多阳，生长加快，然而局部干旱。黄河先旱后多雨，8 月大范围降雨偏多 3～6 成，局部地区偏多 1～2 倍，局部严重渍涝，仅山东渍涝棉田达 300 万亩，有 30 万亩棉田积水超过 3 天。西北高温多阳，灌溉充足，有利于晚播促早熟夺取高产。

长江 CCGI　8 月为 76，为常年的 86，苗情同比差近两成半，差于常年同期一成半成。成铃数 15.2 个/株。7 月下旬以后天气转好，气温高，阳光多，洞庭湖、江汉平原、鄱阳湖和沿江两岸生长加快，现蕾多，幼铃多，成铃进程加快。但渍涝和丘陵棉田长势很差，成铃很少。8 月中旬，一些棉田开花至顶部，早衰严重。然而，下游棉区 7—8 月天气正常，一派丰收景象。

黄河 CCGI　8 月为 96，为常年的 105，苗情同比差近半成，好于常年同期半成，成铃数 13.6 个/株。7 月中下旬持续高温，局部干旱。然而，进入 8 月降雨偏多，虽然河北大部干旱解除，但豫北、鲁东、鲁西北、冀东及天津几

表 6-17 2010 年中国棉花生长指数—CCGI

棉区	2010 年 5 月	2010 年 6 月	2010 年 7 月	2010 年 8 月	2010 年与常年比
全国	62	85	85	94	99
长江流域	74	80	72	76	86
黄河流域	67	87	101	96	105
西北内陆	49	88	76	104	102
两河流域	37	88	97	93	76

次遭遇暴雨侵袭，局部渍涝严重；加上阴雨天气多，光照不足，棉花长势由强转弱，增产势头削弱；吐絮停止，烂铃增加，局部较为严重；麦棉两熟棉田的晚熟加重。

西北 CCGI 8 月为 104，为常年的 102，苗情同比好半成，与常年同期相当，成铃数 5.5 个/株，这已加入种植密度增加 7.1%的权重。其中南疆 6.4 个/株，略多 0.3 个；北疆 4.7 个/株，同比相近；河西走廊 5.7 个/株，同比少 1.3 个。8 月中旬以后气温高，日照多，灌溉充足，生长加快对前期低温产生良好的补偿效果，然而，普遍晚熟难以弥补，南疆融雪性洪水致部分棉田渍涝危害。

辽河 CCGI 8 月为 93，为常年的 76，成铃数 8.4 个/株，降水适宜，生长加快。

二、单产和早熟性展望

预测全国棉花单产减 3.0%～3.5%，比 7 月预期的减幅增 0.5 个百分点，然而，减幅大小关键在天气。其中长江中游减产一成多，大量秋桃要看秋季气温下降的快慢，下游则呈丰收景象。黄河 8 月阴雨连绵，气温下降幅度大，最低气温下降到 18℃，最高气温低于 30℃，很像深秋天气，有利于“两萎病”的暴发流行，烂铃增加，增产势头减弱，单产可能与去年持平。西北持平或减少。

全国棉花普遍晚熟。据研究，棉花早熟性与播种期的关系密切。今年晚播 10 天，加上 5—6 月中旬的持续低温，弱苗迟发，吐絮时间推后 10 天以上，10 月 1 日前的吐絮收获比例正常年景占一半，预计今年将减少 10 个百分点以上，个别地方可能减少 20 个百分点。同时，霜降节气或 10 月 20 日吐絮率达到 80%作为早熟性指标，今年普遍减少 10 个百分点，收获期也将大大延后。

虽然 8 月中下旬南疆、北疆出现 35℃以上的高温天气，吐絮加快，但整体偏晚的格局没有改变。

关于上市时间，如果农民不惜售，新棉上市时间将晚 10 天以上。

关于品质，仍要看天气。如果秋高气爽，阳光普照，吐絮畅，品质好，商品棉级别高。如果秋雨连绵，出现吐絮停止与“烂场”，或低温早临也造成降质减产。

三、中后期管理意见和建议

8 月下旬至 9 月上旬是棉花产量形成的后期，9 月进入收获期。针对今年普遍迟发，吐絮晚，全国棉花要以“促早熟和控贪青晚熟”为主攻目标，实行分类管理，争取高产。长江主抓秋桃，力争实现秋桃盖顶，伏季损失秋季补。黄河 8 月秋雨持续 20 多天，当前仍在降雨，要集中抓好收获，抢摘黄熟铃。西北仍要抓好以“水肥控”为中心的促早熟管理。

针对晚熟，建议做好化学催熟准备，适时腾地，播种小麦或移栽油菜。

（一）长江流域

1. 增施叶面肥，提倡抗旱。8 月下旬不宜土壤施肥，提倡叶面喷施磷酸二氢钾加尿素，每隔 7～10 天喷一次。当前长江中游大部特别是丘陵棉田干旱，有条件提倡沟灌。

2. 防治病虫害。主要防治棉铃虫、盲蝽象和斜纹夜蛾等。

3. 摘除无效花蕾。长江中游晚秋桃现蕾截止时间为 8 月底，之后均为无效花蕾可除去，以增加铃重。高产棉田要剪除空枝，打掉下部老叶，增加田间通风透光条件。

4. 防台风。江浙沿海棉田，要清沟抬田，减轻渍涝危害。

（二）黄河流域

1. 抢摘黄熟铃。一是呈阴天无雨，摘回黄熟铃。二是摊开晾晒；剥出铃壳，晾晒籽棉。三是杂交制种和繁殖田种子已分层，不能用作种子。

2. 排渍排涝，通风透光。一是抢排渍水，降低湿度，保持田间干燥。二是剪除空枝，打掉下部老叶，或推株并行，增加通风透光条件。

3. 化控促早，防贪青晚熟。一是迟发晚熟棉田要增加缩节胺浓度。二是麦棉两熟棉田要增加化学调控次数和浓度，防多雨旺长。

（三）西北内陆

1. 适当早停水。正常棉田停水时间提早到 8 月中下旬，比常年 9 月底停水的时间要提早；对弱苗易早衰田块，要看苗适时停水。

2. 积极防控病虫害。高温容易诱发棉蚜和棉叶螨的发生和危害。强调加强测报，早发现早预防，点片发生点片防治。棉叶螨局部暴发，采用查、摸、摘、打、追可有效控制，使用辛硫磷、赛丹和功夫等农药进行综合防治。

此外，南疆渍涝棉田，先排水，推株并行有利散墒；补施叶面肥，可防脱落。

（四）抢摘黄熟铃，积极做好化学催熟准备

从区域上看，北疆、河西走廊、南疆，黄河麦套、麦茬棉与蒜棉等两熟制棉田，长江油后移栽和直播棉，以及其他类型的晚熟棉田，需要化学催熟。又据中央气象台预测预报，受“拉尼娜”现象影响，秋季可能多雨，晚熟减产加重的可能性加大，因此，各地要抓紧收获，抢摘黄熟铃，积极做好化学催熟的准备。

适时喷施乙烯利可促进早熟，提高品质，减轻贪青晚熟，及时拔柴整地，适时播种小麦或移栽油菜。

乙烯利使用条件，据国家棉花产业技术体系李召虎专家介绍，催熟棉铃的铃期要求成熟程度达到70%～80%（铃龄 45 日以上），过早喷施会影响品质。喷药后最高气温要求 20℃以上，并持续 3～5 天，因为乙烯利处理棉株需要20℃以上才能释放乙烯，温度偏低会影响催熟效果。枯霜期（黄河、西北）或拔棉柴（复种棉区）前 15～20 天喷施乙烯利，喷后 10～15 天出现吐絮高峰。

商品乙烯利（40%水剂）适宜用量 100～150 毫升/亩。手动喷雾用水量20～30 千克/亩，机动喷雾用水量 15～20 千克/亩。

在适宜用量范围内，温度高宜减少用量，温度低则要加大用量。晚熟品种、生长势旺、秋桃多的棉田，可适当加大用量，反之则减少。生长正常田块，在 50%左右的棉铃开裂时用 500～1 000 毫克/升适宜；如果用于霜前、晚熟、限期拔秆时，可在采收结束前 14 天喷施，浓度 1 000 ～1 500 毫克/升或更高。争取晚秋桃的棉田，可按中下部、中上部棉铃进行分层分期喷施，浓度分别为 800～1 200 毫克/升和 1 200～1 600 毫克/升。

中国棉花生产景气报告 NO：222　　出版日期 2010 09 20

9月中国棉花生长指数分析

——单产减，品级降，晚熟和“烂场”问题突出

毛树春　冯　璐

一、单产减，品级降，晚熟和“烂场”问题突出

中国棉花生长指数（CCGI）9月为91，为常年（前6年）的92，全国成铃数15.9个/株，苗情差于去年和常年同期近一成（表6-18）。监测结果，自8月中旬到9月中旬，长江持续高温，生长转化加快，秋桃增加，生育期提前但收获仍偏迟10天以上。黄河连续降雨10多天，部分地区遭遇涝灾，导致全流域“下烂上脱”，烂铃普遍占10%～20%，秋桃大幅减少一半以上，与2003年相似。西北气温降低，普遍晚熟。同期“两萎病”和虫害发生危害偏重。

表6-18　2010年中国棉花生长指数—CCGI

棉区	5月	6月	7月	8月	9月	与常年9月比
全国	62	85	90	94	91	92
长江流域	74	80	72	76	96	107
黄河流域	67	87	101	96	85	83
西北内陆	49	88	76	104	95	92
辽河流域	37	88	97	93	100	81

长江CCGI　9月为96，为常年的107，苗情同比差近半成，但好于常年同期半成多，成铃数31.4个/株，少0.8个/株。自8月下旬到9月上旬天气转好，气温高，阳光足，苗情转化加快，洞庭湖、江汉平原、鄱阳湖和沿江两岸晚秋桃大幅增加，“秋发”特征明显。由于晚播和前期低温渍涝，棉花收获推迟，预计国庆节过后开始大面积收获，慢于常年10天。

黄河CCGI　9月为85，为常年的83，苗情同比差一成半，也差于常年同

期一成半多，成铃数 15.4 个/株，少 2.7 个/株。自 8 月下旬到 9 月上旬，全流域阴雨 20 多天，8 月上旬前的丰收景象被一扫而光。本流域遭遇多年不遇的“烂场”灾害，面积大，程度重，烂铃普遍占 10%～20%，最严重的近 50%，其烂铃程度华北平原≥京津塘≥黄土高原≥淮北平原。由于低温阴雨持续的时间过长，大部降雨 80～100 毫米，局部降水量超过 500 毫米，内涝和死株现象也很严重。本区域单产也因此较大幅度减少，品质由优变劣，铃重变轻，普遍晚熟。导致“三停止”，即吐絮停止，收获停止，交售停止。

西北 CCGI 9 月为 95，为常年的 92，苗情同比差两成多，差于常年同期近一成，成铃数 5.3 个/株，少 0.2 个/株。其中南疆 5.8 个/株，北疆 4.9 个/株，河西走廊 5.9 个/株。由于本流域 8 月中旬以来天气温和，高温偏低，降水偏少，导致后期晚熟。加上 9 月初冷空气活动频繁，阴天多，气温低，昼夜温差大，普遍晚熟。吐絮进度南疆晚 10 天，北疆晚 20 多天，是近 30 年以来最为严重的一年。在北疆，8 月下旬田间少见吐絮，枝叶旺盛，尚有蕾花，预计一些中熟品种的霜前花率不到一半，而新陆早品种的早熟性相对好些。

辽河 CCGI 9 月为 100，为常年的 81，成铃数 8.2 个/株，秋季低温有不利影响。

二、抢收和晾晒是后期管理的主要任务

金秋是收获季节，然而，由于今年气候异常，低温阴雨持续，冷空气活动频繁，给收获造成一定困难。到 9 月底，全国大部的吐絮和收获进度同比晚约 10 多天，因此，抢收和晾晒是后期生产管理的主要任务；还要因地制宜采用措施促进吐絮，减少损失，确保“瓣瓣进家，朵朵归仓”，严控“三丝”污染；及时拔棉柴腾地播种小麦。措施如下：

一是抢晴天收获，实行“四分”。“四分”即霜前花与霜后花、正常吐絮的好花与虫口花、僵瓣黄花和污染花，实行分收、分晒、分储与分售。剥桃花和“高湿花”要摊开晾晒。

二是严控“三丝”，提高品质。主要措施：一是用棉布袋替代化纤袋；二是用竹床支架替代地面晾晒；三是单独储藏，单独存放。籽棉要与鸡、猪、狗与人严格分开，减少羽绒、毛发、废地膜和化纤丝等外来物的混入。

三是扩大新疆机采棉面积，适时喷洒脱叶剂。机采棉面积争取从去年的 190 万亩增加到 300 万亩。

四是农艺疏枝，化学催熟。一是整枝。晚熟棉田提倡抹赘芽，除蕾花幼

龄，剪空枝，打老叶，推株并垄，改善通风透光条件，可以促进吐絮。二是化调催熟。在气温20℃时，对晚熟棉田喷施乙烯利催熟，配方为脱叶宝＋伴宝＋乙烯利（10毫升/亩＋30毫升/亩＋70～80毫升/亩）。

五是种子检验，是否留种。鉴于华北平原烂铃增多，种子田存在棉籽分层和发芽，建议对种子田认真检查，选择是否可以留种。

中国棉花生产景气报告 NO：221　　出版日期 2010 09 12

2010 年中国棉花生长指数评述

——天气差，长势差；单产减和熟性晚

毛树春　冯　璐　李亚兵

2010 年天气异常，气候年景偏差，棉花长势差，据中国棉花生产监测预警数据，2010 年 CCGI 年均值为 84，表明长势差于去年一成半。

一、全国棉花长势简评

2010 年全国 CCGI 经历由小——增大——减小的过程，是长势由差——转好——转差的真实记录。经多年实践，CCGI 已成为准确表述棉花长势特征的量化指标。

2010 年 5—9 月 CCGI 分别为 62、85、90、94 和 92，全年 CCGI 均值为 85，表明长势差于 2009 年一成半，预计减产幅度 10%～15%。9 月中旬之后的天气变化对长江增产和提高品质（产量形成）仍有一定影响，但对黄河和西北主要是保产和保质作用。

2010 年长势特征与 2003 年相似。2003 年 5—9 月 CCGI 分别为 82、93、86、87 和 70，全年 CCGI 为 84，表明长势差于 2002 年 16%，实际上当年减产幅度高达 19%，致使植棉面积扩大 1391 万亩（增 22.2%），总产反减 1.2%。

2010 年三大产区都差于去年，相似于 2003 年。长江 5—9 月 CCGI 分别为 74、80、78、76 和 85，全年 CCGI 均值为 79，表明长势差于 2009 年两成，与 2003 年均值 80 相近。黄河 5—9 月 CCGI 分别为 67、87、103、96 和 90，全年 CCGI 均值为 89，表明长势差于 2009 年一成，与 2003 年均值 86 相近。西北 5—9 月 CCGI 分别为 49、88、76、104 和 100，全年 CCGI 均值为 85，表明长势差于 2009 年一成半，与 2003 年均值 88 相近。

二、全国棉区天气简评

（一）全国棉区天气较差，气候类型为极差年景，天气产量减幅达两成多

2010年前中期为偏差年景，9月上旬为转为极差年景。全国主产区热量严重不足，日照减少和降水偏多，光温水匹配极为不合理，整体上对棉花生产不利。主要气候特征如下：

1. 积温大幅减少，热量不足，气候温和，高温偏低的特征最为明显。据安阳气象资料（表6-19），4—8月，≥10℃积温少于2009年261℃，少于历年253℃，各减7.5%和7.3%；≥20℃积温少于2009年246℃和历年456℃，各减8.6%和14.8%。长江6—7月、9月上旬高温偏低，黄河5—6月中旬、8月全月、9月上旬高温偏低，西北4—7月与9月的高温偏低。

2. 降水除分布不均以外，主产区整体偏多三到四成，涝大于旱的特征明显。据安阳气象资料（表6-19），4—8月，比2009年增48毫米，比历年增105毫米，各增9.9%和24.7%。9月上旬降水近100毫米，增11.3%。然而，黄河7月干旱，棉田灌溉1～2次。长江和黄河暴雨多，成灾面积大，绝收203万亩，严重减产500多万亩，其情形也相似于2003年。当年长江和淮河发生洪灾，后期（9月中下旬到10月上旬）秋雨连绵持续30多天。

表6-19　4—8月安阳气象资料

≥10℃积温（℃）			≥20℃积温（℃）			降雨量（毫米）		
2010	2009	历年	2010	2009	历年	2010	2009	历年
3 216	3 477	3 469	2 626	2 872	3 082	530	483	425

3. 光照不足，其情形与积温相似。据安阳气象资料，4—8月日照时数约减250～350小时，前期与后期严重不足，中期相对富裕，中后期约40天寡照较为普遍。

（二）后期展望

据分析，后期天气对长江特别是洞庭湖和江汉平原增产和提高品质的作用大，对黄河和西北主要是保产和保质作用。9月上旬全国主产棉区天气仍较差，黄河连续降水10天，大部降水80～100毫米，局部300毫米，同比增五成到一倍多，导致全流域“下烂上脱”，烂铃普遍占10%～20%，秋桃大幅减少一半以上，还加重黄淮的晚熟与华北的早衰。西北9月3—5日遭遇短期低温，北疆最低气温降至10℃以下，早衰显见。长江阴雨绵绵，对增结秋桃不

利。直到9月10日大部棉区雨停转阴晴，月中旬黄河“小阳春”与秋高气爽持续几天，有利吐絮，较好地发挥保产与保质作用。西北在经历几天低温之后转入高温几天，9月12—14日又转入强低温，保产难度加大。长江多云阴雨对棉花的不利多些。

三、未雨绸缪，建议出台指导价，积极防控市场风险

研究指出，后危机时代的调控目标是力争实现“三个力保”。即：力保新棉市场稳定，力保价格相对合理，力保棉农增收。为此，建议出台收购指导价。市场调控既要预防抢购、囤积与惜售，还要预防高开低走与“卖棉难”。从粮棉、肥棉性价比与国际市场等层面观察分析判断，建议328级籽棉收购价设定7.6元/千克作为国家指导价。同时，积极防范市场风险，关注市场炒作，防范游资进入收购，扰乱市场。

分析指出，新棉售价仍有上涨空间，但不宜超过8元/千克的高位。从今年天气与生产、长势、产量与消费、国内外资源与供需平衡等分析，预计棉农售价将延续上年度越势，由6.36元上涨两成至7.6元/千克为相对合理。按籽棉产量225千克/亩计，产值1 710元/亩。按棉籽价3元/千克，衣分率38.5%测算，皮棉成本价15 000元/吨。加上经纪人200～300元/吨与轧花成本收益1 000～1 500元/吨，市场相对理性价格在16 260～16 760元/吨水平上。

四、后期管理

长江重点抓秋桃，实现秋桃盖顶，加强病虫防治和抢摘黄熟铃。黄河重点抓“三防”：防烂铃、防早衰、防贪青晚熟，抢摘黄熟铃，及时收摘吐絮铃，准备化学催熟。西北重点抓收获。及时化学脱叶催熟，扩大机采棉面积；严格控水，9月必须停止灌溉。

中国棉花生产景气报告 NO：223　　出版日期 2010 10 03

2010年全国棉花产量简评

——面积持平，单产减，总产减；熟性晚，烂铃增，品质降

毛树春　冯　璐　李亚兵

一、面积持平，单产减，总产减

总体看，到9月底，2010年全国棉花呈现面积平、单产减和总产减的走向。由于南疆晚熟和长江中游“秋发”，全国单产水平还受这两个亚区的影响，主要特点如下：

面积持平。监测结果，2010年播种面积7 542万亩（表6－20），与2009年7 425万亩（国家统计局）和7 553万亩（中棉所）相比，增117万亩或减11万亩，略增1.6%或略减0.1%。

单产减两位数。监测结果，全国棉花单产减14.9%（表6－20）。据分析，烂铃是大幅减产的主因。据调查，平均烂铃3.6个/株，比2009年增加2个/株，增幅125%。

总产减三位数。监测结果，全国棉花减100.1万吨至569.5万吨，比照2009年669.6万（中棉所）～645.6万吨（国家统计局），减14.9%～15.5%。单产减致使总产减。

普遍晚熟，烂铃增加，品质下降。监测结果，今年全国棉花熟性晚于任何一年，其中南疆和长江中游极为晚熟。还因“烂场”导致僵瓣劣质花的比例高，“高等级”比例减少。在11个亚区之中长江下游的熟性相对正常。

吐絮和收获进度慢。国庆节前收获比例正常年景为50%，今年仅20个百分点，少30个百分点，也相似于2003年。分析原因：因晚熟和秋雨的叠加，特别是黄河秋雨近40天，以及南疆的阴雨高湿，导致吐絮和收获停止，收获和交售都延后，加重了市场的紧缺程度，价格一路高涨。

表6-20 2010年全国棉花预测产量

（截至9月30日）

全国与棉区	CCPPI 2010年面积		CCGI2010年单产（千克/亩）			CCPPI总产（万吨）		2010年CCGI
	播面（万亩）	比2009年增减（%）	籽棉	皮棉	比2009年增减（%）	2010年	比2009年增减（%）	
全国	7 542	−0.1	223.0	75.5	−14.9	569.5	−15.0	84
长江	2 080	21.6	181.9	62.8	−15.7	130.6	2.5	81
黄河	2 910	−11.7	202.6	65.8	−19.3	191.3	−28.7	87
西北	2 544	0	251.0	97.6	−10.9	248.3	−7.9	83
辽河	8	0	199.0	76.0	0	0.6	1.4	95

注：①长江流域棉区含川、湘、鄂、赣、皖、苏、浙，黄河流域棉区含冀、鲁、豫、陕、晋、津，西北内陆棉区含新、甘，特早熟指辽和吉。②CCPPI-中国棉花生产景气指数，为中国优质棉网数据。③CCGI-中国棉花生长指数。

二、三大产区植棉面积、单产和总产呈现不同的走向

长江面积、单产和总产呈现“增减增”，即播种面积增21.6%为2 080万亩（表6-20），单产减15.7%为65.3千克/亩，总产增2.5%为130.6万吨。由于本流域“秋发”，后期天气还对单产有影响。黄河面积、单产和总产呈现“减减减”，即播种面积减11.7%为2 910万亩，单产减19.3%为69.4千克/亩，总产减28.7%为191.3万吨。西北面积、单产和总产呈现“平减减”，即播种面积持平为2 544万亩，单产减10.9%为97.6千克/亩，总产减7.9%为248.3万吨。北疆后期天气转好减幅缩小，因南疆晚熟后期天气还对单产有影响。

三、中国棉花生长指数（CCGI）年均值为84

2010年CCGI经历由小——增大——减小的过程，是长势由差——转好——转差的真实记录。5—9月全国分别为62、85、90、94和91，年均值84，表明长势差于2009年一成半。三大产区都差于去年。5—9月，长江CCGI分别为74、80、78、76和96，年均值为81，表明长势差于2009年近两成。黄河为67、87、103、96和85，年均值为87，表明长势差于2009年一成

多。西北为 49、88、76、104 和 95，年均值为 83，表明长势差于 2009 年一成半。三大产区长势变化情形相似于 2003 年。

四、主产棉区天气简评

2010 年 4—9 月全国棉区整体天气较差，气候类型为极差年景，天气产量减幅两成多。主要天气特征呈现两头热量严重不足、两头日照时数大幅减少、两头降水偏多和雨日数增多，特征如下：

（一）积温减少，热量不足，高温偏低，气候温和的特征明显

全国棉区气温呈现“两头低和中间高”特征。4—6 月气温偏低，除黄河 8 月以外，7—8 月大部气温高，除北疆 9 月中下旬气温回升多阳以外，8—9 月大部偏低，阴雨寡照天气多。

（二）降水量增加，涝大于旱的特征明显

烂铃大幅增加是今年减产的根本原因。长江 9 月中下旬低温阴雨导致烂铃，吐絮不畅，致使洞庭湖单产由增转平或减，大部减产幅度加大。8—9 月黄河阴雨连绵 40 天，形成“下烂上脱”的糟糕局面，单产经历强势增加到持平到大幅减少的戏剧性变化过程，致使全国产量减幅加大。8—9 月南疆阴雨天气多，吐絮不畅，烂铃增加。据调查，高产田烂铃 1.1 个/株，烂铃率高达 16.4%，而往年仅 1%～2%。

光温水匹配极不合理，降水分布不均，旱涝并存，涝重于旱。7 月长江中游暴雨多；7 月黄河遭遇干旱，棉田灌溉 1～2 次，8 月山东多地遭遇大暴雨侵袭，8—9 月多阴雨；7—9 月新疆多地遭遇融雪性洪水侵袭。

（三）成灾面积大，绝收面积大

2010 年棉田绝收面积 205 万亩，严重减产 500 多万亩，损失产量 16.5 万吨，8 月华北渍涝 300 万亩与 8 月新疆融雪性洪灾渍涝毁坏棉田 15 万亩。从播种开始，月月有成灾与绝收面积，基础产量水平大幅下降。据统计，2010 年成灾和绝收面积是本世纪以来最大的一年，其情形也相似于 2003 年。

（四）渍涝、晚熟和僵烂是三大产区减产的主因

6—7 月长江两次洪涝，丰产架子大多没有搭起来，加上秋雨烂铃加重减产。8—9 月黄河多雨渍涝，下部烂铃和上部脱落，由此形成全国产量由增变平变减的方向。南疆迟发晚熟和烂铃，北疆迟播迟发下部成铃少，9 月中下旬秋爽减产幅度减小。

点 评

9月底监测总产569.5万吨，与国家统计局2011年3月1日公布统计数597万吨的吻合度为95.4%，结果准确。

中国棉花生产景气报告 NO：227　　**出版日期 2010 11 08**

当前棉花市场透析

——风险加大，调控乏力，稳定发展生产是根本

受供求基本面、增产低于预期、产需缺口加大与美元贬值推高市场预期等影响，新棉开秤以来价格一路飙升，进入11月，一天三个价，一个比一个高。只有及时销售籽棉才能获得高价的利好。稳定发展棉花生产是应对价格大幅上涨的根本对策，防高价和防通胀与防危机一样也应“三手抓”。

一、新棉高开高走，一路狂飙

新棉高开高走，农民籽棉售价一路飙升。从9月的开秤价7.4～7.6元/千克，一路飙升到12元/千克，个别地方好花13元/千克。开始时很多是僵瓣花和四级五级的混合花一起卖，即便是烂僵瓣花也能卖到6.6～7.0元/千克，价格这么高农民没有想到。更没有想到是价格越来越高，高得几乎没有谱。10月，一天一个价。时下的11月初，一天三个价，一价更比一价高，高出0.3～0.4元/千克。

据连续监测（表6－21），9月农民均售价8.87元/千克，同比上涨54.8%；10月均售价为10.33元/千克，比去年同期上涨71.0%，环比上涨16.5%。

按籽棉售价10.33元/千克，衣分率37.0%，棉籽价3.4元与3.6元/千克计，皮棉成本价涨至22 139元～21 789元/吨。

11月初，长江中游二级～三级籽棉挂牌收购价13.2元/千克，皮棉成本价29 886元～29 546/吨，创“天价”新高。

表6－21　2010年全国及三大流域籽棉均价

单位：元/千克

项　目	2010年9月均价（元/千克）	2009年9月均价（元/千克）	同比增减（%）	2010年10月均价（元/千克）	2009年10月均价（元/千克）	同比增减（%）
全国	8.87	5.73	54.8	10.33	6.04	71.0

（续）

项　目	2010 年 9 月均价（元/千克）	2009 年 9 月均价（元/千克）	同比增减（%）	2010 年 10 月均价（元/千克）	09 年 10 月均价（元/千克）	同比增减（%）
长江流域	8.09	5.73	41.2	10.03	5.98	70.4
黄河流域	9.08	5.66	60.6	10.10	6.02	67.7
西北内陆	9.68	5.74	68.7	10.94	6.11	79.1

二、全球棉花市场展望

（一）棉价进入高价时代

由于全球棉价自 8—10 月的连续上扬，结束了长达 20 年的低价棉时代。研究表明，全球棉价近 20 年连续大幅下降。以 1999/2000 年度美国 CPI 为基期比较发现，新世纪头 10 年比 20 世纪 90 年代下降了 36.2%，90 年代比 80 年代又下降了 31.9%。其实过去 10 年农民种棉没有得到应有的回报，收益的大幅度减少意味着没有农民任何资金积累，也就无法扩大再生产。这次价格大幅度上扬算是对生产者的一个补偿，也是价格调整的导火线。

（二）上周五全球棉价在疯飙之中收官，记录纷纷刷新，11 月 8 日续涨

11 月第一周（11 月 1—5 日）全球棉价“五连阳”，现货和期货在一片涨声中收官，纷纷刷新纪录。Cotlook A 指数从周一的 143 美分涨至周五的 160 美分/磅，涨幅 11.9%。中国棉花价格指数（CC Index）从周一的 27 706 元涨至周五的 28 158 元/吨，涨幅 4.0%。郑州商品交易所主力合约 CF1103 从周一的 28 445 元涨至周五的 31 780 元/吨，涨幅 9.2%。美国洲际交易所棉花期货创 140 年以来的新高，2011 年 3 月合约从周一的 124.45 美元/磅涨至周五的 138.11 美分/磅，涨幅 11.0%。

第二周（11 月 8 日）继续上涨，记录再次改写（表 6 - 22）。

表 6 - 22　2010 年全球棉花市场价格走势

日　期	Cotlook A 指数（美分/磅）	CC Index（元/吨）	郑州商品期货 CF103 收盘价（元/吨）	纽约期货 2011 年 3 月结算价（美分/磅）
2008	71.37	13 097		
2009	62.74	12 804		
2010 年 1 月	77.39	14 932		74.95

（续）

日 期	Cotlook A 指数（美分/磅）	CC Index（元/吨）	郑州商品期货 CF103 收盘价（元/吨）	纽约期货 2011 年 3 月结算价（美分/磅）
2月	80.05	14 905		74.47
3月	85.80	15 561	16 360	76.10
4月	88.25	16 283	17 025	77.44
5月	90.09	16 925	16 690	78.61
6月	87.90	17 896	17 050	79.78
7月	84.16	18 048	16 685	75.12
8月	89.87	18 124	17 695	81.50
9月	104.70	19 124	21 600	94.73
10月	126.55	24 871	27 470	108.82
11月1日	143.00	27 066	28 920	124.45
11月2日	147.00	27 405	29 035	129.45
11月3日	152.40	27 701	29 960	131.66
11月4日	155.00	27 911	30 150	136.66
11月5日	160.00	28 158	31 575	138.11
11月第1周平均	151.48	27 648	29 928	132.01
11月8日	161.80	28 891	33 245	142.11

（三）影响价格走向的原因

1. 产量低于预期，缺口放大。全球棉花产量自2006/2007年度和2007/2008年度创2 600多万吨的历史新高之后，连续2年大幅减产至2 200万～2 300万吨。2010年气候异常，巴基斯坦与非洲的洪涝、巴西的干旱、乌兹别克斯坦的低温，我国棉花的晚熟和减产，全球总产增加的趋势低于预期。10月，美国农业部调低2010/2011年度全球产量6万吨至2 540万吨，预计后续还将调减；期末库存调减16.8万吨至972万吨，库存消费比为37%，为1996年以来的新低。缺口比9月扩大11.2万吨至89万吨。全球棉花产不足需已持续了5年。

2. 流动性过剩，推动上涨。为了应对全球金融危机，2009—2010年，国家采取积极的财政政策和适度宽松的货币政策，资金投放量大，国内流动性过剩，加上生产不足，进一步推高包括棉花在内的农产品价格上涨。

3. 美元贬值，刺激上涨。今后8个月美国“量化宽松”货币政策，6 000

亿美元国债将陆续投入市场，以及日本和欧盟的比较宽松货币政策，全球市场的流动性从充裕到过剩的时间将延长许多，促进形成“货币幻觉”或“影子经济”。由于美元的不断贬值刺激大宗农产品的价格上涨，棉价加上粮价、糖价的大幅上涨推高下游产品，要警惕“货币幻觉”对市场的欺骗性，积极防范和减轻输入型通胀对我国大宗农产品的冲击。

4. 市场非理性，炒作高企。棉花作为本轮全球大宗农产品价格大幅上涨的领头羊，除供需基本面和成本上涨提升价格以外，相关环节也在推高价格。虽然棉农的确从涨价中获利和得到了相应补偿。然而当前价格已完全没有谱，一天三个价，大大超出预期合理价格的 50%。当前市场应多一份理性，少一份浮躁、奢侈和“跟风”。“棉贱则伤农，棉贵则伤工”，往往是异常偏高在前，异常偏低紧跟其后，农民很是担心。从粮棉比价和成本来看，棉农售价即皮棉成本价在 15 000 元/吨左右，籽棉售价在 7.6 元/千克相对合理。

（四）大涨后如何着陆

棉价“硬着陆”将重压甚至淘汰或倒闭一批纺织企业，“软着陆”则可逐步消化高成本，纺织企业还有喘气机会。实现“软着陆”的基本条件：一是资源供应量能否逐步满足。在高价位的拉动下，2011 年全球植棉面积将呈扩大的走向。有报道称，2011 年巴西计划扩大面积三成，然而，产量还受天气影响。其实 2010 年全球大宗农产品价格都上涨，对产量的预期性下降，不确定性增加。如果没有大的资源量，棉价将会继续高企，时间将延后到 2011 年上半年，6 月以后可能会企稳，或者回调到一个较高的合理价位。二是银根是否紧缩，流动性是否收缩，货币政策是否稳定。当前全球市场采取两种完全不同货币政策。中、印、澳等新兴市场的流动性在收缩，美、日、欧的流动性在增加。如果美元流动性泛滥，国际金融市场掀起大震荡或“二次危机”，必将波及棉花和其他大宗农产品。也有人认为，仅靠大量资金涌入的价格支撑可能会出现暴跌。

三、对策和措施

（一）当前对策

一是快收摘籽棉，快销售，存棉惜售风险大，只有快速销售才能获得高价的利好。二是快加工，快销售，快回笼资金；纺织业纺多少买多少，这是应对高价的一个临时性策略。三是打击炒作、抢购和囤积居奇，打击流通环节的跟风涨价。此外，还要防止其他农产品的跟风涨价，保障大宗农产品价格在“适当调高”后的稳定走势，减低风险。

（二）狠抓稳定生产，提高供给能力

从根本上讲，稳定发展棉花生产才是应对价格大幅上涨的根本对策，国棉生产能力提高到800万吨足以保障居民的消费增长需求。

（三）加强“三手抓”，提高调控能力

防高价、防通胀与防危机一样，也应“三手抓”：一抓科技支撑和社会化服务，大力研究推广应用轻简化和机械化技术，推行生产关键环节服务，发展全程服务，努力实现800万吨产能，提高供给能力。二抓政策扶持，出台最低收购价，提高国家的政策控制能力，只有最低价才能找到国家控制市场的着力点。三抓储备和投放，提高市场吸纳和投放的应急控制能力。从2008年度收储对市场的影响来看，储备和投放能力低于300万吨，其控制市场效果都是有限的。

中国棉花生产景气报告 NO：228　　　　出版日期 2010 11 18

长江中游当前棉花市场一二

张教海　毛树春

新棉上市以来，价格一路狂飙，进入 11 月，一天三个价，棉农、棉企及政府都在雾里看花。通过 11 月 15 日对江汉平原主产区的现场考察，总体评价：单产大幅下降，采摘进度延迟；棉农交售踊跃，尚有大量资源；后市普遍看好，风险加大；产量减效益增，植棉意向扩大，但不确定因素增加。

一、减产和晚熟，采收时间延后

2010 年连续遭受多种气象灾害侵袭，棉花单产锐减。首先是 4 月低温阴雨天气影响一播全苗；5 月冷寒天气阻碍棉苗早发；7 月强降雨天气和 8 月上旬高温天气，导致蕾铃大量脱落；9 月过早低温和寡照天气，后发成为主体产量，然而普遍晚熟。多种灾害天气导致减产和晚熟，吐絮和采摘进度滞后。据田间调查、走访农户，江汉平原籽棉普遍减产 50 千克/亩左右，减幅两成以上，至 11 月中旬，还有一成多的籽棉没有采摘。据分析，有晚熟，用工紧张和水稻收获和油菜移栽，腾不出人工来等多种原因。

二、棉农交售积极，尚有三四成待售

考察第一站为仙桃市杨林尾镇的六合村，该村棉田面积 1 200 亩，全为油后棉，尚有一成多的铃未吐絮。农户王义才植棉 7.5 亩，预计总产 3 500 斤，减 100 斤/亩，已采收 3 000 斤，出售 2 300 斤，现收现卖价 5.5 元/斤，存棉 900 多斤加上棉田 350 斤，即约占 35％的总产在家在地里。农户李建国植棉 6 亩，减产 10％，总产 2 700 斤，采摘 2 500 斤，出售 1 500 斤，均售价 5.5 元/斤，存棉 1 000 斤加上棉田 300 斤，即约占 40％的总产在家在地里。

考察第二站为潜江市渔洋镇金城棉花专业合作社，长江支流东荆河边，潜江、仙桃和监利三交界的位置。受东荆河涨水影响，棉田渍涝成灾，金城村绝收 300 亩，未绝收的也严重迟发晚熟，有两成多未采收。调查农户植棉面积 5

～10 亩，单产 450 斤/亩左右，减产两成多，截至 11 月中旬采收 80%上下。采摘的籽棉 90%已出售，均售价 6.2 元/斤，约有三成多籽棉在家在地里。

三、敞开收购，尚有大量资源

新棉高开高走，棉企收购踊跃，呈现购销两旺态势。考察第一个加工企业为 400 型大包企业，规模大，基础设施好。收购籽棉 5 500 多吨（表 6－23），所购籽棉有 90%从经纪人手中购得，10%为棉农直接交售。加工不足 2 000 吨，三个大仓库装得满满实实，估计 600 多万斤。皮棉码放整齐，加工量占收购量的 35%左右，皮棉销售量占加工量的 1/3，售价 2.7 万～2.9 万元/吨。收购资金来自农发行、商业银行及自筹。

考察第二个也为大打包企业，建有棉花专业合作社。由于当地受灾，棉花迟发晚熟严重。与 2009 年同期相比，收购量锐减 40%（表 6－23），加工量占收购量的 40%，加工皮棉的 60%已出售。收购资金为农发行贷款和自筹。

百胜公司位于公安县产棉大镇毛家港镇，收购籽棉 1 350 吨，超过 2009 年同期的 200 吨，加工皮棉 90%已出售，售价 2.3 万～2.9 万元/吨。收购资金自筹与农发行贷款各半。

棉短绒售价 1.2 万～1.4 万元/吨，棉（光）籽 3 000～3 200 元/吨。

表 6－23　江汉平原几家棉花收购企业

（截至 2010 年 11 月 15 日）

企业	收购量（吨）	上年同期（吨）	籽棉购价（元/斤）	加工籽棉（吨）	销售皮棉（吨）	售价（万元/吨）	资金来源		
							农发行	商贷	自筹
第一	5 500	3 000	5.6～6.2	2 000	300	2.68～2.83	1/3	1/3	1/3
第二	3 000	5 000	6.05	1 300	300	2.85	2/5		3/5
百胜	1 350	1 150	6.0	850	350	2.3～2.9	1/2		1/2

四、后市普遍看好，但风险加大

11 月中旬，国家加大市场调控力度，11 月 12 日之后，期货和现货价格在高位调整中下行。郑州商品交易所 2011 年 3 月合约从 11 月 8 日的 33 245 元/吨下降到 11 月 18 日的 27 420 元/吨，降幅 17.5%。纽约期货 2011 年 3 月合约结算价从 11 月 9 日的 147.1 美分/磅下降到 11 月 18 日的 129.15 美分/磅，降幅 12.2%。国内现货从 11 月 12 日的 31 302 元/吨下降到 11 月 18 日的 28 852元/吨，降幅 7.8%。Cotlook A 指数 从11 月 10 日的 172.4 美分/磅下降到 11 月 18 日的 154 美分/磅，降幅 10.7%。

当前籽棉收购价格也呈走低之势，已由 11 月上旬的最高价 7.1 元降至目前的 5.5 元/斤，降幅 22.5%。但据走访了解，棉农和加工企业普遍看好后市，认为受供需矛盾、成本上涨和通货膨胀等，价格走低是暂时的，未来仍维持高位。实际上，期货价格在走低 4 天之后又转为上升。

棉农认为，籽棉售价不能低于 5.5 元/斤（按衣分率 37%和油籽价 1.5 元/斤计，皮棉成本 24 621 元/吨)。加工企业认为，已收购皮棉的售价不能低于 3 万元/吨。鉴于当前价格走低，籽棉、皮棉销售大多停止，市场处于观望之中，此后可能会出现一段僵持时间。

五、“三快”是当前主要应对策略

一是快收摘籽棉，快销售，惜售风险大，对农民而言只有快售才能获得高价的利好。实际上籽棉售价超过 4 元/斤就应合算。一定要明白，农户个人无法估计大市场的变化多端，更无法参与市场的博弈。二是快加工，快销售，快回笼资金，对加工企业而言只有快销售才能规避风险。纺织业纺多少买多少，也是应对高价的一个临时性策略。三是打击炒作、抢购和囤积居奇，打击流通环节的跟风涨价，以及掺杂使假和“黑棉花”等违法行为。

六、植棉意向有望扩大，但不确定因素增加

新棉高开高走，的确有利棉农增收，虽然单产下降，但因籽棉售价提高 2～3元/斤，增收 800～1 000 元/亩。在效益大增的利好驱动下，大多棉农有扩大植棉的愿望，然而随着农资和人工成本的大幅上涨，加上管理繁琐，也给扩大植棉意向蒙上了一层厚厚的阴影。

中国棉花生产景气报告 NO：230 出版日期 2010 11 27

2010年全国棉花品种监测报告

——播种品种（系）569个，增95个，增幅20.0%

毛树春 冯 璐

一、品种（系）数量增加

（一）全国种植品种（系）569个

监测结果显示，2010年全国棉花播种品种（含没有审定的品系、组合、材料、代号和不知名等，后同）569个（表6-24、表6-25图6-3），同比增95个，增幅20.0%。

常规棉153个，减17个，减幅12.5%；占品种数的23.9%，减4.5个百分点，占播种面积的61.5%，增0.9个百分点。

杂交种236个，增49个，增幅26.2%；占品种数的41.5%，增2.1个百分点；占播种面积的16.9%，增3.0个百分点。预计面积1 250万亩，连续2年少于2 000万亩，比2007年高峰时3 529万亩减少64.6%。全国杂交种播种面积自2005年突破2 000万亩至2 551万亩，2006年2 896万亩，2008年2 874万亩，持续4年，2009年下降到1 188万亩。

Bt棉153个（指通过安全性评价、允许环境释放的、以Bt棉名义审定的，即合法棉），增39个，增幅34.2%；占播种面积的33.8%，减4.3个百分点。其中，美育Bt棉3个，占Bt棉播种面积的0.8%，减1.6个百分点。国产Bt棉占绝对主导地位，具有抗虫性的品种181个，增9个，占播种面积的67.1%，同比减1.9个百分点。

优质专用棉11个，占品种数的1.9%；增1个，减0.2%；占播种面积的2.4%，减0.3个百分点，面积170万亩。据分析，受价格回升的拉动，海岛（长绒）棉（绒长35毫米以上）种植面积恢复较多，预计120万亩，另有高比强（断裂比强度35克力/特克斯）、彩色棉和低酚棉等50万亩。值得指出的是，通过长期选育，含有海岛棉基因的陆地棉杂交种在洞庭湖试种表现产量高、品质好的优异特性，经检测，纤维长度32.0～34.8毫米，断裂比强度

32.3～34.2克力/特克斯，马克隆值3.74～4.0，其产量达到陆×陆杂交种水平，这在我国棉花栽培史具有重大意义。

其他（含代号、不知名品系、高代材料、自选自留和亲本等）167个，增42个，增33.6%；占品种数的29.3%，增3个百分点；占播种面积7.0%，减12.9个百分点。

（二）区域

长江品种（系）287个品种，增47个，增19.6%。黄河241个，增50个，增26.2%。西北110个，增11个，增11.1%（表6-24、图6-3）。

表6-24　2010年棉花不同类型品种（系）排序

品种（系）类型	占品种数的%	占播种面积的%	前30名品种（系），按占播种面积的多少排序
常规棉153个	23.9	61.5	中棉所41、冀棉958、新陆早33号、新陆中35号、中棉所43、新陆中36号、新陆早26号、新陆早36号、中棉所49、鲁棉研28、710、博陆早1号、华棉3号、新陆中26号、新陆早48、晋棉38号、邯棉333、中棉所35、新陆中21号、新陆早42号、邯棉103、苏棉22号、新陆早38号、鲁棉21、7886、新陆早12号、新陆中27号、新陆中30号、鲁棉研23、新陆早26号
杂交种236个	41.5	16.9	鄂杂棉11号、鄂杂棉10号、湘丰棉3号、石杂、赣杂棉8号、鲁棉研25、湘杂棉5号、鲁棉研15、皖棉14号、岱杂1号、鄂杂棉1号、湘杂棉3号、中棉所48、荆杂288、瑞杂816、荆杂棉142、丰杂棉8号、湘杂棉10号、冀杂2号、亚华10号、赣杂棉1号、丰抗棉1号、创杂21、鄂杂棉14号、冀杂1号、懒汉棉、苏杂6号、赣杂棉108、创杂28、皖杂40、中棉所63
Bt棉（含Bt杂交种）153个	23.9	33.8	中棉所41、冀棉958、鲁棉研28、晋棉38、中棉所57、邯棉103、国欣3号、鲁棉研28、鄂杂棉10号、冀棉616、鄂杂棉26号、泗杂3号、中棉所63、鲁棉研31、鲁棉研24、鲁棉研23、鄂杂棉29号、鲁棉研39、鲁棉研33、鲁棉研34、湘杂棉14号、荆杂88、冀棉228、鲁棉研29、中植棉2号、鲁棉研38、鲁棉研36、国欣棉8号、冀棉298、鲁棉研35
优质专用棉11个	1.9	2.4	科棉6号、新海31、新海17、新海21、新海20、新海28、科棉4号、科棉3号、新海28、冀棉25、科棉7号

（续）

品种（系）类型	占品种数的%	占播种面积的%	前 30 名品种（系），按占播种面积的多少排序
其他棉 167 个	29.3	7.0	银抗 09-1、81-3、293、冀丰 908、垦 62、703、锦棉 7 号、密禾 4 号、818、918、密禾 2 号、密禾 3 号、29-8、H903、庆丰 1 号、瑞丰 1 号、ZM-2、炮台 3 号、大桃棉、惠祥 1 号、植金 6 号、小黄、K8、合信 1 号、硕棉 1 号、金垦 1 号、塔棉 206、H31、CD80、雪中王
其中：37 个优势品种	6.5	68.9	中棉所 41、冀棉 958、新陆早 33、新陆中 35、中棉所 43、新陆中 36 号、新陆早 26 号、新陆早 36 号、中棉所 49、鲁棉研 28、银抗 09-1、81-3、710、博陆早 1 号、邯棉 193、新陆早 42 号、华棉 3 号、中 289、293、冀丰 908、科棉 6 号、新海 31、新陆中 26 号、ZGK9708、新陆早 48 号、晋棉 38 号、中棉所 57、703、锦棉 7 号、鄂杂棉 10 号、鄂杂棉 11 号、湘丰棉 3 号、邯棉 333、中棉所 35、新陆中 21 号、密禾 4 号、邯棉 103
其中：美育 Bt 棉 3 个	0.6	0.82	岱杂 1 号、岱杂 2 号、DP99B

（三）优势品种（组合、系）37 个，占全国播种面积的 68.9%，减 0.9 个百分点

2010 年占全国播种面积 0.5%以上（面积 37.3 万亩以上）的品种（组合、系）37 个，依次是：中棉所 41 占 11.0%，冀棉 958 占 7.9%，新陆早 33 号占 4.8%，新陆中 35 号占 4.0%，中棉所 43 占 2.9%，新陆中 36 号占 2.9%，新陆早 26 号占 2.8%，新陆早 36 号占 2.1%，中棉所 49 占 1.9%，鲁棉研 28 占 1.8%，银抗 09-1 占 1.7%，81-3 占 1.6%，710 占 1.5%，博陆早 1 号占 1.5%，邯棉 193 占 1.4%，新陆早 42 号占 1.4%，华棉 3 号占 1.3%，中 289 占 1.3%，293 占 1.1%，冀丰 908 占 1.0，科棉 6 号占 1.0%，新海 31 占 1.0%，新陆中 26 号占 1.0%，ZGK9708 占 0.9%，新陆早 48 号占 0.9%，晋棉 38 号占 0.9%，中棉所 57 占 0.8%，703 占 0.8%，锦棉 7 号占 0.7%，鄂杂棉 10 号占 0.7%，鄂杂棉 11 号占 0.7%，湘丰棉 3 号占 0.7%，邯 333 占 0.7%，中棉所 35 占 0.6%，新陆中 21 号占 0.6%，密禾 4 号占 0.5%，邯棉 103 占 0.5%。

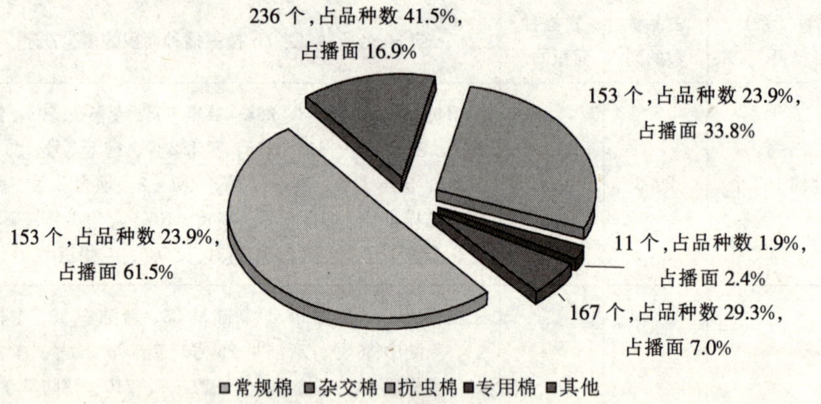

图 6-3 2010 年全国不同品种类型构成

表 6-25 2010 年全国棉花播种品种（系）类型

单位：个

项 目	总数	其 中				
		常规种	杂交种	Bt 棉	优质专用	其他
2009 年	475	135	191	114	10	125
2010 年	569	153	236	153	11	167
2010 年长江流域	287	24	195	80	6	59
黄河流域	241	94	56	93	1	76
西北内陆	110	50	20	25	5	35
特早熟	9	7	1	2	0	1

二、棉花种子技术水平有所下降，市场化进程因补贴出现新变化

（一）种子技术水平

监测显示（表 6-26），2010 年棉花生产使用毛子占总用种量的 7.2%，增 0.7 个百分点；光子占 19.8%，减 1.5 个百分点；包衣子占 73.0%，增 0.8 个百分点；光子和包衣子占 92.8%，减 0.7 个百分点。其毛子比例的增加反映种子技术水平有所下降。

表6-26 2010年棉花种子技术

单位：%

项 目	毛子		光子		包衣子	
	2009	2010年	2009	2010年	2009	2010年
全国	6.5	7.2	21.3	19.8	72.2	73.0
长江流域	1.4	0.3	2.6	6.1	96.0	93.6
黄河流域	14.0	17.8	24.7	18.5	61.3	63.7
西北内陆	0.0	0.0	29.2	31.0	70.8	69.0

包衣子占三大产区的主导地位。长江毛子、光子、包衣子所占的比重比较稳定，分别为0.3%、6.1%、93.6%，本流域包衣子占绝对地位，表明种子商业化程度为全国最高水平。黄河棉花生产用种毛子比重增3.8个百分点；光子比重减少，占18.5%，减6.2个百分点；包衣子为63.7%，增2.4个百分点。西北毛子为0；光子为31.0%，增1.8个百分点；包衣子为69.0%，减1.8个百分点。

（二）种子市场化程度

监测显示（表6-27），农民自留种子占9.1%，减少3.6个百分点，反映全国种子市场化水平的提高。统一供种占34.0%，下降13.5个百分点，农民市场购买占56.8%，上升17.0个百分点。分析原因，2010年良种棉补贴全覆盖，除湖南、兵团和新疆地方大部对种子进行补贴以外，长江大部和黄河全部补贴资金直接发放给农户，故全国统一供种的比例大幅下降。

表6-27 2010年棉花种子市场化水平

单位：%

项 目	自留种		统一供种		市场购买	
	2009	2010年	2009	2010年	2009年	2010年
全国	12.7	9.1	47.5	34.0	39.8	56.8
长江流域	1.0	3.0	12.9	14.8	86.0	82.2
黄河流域	21.9	21.1	49.6	6.6	28.5	72.3
西北内陆	8.2	0.0	68.0	78.8	23.7	21.2

三、杂交棉制种面积继续减少

监测结果，2010年全国杂交棉制种面积约7万亩，比2009年8万亩减

12.5%。预计杂交种子单产基本持平为 95 千克/亩，毛子产量 6 650 吨，也减 12.5%。分析杂交制种面积减少的主要原因：一是人工制种费用大幅大涨。在内地制种日工资上涨至每日 40 元，40 天制种期，每亩每日需 3 人，需人工费用 4 800 元/亩，制种田毛种子单产 90 千克，分摊人工费用 53 元/千克。在新疆日工资 100 元，制种期 30 天，每亩每日需 3 人，需人工费用 9 000元/亩，制种田毛子产量 150 千克/亩，分摊人工费用 60 元/千克。由于人工成本的大幅上涨，人工去雄制种遭遇成本增长的严峻挑战。幸好，"三系"（不育系、保持系和恢复系）制种面积有所扩大，据了解，2010 年"邯杂 301"三系制种面积约 5 000 亩，占 7.1%。二是杂交种价格没有随着人工成本的上涨增加，特别是假冒种子的冲击，F_1 种子价格处于劣势，生产经营杂交种没有多少盈利。

此外，新疆生产建设兵团取消制种指令计划，2010 年制种面积减少 80%至 1 000 亩。

四、2010 年美国棉花品种数量减少

据美国农业部 9 月发布的报告，2010 年全美种植陆地棉品种 114 个（另有 10 个海岛棉品种），比 2009 年减 11 个，减 8.8%。2010 年美国陆地棉面积扩大 43.0%至 6 540 万亩。全美陆地棉占播种面积 0.5%以上（面积 23 万亩以上）的品种 43 个，增 11 个，合占陆地棉播种面积的 90.4%，增 2.6 个百分点。其中以 FM9058F 的面积最大，占 10.36%；其次为 PHY375WRF，占市场份额的 7.86%；第三为 FM9160 B2F，占市场份额的 5.53%（表 6-28)。

据监测报告，陆地棉转基因品种占播种面积的 95.9%，减 2.3 个百分点。在 17 个产棉州中有 14 个州占 97%以上，3 个州——得克萨斯、新墨西哥和加利福尼亚州分别占 93.4%、89.4%和 84.0 外，可见全美棉花种植品种基本实现转基因化。

据监测报告，2010 年美国皮马（海岛棉）棉播种面积增 47.8%为 127 万亩，种植品种 10 个，其中福字棉（Phytogen）面积最大，岱字棉（Deltapine）次之。主要品种是 PHY 805RF、PHY800 和 DP340，面积分别占 58.1%、12.7%和 12.5%。

2010 年全美有 11 家种子公司经营棉种（表 6-28、表 6-29)，其中 4 家公司占市场份额的 87.9%。第一是 Bayer Crop Science - Fibermax 公司，占市场份额的 39.0%，同比增 4.5 个百分点。第二是 Deltapine 公司，占市场份额

表 6-28　2010年美国陆地棉棉花品种归类及应用面积比重

棉种公司名称	经营品种占播种面积比重（%）		经营品种数量（个）	
	2009年	2010年	2009年	2010年
Bayer Crop Science - Fibermax	34.5	39.0	32	22
Deltapine	39.3	25.6	24	29
Phytogen	7.2	12.1	11	14
Bayer Crop Science - Stoneville	11.5	11.2	11	7
Americot	3.2	6.18	14	13
All - Tex	1.8	2.66	15	13
Dyna - Gro	1.2	1.54	5	5
MISC	0.7	0.81	1	1
Cropland Genetics	0.2	0.76	5	5
Seed Source Genetics	—	0.11	—	4
Bayer Crop Science - AFD	0.4	—	4	—
Paymaster	—	—	—	—
Bronco	0.1	—	3	—
Concho	—	0.02	—	1

的25.6%，同比减少13.7个百分点，该公司首次退出棉种市场的霸主地位。第三位是Phytogen公司，占市场份额的12.1%，同比增4.9个百分点。第四是Bayer Crop Science - Stoneville，占市场份额的11.2%，同比略减0.3个百分点。

表 6-29　2010年美国最大品种名称及其面积、比例与主要分布区

品种名称/经营公司	面积（万亩）	比例（%）	主要分布地区
FM 9058 F/Bayer CropScience - FiberMax	677.5	10.36	得克萨斯州
PHY 375 WRF/Phytogen	514.0	7.86	田纳西州、新墨西哥州和弗吉尼亚州

（续）

品种名称/经营公司	面积（万亩）	比例（%）	主要分布地区
FM 9160 B2F/Bayer CropScience - FiberMax	361.7	5.53	得克萨斯州
FM 9063 B2F/Bayer CropScience - FiberMax	309.3	4.73	得克萨斯州、俄克拉何马州
DP 555 BG/RR/Deltapine	281.2	4.30	佛罗里达州、佐治亚州、路易斯安那州和阿拉巴马州
FM 1740 B2F/Bayer CropScience - FiberMax	271.4	4.15	俄克拉何马州、亚利桑那州和佐治亚州
FM 9180 B2F/Bayer CropScience - FiberMax	240.7	3.68	得克萨斯州和堪萨斯州
DP 0912 B2RF/Deltapine	239.4	3.66	密苏里州、亚利桑那州和田纳西州
DP 0949 B2RF/Deltapine	210.6	3.22	南卡罗来纳州、佛罗里达、路易斯安那和阿拉巴马州
FM 9170 B2F/Bayer CropScience - FiberMax	181.2	2.77	得克萨斯州和亚利桑那州
DP 0935 B2RF/Deltapine	178.5	2.73	南卡罗来纳州、阿拉巴马州、俄克拉何马州和亚利桑那州
ST 4288 B2F/Bayer CropScience - Stoneville	168.7	2.58	密苏里州、亚利桑那州和阿拉巴马州
ST 5458 B2F/Bayer CropScience - Stoneville	157.0	2.40	密苏里州和亚利桑那州

五、讨论和建议

（一）优势品种地位未提升多少

据监测结果，2010 年中棉所 41 占播种面积的比例高达 11.0%，面积接近 800 万亩。同时，一些优势科研机构系列品种比例有所减少（表 6 - 30）。如监测到的 4 个品种系列占全国播种面积从 2009 年的 34.4%降低到 2010 年的

31.2%。其中：中棉所系列品种减少1个至30个，占全国播种面积的18.5%，同比减5.4个百分点。鲁棉研系列品种增3个至16个，占全国播种面积的7.8%，同比增0.3个百分点。邯郸系列品种增3个至16个，占全国播种面积的3.5%，同比增2.2个百分点。湘杂棉系列组合增1个至19个，占播种面积的比例下降0.3个百分点为1.4%。

表6-30　4个系列品种占面积的比例

系　　列	2009年		2010年	
	品种数（个）	占面积比例之和（%）	品种数（个）	占面积比例之和（%）
中棉所系列	30	23.9	29	18.5
鲁棉研（山东棉花中心）系列	20	7.5	25	7.8
邯字（农科院）系列	13	1.3	16	3.5
湘杂棉（湖南棉花所）系列	18	1.7	19	1.4
4个系列品种之和	81	34.4	89	29.1

（二）品种审定数量继续减少，一些大省从源头上控制值得赞赏

品种审定过多过乱是源头。虽然2010年全国棉花品种审定数量继续保持高位态势，但审定数量有所减少。然而，全国棉花种植的品种仍呈多乱杂状态。全国审定品种同比减19个至94个（表6-31），减幅16.8%，其中国审品种9个，减幅60.9%。值得肯定的是，湖北和江苏两个大省近2年仅审1～2个，这种源头控制值得赞赏。大省之中河南继续保持最多的数量。

表6-31　近4年全国棉花品种审定数

单位：个

年　份	合计	国审	地方审定															
			川	湘	鄂	赣	皖	苏	浙	冀	鲁	豫	晋	秦	津	疆	甘	辽
2009	113	23	3	14	1	2	7	2	0	7	8	17	3	4	0	16	4	2
2010	97	9	5	6	2	1	11	2	0	11	12	19	4	1	5	6	3	

注：国家和地方重复审定计1个，省与省之间的重复审定也只计1个，但在应用区域和面积上有差异。先省审再国审区域扩大算一个，区域不变算一个。2010年新陆早49同时国审和省审只计1个。

（三）加快老品种退出

必须强调，国家对农业转基因生物安全评价增加了有效期限规定，限定使用年限为5～6年，品种介绍应写明。有的在审定之前就允许释放，审定之后的寿命最多只有5年。只要加强监管，必将加快过时品种的退出，减少源头上的多乱杂。

中国棉花生产景气报告NO：231　　出版日期 2010 12 05

2010年全国棉花栽培技术监测报告

毛树春　冯　璐

一、栽培技术

（一）普及促早化技术

全国棉花生产继续采用“不栽就盖”和“不盖就栽”技术。监测结果显示，全国育苗移栽（含营养钵、基质、穴盘和水浮等）占播种面积的27.9%（表6-32），同比增4.1个百分点。地膜覆盖占68.0%，同比减2.4个百分点。既栽（育苗移栽）又盖（地膜覆盖）之和占面积的95.9%，增1.7个百分点。大田直播占4.2%，同比减1.6个百分点。在地膜覆盖中，常规地膜覆盖占41.9%，减3.4个百分点；宽膜覆盖占22.5%，增2.6个百分点；双膜棉（育苗移栽加地膜覆盖）占3.5%，减1.7个百分点。分析表明，宽膜覆盖比例的增加与大田直播棉比例的减少揭示棉花生产投入的增加，还因2010年春季低温以及2009年植棉收益增加相关。

表6-32　2010年促早化栽培技术水平

单位：%

年　份	育苗移栽	地膜覆盖				大田直播
		小计	常规地膜覆盖	宽膜覆盖	双膜棉	
2009	23.8	70.4	45.3	19.9	5.2	5.8
2010	27.9	68.0	41.9	22.5	3.5	4.2
长江流域	87.9	9.8	8.2	—	1.7	2.2
黄河流域	14.8	76.1	68.3	—	7.8	9.1
西北内陆	—	100.0	35.9	64.1	0	0

进一步分析，长江以常规育苗移栽为主，占面积的87.9%，增2.8个百分点；常规地膜覆盖占8.2%，减0.6个百分点。双膜棉占1.7%，减0.4个百分点。长江中下游直播棉减1.8个百分点（表6-32）。黄河育苗移栽占14.8%，增6.0个百分点；地膜覆盖占76.1%，减8.1个百分点，其中常规

地膜覆盖减5.2个百分点，双膜棉减2.9个百分点，这可能与杂交棉种植面积减少有关；直播占9.1%，增2.1个百分点。西北地膜覆盖占面积的100%，其中常规地膜覆盖占35.9%，增1.3个百分点；宽膜覆盖占64.1%，增2.8个百分点。

（二）收获密度减少，主要受气候影响

密度与成铃数是单产构成的关键要素。监测结果显示，2010年全国棉花密度有所减少，收获密度5 268株/亩，减44株/亩，减0.8%（表6-33）。其中：长江1 475株/亩，与2009年持平。黄河3 162株/亩，增16株/亩，增0.5%。西北收获密度13 017株/亩，减391株/亩，减2.9%。

针对春季低温晚播，播种和定植留苗密度增12.9%。然而，由于生长季节灾害频发，危害重，渍涝和病害加重，导致死苗增加，致使收获密度仍减少。此外，西北补种、出苗因长势参差不齐，整齐度下降，空株率增加，也是减产原因之一。

表6-33　2010年全国棉花收获密度和单株成铃（平均数±标准差）

全国与区域	年	收获密度（株/亩）	成铃（个/株）	成铃（个/亩）
全国	2009	5 312±2 025	11.4±3.8	60 557
	2010	5 268±3 412	10.2±6.0	53 734
长江流域	2009	1 475±473	31.6±7.0	46 610
	2010	1 475±1 003	30.4±7.1	44 840
黄河流域	2009	3 146±1 104	16.9±4.3	53 167
	2010	3 162±1 368	14.5±4.5	45 849
西北内陆	2009	13 408±4 396	5.5±1.1	73 744
	2010	13 017±3 790	5.2±2.0	67 688

注：±为标准差。

（三）单株成铃减少

监测结果显示（表6-33），2010年全国成铃数10.2个/株，减1.2个，减10.5%。三大产区单株成铃：长江30.4个/株，减1.2个，减3.8%。黄河14.5个/株，减2.4个，减14.2%。西北5.2个/株，减0.3个，减5.5%。

（四）减产构成要素分析

由于单株成铃和收获密度的减少，单位面积成铃数53 734个/亩，减6 820个/亩，减幅11.3%。

烂铃是2010年减产的另一重要原因。监测结果，全国平均烂铃2.3个/株，烂铃率22.5%，同比增6.9个百分点，其中长江烂铃4.1个/株，比率为13.5%，同比增5.3个百分点。黄河烂铃4.8个/株，比率高达33.1%，同比增17.7个百分点，是黄河流域烂铃改变了全国棉花产量的方向，即经历8月上旬的增产到8月下旬的平产再到9月减产加大的过程，烂铃程度是新世纪以来最重的一年。

2010年中国棉花生长指数84，表明棉花长势差于2009年一成半，预计减产15%以上，产量性状与生长指数相吻合。

二、复种指数和种植模式

（一）复种指数

复种指数是指全年总收获面积占耕地面积的百分率。监测显示（表6-34），2010年棉田复种指数为144%，同比减6个百分点，三大流域都减少。全国一熟制棉田占播种面积的57.6%，增2.2个百分点，面积4 276万亩；两熟制占播种面积的40.8%，减1.7个百分点，面积3 036万亩；多熟（三熟、四熟以上）占播种面积的1.6%，减0.5个百分点，面积122万亩。各流域复种指数，长江191%，减1个百分点，即本流域棉田两熟和多熟面积减40万亩。黄河140%，减6个百分点，主要是麦茬移栽棉和麦棉套面积减少。西北为116%，减6个百分点，本流域棉田中棉间作枣、杏和葡萄等果树的面积继续增加但棉田间套茴香因低温而减少。

表6-34　2010年种植制度调查

项　目	复种指数（%）	所占比重（%）			占全国面积比重（%）			折面积（万亩）		
		一熟	两熟	多熟	一熟	两熟	多熟	一熟	两熟	多熟
2009年										
全国	150	55.4	42.5	2.1	55.4	42.6	2.1	4 123	3 167	154
长江流域	192	11.5	84.6	3.9	2.6	19.5	0.9	202	1 449	59
黄河流域	146	58.0	39.2	2.8	24.9	16.7	1.2	1 204	1 904	78
西北内陆	122	81.4	18.6	0	27.8	6.3	偶见	2 238	304	2.2
辽河流域	102	82.5	27.3	0	偶见	偶见	0	1.7	1.9	0

（续）

项　目	复种指数（%）	所占比重（%）			占全国面积比重（%）			折面积（万亩）		
		一熟	两熟	多熟	一熟	两熟	多熟	一熟	两熟	多熟
2010年										
全国	144	57.6	40.8	1.6	66.2	32.5	1.3	4 276	3 026	122
长江流域	191	9.6	89.8	0.6	2.4	22.4	0.1	179	1 664	11
黄河流域	140	62.8	34.7	2.5	25.0	13.8	1.0	1 852	1 026	74
西北内陆	116	81.7	16.9	1.4	28.7	5.9	0.5	2 132	441	37
辽河流域	100	100	0	0	0.1	0.0	0.0	8	0	0

（二）种植模式

一是棉田套种（栽）模式占两熟面积的88.8%（表6-35），面积2 685万亩。其中：麦棉套种（栽）占两熟面积的15.2%，主要分布于长江和黄河流域，其中湖北麦棉套占其两熟面积的38.2%，在河南麦棉套占其两熟面积的38.0%，在鲁西南，占两熟面积的20.1%。多种瓜类与棉花间套作占两熟面积的10.5%，各地都有分布。油套棉占两熟面积的7.0%，主要分布于长江流域。蒜或葱套种（栽）棉占两熟面积的13.4%，主要分布于黄河，集中在济宁、菏泽和徐州等。南疆果棉间作发展很快，面积500多万亩，大部果树业已长大，棉田逐步退出。二是棉田连作复种占种植面积的11.2%，面积340万亩。主要模式：长江油后棉占31.0%，已成为主要模式；小麦收获后移栽或直播棉花占两熟面积的3.1%，主要分布于南襄盆地，黄淮平原也有一些。

表6-35　2010年全国棉田两熟种植模式比重

单位：%

项目		面积	油棉套	油后	麦棉套	麦后	蒜棉	葱棉	瓜棉	果棉间作	其他	种植模式	
												套作	连作
全国	2009年	100	7.9	9.1	19.5	1.9	15.5	0.5	17.5	6.6	21.5	89.0	11.0
	2010年	100	7.0	8.1	15.2	3.1	13.2	0.2	10.5	12.5	30.2	88.8	11.2
长江流域		100	23.0	31.0	23.8	11.8	5.8	0.6	1.7	0.1	2.1	57.2	42.8
黄河流域		100	3.2	0.9	16.4	0.5	29.4	0.0	19.9	0.5	29.1	98.6	1.4
西北内陆		100	—	—	7.7	—	—	—	6.1	35.0	51.2	100.0	0

注：①西北内陆两熟种植“其他”项目指孜然和棉花套种。

②肥棉指绿肥与棉花间作，绿肥翻压作为肥料，2007—2010年均未监测到。

中国棉花生产景气报告 NO：235　　发布日期 2011 01 06

2010 年全国棉花生产成本、产值和收益监测报告

——产值 2 433.2 元/亩，增 46.7%；收益 1 190.6 元/亩，增 589.1 元/亩，创新高

毛树春　冯　璐

一、2010 年全国棉花主产品产值增 46.7%，收益增 535.2 元/亩，均创新高；且三大产区之间的差异有所缩减

全国样本籽棉产量 2010 年 223.7 千克/亩，同比减 14.6%。三大流域产量，长江 208.0 千克/亩，减 2.8%。黄河 197.6 千克/亩，减 15.9%。西北 261.5 千克/亩，同比减 18.4%（表 6－36）。

全国棉花主产品产值 2010 年 2 433.2 元/亩，增 774.2 元/亩，增 46.7%。三大流域产值，长江 2 362.4 元/亩，增 1 031.9 元/亩，77.6%。黄河 2 227.9 元/亩，增 669.3 元/亩，增 42.9%。西北 2 698.0 元/亩，增 727.7 元/亩，增 36.9%。

全国棉花主产品收益 2010 年 1 190.6 元/亩，增 589.1 元/亩，增幅 97.9%。三大流域收益，长江 1 134.1 元/亩，增 758.1 元/亩。黄河 1 209.0 元/亩，增 507.7 元/亩。西北 1 206.1 元/亩，增 572.1 元/亩。长江流域收益增幅最大为 211.5%。

监测结果，2010 年全国有 77.0%的样本农户获得补贴，增 4 个百分点，补贴资金 16.5 元/亩，减 0.7 元/亩，减 4.0%。其中良种棉 15 元/亩补贴全覆盖。三大流域补贴：长江 23.5 元/亩，黄河 18.4 元/亩，西北 10.2 元/亩。

二、2010 年全国棉花减产增收主因简析

（一）籽棉售价大幅上涨是增收的直接原因

分析 2010 年增收 589.1 元/亩的主因是籽棉售价大幅上涨 75.4%。

（二）成本增加源自“双上涨”

1. 总成本上涨 17.5%。2010 年全国棉花生产总成本继续千元高位，为 1 242.6元/亩，增 185.1 元/亩，增幅 17.5%（表 6-36）。在总成本中，物化成本占 44.6%为 554.5 元/亩（图 6-4）；人工费用占 45.1%为 560.8 元/亩；固定成本占 4.7%为 58.9 元/亩；间接费用占 5.5%为 68.5 元/亩。

2. 物化成本上涨 13.5%。2010 年物化成本 560.8 元/亩，增 66.0 元/亩，增 13.5%，占上涨部分的 35.6%。进一步分析，肥料增 32.6 元/亩，增 18.6%。机械作业费增 8.8 元/亩，增 14.1%。灌排费增 20.5 元/亩，增 22.4%。农药和除草剂增 14.6 元/亩，增 22.3%。地膜增 7.2 元/亩，减 31.8%。育苗移栽物化费增 6.1 元/亩，增 123.7%。“化调”增 2.1 元/亩，增 72.4%。种子费增 1.8 元/亩，增 5.1%。

关于肥料部分：复合肥增 9.8 元/亩，增 19.1%；二铵增 5.5 元/亩，增 16.9%；钾肥增 2.0 元/亩，增 8.9%；尿素增 0.3 元/亩，增 1.2%。此外，有机肥、叶面肥、硝铵、碳铵等减 18.5 元/亩，减 34.6%，因后期天气雨水，叶面肥施用减少最多。

“价涨量增”是物化成本上涨的直因。监测结果，地膜涨价 9.1%，复合肥涨价 12.5%，种子涨价 1.4%，尿素和钾肥基本持平，磷酸二铵降价 18.3%。由于春季强寒潮侵袭和持续低温，重播和补播面积大，新疆双膜覆盖面积大，因而种子和地膜用量各增 3.7%和 20.8%。尿素用量略增 0.3 千克/亩，增 1.2%；钾肥用量增 1.5 千克/亩，增 23.0%；过磷酸钙减 4.3 千克/亩，减幅 51.6%；二铵用量增 3.9 千克/亩，增 43.2%，复合肥用量增 1.3 千克/亩，增 5.9%（图 6-4）。

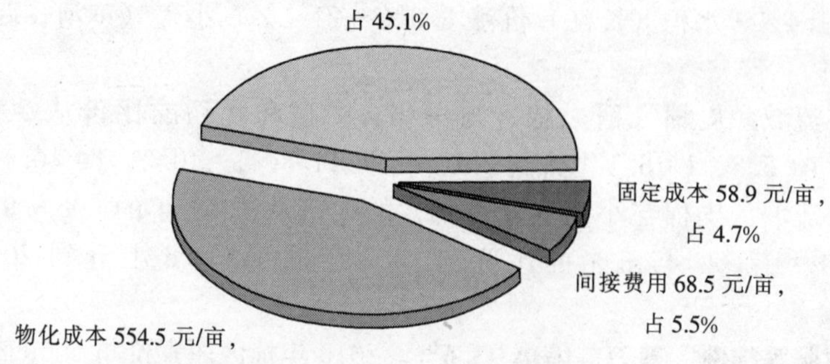

图 6-4　2010 年棉花生产总成本（1 246.2 元/亩）构成

3. 人工费用上涨 21.7%。 2010 年人工费用上涨至 560.8 元/亩（表 6-36），增 100.0 元/亩，增 21.7%，占总成本上涨部分的 54.0%。其中自用工占 75.8%，雇工占 24.2%。用工量 14.7～17.2 个/亩，减 1.5 个工/亩，用工作价从 2009 年的 25.8 元/工提高至 38.2 元/工，提高 48.8%。由于用工作价的上涨高于用工数量的减少使得人工费用增加。

在人工费用中，有 61.1%的样本农户发生雇工行为，雇工费 177.8 元/亩，占人工费用的 31.7%，雇工农户比例同比增 0.4 个百分点；雇工单价 43.5 元/日，雇工费增 53.7 元/亩，增 43.3%。监测结果，由于烂铃增加和晚熟，收获难度加大，收摘数量减少，加上籽棉湿度大，全国籽棉收摘费用都上涨到 1.2～1.3 元/千克。

三大区域，西北内陆雇工数 13～14 个/亩，长江和黄河各 2～3 个/亩。主要用于播种、管理和收获。

4. 固定成本减少。 2010 年棉花生产的固定成本 58.9 元/亩，减 13.4 元/亩，减 18.5%，占上涨部分的－7.2%。

5. 间接费用增加。 2010 年棉花生产的间接费用 68.5 元/亩，增 32.6 元/亩，增 90.6%，占上涨部分的 17.6%。包括地租、排灌公共费和籽棉出售的运输费等，其中地租约占一半。

6. 三大流域总成本都上涨。 长江 1 228.3 元/亩，增 273.8 元/亩，增 28.7%。黄河 1 018.9 元/亩，增 161.7 元/亩，增 18.9%。西北 1 491.9 元/亩，增 155.5 元/亩，增 11.6%。

(三) 主产区“粮涨棉涨”，“肥涨棉涨”剪刀差缩小，对农产品和棉花相对有利

1. “粮涨棉涨”粮棉比价缩小 50%～78.8%。 监测结果，2010 年新棉价格上涨 71.4%，水稻（长江）价涨 8.9%～21.1%，小麦（黄河、西北）价涨 11.1%。

长江流域：皮棉（稻∶棉）与早稻、中稻和晚稻的比价从 2009 年的 1∶6.5、1∶5.8、1∶6.1 上升到 2010 年 1∶11.8、1∶10.5、1∶10.1。

黄河流域：皮棉与小麦（麦∶棉）的比价从 2009 年的 1∶6.9 上升到 2010 年 1∶11.6。与玉米的比价从 2009 年的 1∶8.5 上升到 2010 年的 1∶12.3。

2. “肥跌棉涨”剪刀差缩小 93.6%。 2010 年棉区尿素价与 2009 年基本持平。棉花与尿素（肥∶棉）比价：长江从 2009 年的 1∶6.3 飙升到 1∶12.2；黄河从 2009 年的 1∶6.5 飙升到 1∶11.6；西北从 2009 年的 1∶5.8 飙升

到1∶12.2。

3. 粮棉与棉肥的价差大幅缩小，对棉花有利，棉花已从比价竞争转向技术和服务上来。据中国棉花生产预警监测结果，与2009年度相比，粮棉比价的价差缩小50%～78.8%，棉肥比价的价差缩小93.6%。据分析，当棉价上升高位以后，粮棉竞争已从比价转向技术和服务。

（四）每千克皮棉成本15.5元，涨38.2%

按样本皮棉产量83.2千克/亩计，每千克皮棉成本15.5元，比2009年11.2元/千克增4.3元/千克，增38.2%。三大流域每千克皮棉成本，长江15.5元，涨28.7%；黄河15.3元，涨58.8%；西北15.7元，涨42.6%。

三、关于2011年滑准税“基数”建议

2010年棉花生产物化费用上涨66.0元/亩，按样本皮棉产量83.3千克/亩计，相当于每千克皮棉涨0.79元，即皮棉成本增790元/吨。为了缩小国内价差，建议2011年配额外进口棉滑准税率基数不变，或税率不低于5.0%。

表6-36　2010年棉花生产成本、主产品产值和收益比较

项目	年份	全国	长江流域	黄河流域	西北内陆
籽棉产量（千克/亩）	2009	261.9	214.1	234.8	320.6
	2010	223.7	208.0	197.6	261.5
籽棉产量2010年比2009年减（%）		−14.6	−2.8	−15.9	−18.4
皮棉产量（千克/亩）	2009	98.8	78.1	89.2	121.8
	2010	83.3	75.8	73.3	98.8
皮棉产量2010年比2009年增（%）		−15.6	−2.9	−17.8	−18.9
籽棉售价（元/千克）	2009	6.24	6.27	6.45	6.09
	2010	10.94	11.36	11.27	10.32
籽棉售价2010年比2009年增（%）		75.4	81.1	74.8	69.4
主产品产值（元/亩）	2009	1 659.0	1 330.4	1 558.6	1 970.3
	2010	2 433.2	2 362.4	2 227.9	2 698.0
产值2010年比2009年增（%）		46.7	77.6	42.9	36.9
总成本（元/亩）	2009	1 057.5	954.5	857.2	1 336.3
	2010	1 242.6	1 191.3	1 117.5	1 549.3
总成本2010年比2009年增（%）		17.5	24.8	30.4	15.9

（续）

项目	年份	全国	长江流域	黄河流域	西北内陆
其中物质投入（元/亩）	2009	488.5	335.5	452.8	621.6
	2010	554.5	428.9	468.6	724.4
物质投入2010年比09年增减（%）		13.5	27.8	3.5	16.5
其中人工投入（元/亩）	2009	460.8	592.7	340.7	508.2
	2010	560.8	689.0	539.5	607.1
人工投入2010年比2009年增减（%）		21.7	16.2	58.4	19.5
其中固定成本（元/亩）	2009	72.3	14.1	23.3	160.8
	2010	58.9	21.8	28.9	115.9
固定成本2010年比2009年增减（%）		−18.5	54.5	24.1	−27.9
其中间接成本（元/亩）	2009	35.9	12.2	40.5	45.7
	2010	68.5	88.6	79.3	44.4
间接成本2010年比2009年增减（%）		90.6	626.5	95.9	−2.8
收益（元/亩）	2009	601.5	376.0	701.4	634.0
	2010	1 190.6	1 171.1	1 110.4	1 148.6
收益2010年比2009年增（%）		97.9	211.5	58.3	81.2
千克皮棉成本	2009	11.2	12.2	9.6	11.0
	2010	14.9	15.7	15.2	15.7
千克皮棉成本2010年比2009年增减（%）		33.2	28.7	58.8	42.6
样本农户补贴比例（%）	2009	73.0	81.0	68.4	72.3
	2010	77.0	79.9	73.1	76.6
样本农户补贴资金（元/亩）	2009	15.8	18.0	15.0	19.0
	2010	16.5	23.5	18.4	10.2

数据来自：中国棉花生产监测预警数据。

中国棉花生产景气报告 NO：237　　　　**发布日期 2010 01 08**

2011年棉价仍呈高位运行态势，能否理性回落？

毛树春 冯 璐

我国是全球棉花生产大国、消费大国和进口大国。棉花产量占全球的28%；棉纺消费1 350万吨，占全球的55%；棉花进口200多万吨，占全球进口量的三成多。棉花是加入世界贸易组织以来，国内外关联度最高的一个大宗农产品。2010年国内棉价创32 000元/吨的历史新高，国际价格也飙升到186美分/磅的高水平（相当于人民币25 195元/吨）。受全球通胀通缩影响，2011年棉价仍呈高位运行态势，能否理性回落？

一、2010年棉价一路走高

从国际看，以2010年度回升为标准，全球棉价结束了长达30年的低位时代。以1999/2000年度美国CPI为基期比较发现，新世纪头十年Cotlook A指数为51.4美分/磅，比20世纪90年代下降了36.2%；90年代又比80年代又下降了31.9%；80年代又比70年代下降37.1%。尽管2010年12月22日Cotlook A指数上涨到186美分/磅，但仍没有达到20世纪70年代188.0美分/磅的最高水平。从国内看，随着劳动力、土地和物化成本的不断上涨，未来植棉成本将在高位上不断上涨，加上原棉短缺，未来棉价将在高位上运行。

新近研究指出，2010年国内外货币市场呈现通胀通缩走向（图6-5）。中国棉花价格指数（CC Index）9月、10月和11月的当前价格分别比1月上涨28.1%、66.6%和91.5%，而与1月的基期价格相比增减幅度分别为-3.4%、-3.8%和2.9%，表现出严重的通货膨胀。分析上涨原因有国内通货膨胀、国内成本推动上涨和国际性输入，测算三者分别约占38.4%、38.4%和23.1%，可见价格上涨约占76.8%的比例为国内因素推动。国际上，以1月美国CPI为基期比较，Cotlook A指数的当前和基期的走势基本一致，表现出严重的通货紧缩现象。

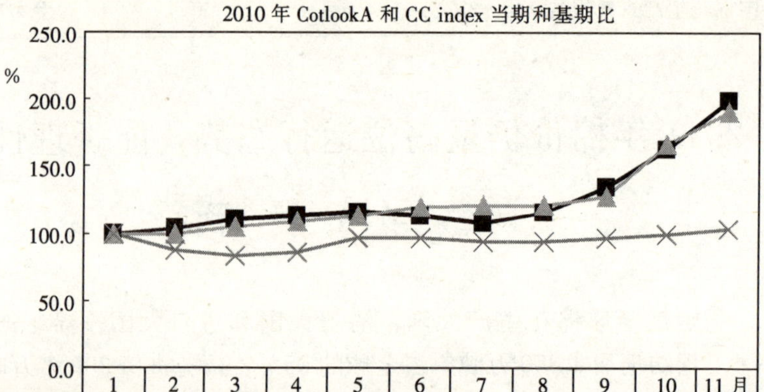

	1	2	3	4	5	6	7	8	9	10	11 月
A 指数当期比	100.0	103.4	110.9	114.0	116.4	113.6	108.7	116.1	135.3	163.5	200.9
A 指数基期比	100.0	103.4	110.4	113.3	115.6	112.9	108.1	115.3	134.3	162.0	199.0
CCIndex 当期比	100.0	99.8	104.2	109.0	113.3	119.8	120.9	121.4	128.1	166.6	191.4
CCIndex 基期比	100.0	87.7	83.4	86.3	96.2	96.2	93.9	94.2	96.6	99.6	102.9

图 6-5　2010 年国内外棉价当前和基期比（%）

二、2011 年棉价走势

2011 年新棉价格走向仍受国内外通胀通缩、产量和天气的影响，归纳起来为“五看”：

一看流动性收缩。国家加大收缩流动性是否取得应有的成效，2010 年国家提高人民币一年期准备金利率 6 次，旨在收缩流动性，然而从房地产来看成效不大。2011 年国家实行稳健的货币政策。如果紧缩银根、压低通胀的调整措施到位，CPI 控制在 4%以内，除掉部分泡沫，新棉价格下行的可能性加大，按 2010 年 10—12 月 CC Index 均价 26 809 元/吨，测算回落 25%为 20 107元/吨，回落 20%为 21 447 元/吨，回落 15%为 22 788 元/吨，即新棉稳定合理预期价格将在 20 000～22 800 元/吨之间。

二看成本上涨。我国棉花生产成本早已攀高到千元的高水平。2007 年生产成本涨 13.6%为 1 005.1 元/亩，2008 年上涨 14.3%为 1 149.0 元/亩，2009 年减 9.6%仍在（1 038.6 元/亩）千元水平上。2010 年上涨 17.5%为 1 242.6元/亩。受资源短缺、石油化学品、劳动力成本上涨和土地升值等的推动，未来成本将在高位上不断上涨，不支持棉价大幅下降。

三看棉花总产。2010 年度全球棉花总产 2 400 万～2 500 万吨，10 月之后美国农业部、国际棉花咨询委员会和英国展望公司纷纷调减，实际总产低于预期。2010年国内总产因天气原因减产三位数。2011年国内面积要扩大一些，但不会太多，其产量要到9月初才见分晓。

四看国际性输入。美国从2010年11月起执行“量化宽松”政策，增发6 000亿美元将延至2011年5月以后，全球流动性因此大幅增加，外部推动价格上涨的压力加大。预计2011年8月前的通货膨胀仍将推高全球棉价，8—9月以后即2011年度国际新棉价格将回落，但仍在高位。如果价格接轨，国内价格仍将高位，回落幅度小。由于石油、铁矿石、铜以及大豆和食用植物油等均以美元计价，这些原材料价格的上涨也将进一步推高国内价格。

五看棉粮预见性。受2010/2011年度全球谷物减产2%和食品价格高涨的影响，尽管国际棉价大幅上扬，但植棉面积不一定扩大很多，同时总产还受单产影响，而单产对天气变化的反映敏感。由于气候异常，自然灾害频发，粮棉生产的预见性大大减低，棉花的稀缺性增强，短缺仍将推动价格上涨。

此外还有投机炒作因素，棉花产值在国内粮棉油大宗农产品中不算很大。像2010年全国籽棉产量约1 675万吨，按吨价万元计，产值约1 600多亿元，由于分期收获和上市，投入200亿元即可在市场上掀起巨浪，因此棉价存在炒作推高的可能性。

需要说明地的是，通胀和炒作推高起点价格，对农产品有利，对农民增收有利，对农业发展有利，不失为转移资金和分享改革成果的一种方法，具有均衡和普惠特点。

此外，全球大宗农产品贸易格局出现的新变化，受减产影响，一些粮棉出口国（俄罗斯、乌克兰、巴基斯坦等）变为进口国，这让市场始料不及，我国应有准备和预案。

中国棉花生产景气报告NO：238　　出版日期 2011 1 12

12月棉花采收、交售和价格监测报告

——收获基本完成，交售进度缓慢，价格小幅走低，仍有两成籽棉在棉农家中

毛树春　冯　璐

一、籽棉采收完毕

2010年12月15日，全国籽棉采收进度为97.1%，同比持平。其中长江采收进度97.0%，同比慢0.7个百分点；黄河采收进度98.1%，同比快2.4个百分点，西北采收进度94.4%，同比慢4.0个百分点（表6-37）。截至2010年12月31日，全国三大流域的采收全部结束。

二、交售进度缓慢，部分地区停滞，惜售现象严重，农户尚有存棉约20%

12月15日，全国籽棉交售进度为78.2%，同比慢1.8个百分点，减缓2.2%。三大产区，长江交售进度为83.8%，同比慢7.0个百分点，减缓7.7%；黄河交售进度为60.7%，同比慢4.5个百分点，减缓6.9%；西北交售进度为93.3%，同比快0.9个百分点（表6-38）。

12月31日，全国籽棉交售进度为81.5%，同比慢12.6个百分点，减缓13.4%。三大产区，长江交售进度为85.1%，同比慢10.2个百分点；黄河交售进度为66.9%，同比快22.5个百分点；西北交售进度为99.8%，同比慢4.2个百分点（表6-38）。

分析原因：由于棉花大幅减产，加上通货膨胀，棉农心理预期价格较高，加之自开秤到11月初棉价一路飙升，更拉高了农民的期望。然而11月中下旬回落，虽然棉价仍处高位，但这种下滑现象本身无疑使棉农不满，惜售严重，交售缓慢甚至停滞。

三、12月籽棉售价回落，但仍处于高位

12月15日，全国籽棉售价为10.73元/千克，同比增60.2%（表6-39）。长江、黄河和西北籽棉售价分别为10.95元/千克、11.39元/千克和9.83元/千克，同比各增60.5%、55.1%和62.6%。

12月31日，全国籽棉售价为10.59元/千克，同比增63.8%（表6-39），环比下降1.2%。长江、黄河和西北籽棉售价分别为10.66元/千克、11.21元/千克和9.85元/千克，同比各增61.2%、69.2%和59.9%，环比分别下降2.7%、1.5%和0.3%。

9—12月籽棉加权均售价10.94元/千克（表6-40），同比涨73.4%，占籽棉总量的78.2%。

四、市场对调控反应强烈，后市仍看好

郑州商品交易所2011年3月合约从11月的28 470元/吨下降到12月的27 495元/吨，降幅3.4%；2011年1月上旬28 478元/吨，比12月下旬均价略降1.7%。

纽约期货2011年3月合约结算价从11月128.4美分/磅上涨到12月的141.05美分/磅，涨幅12.2%，2011年1月上旬142.7美分/磅，比12月下旬降幅3.7%。

国内外现货高位平稳运行。CC Index从11月均价28 590元/吨下降到12月的27 074元/吨，降幅5.3%。2011年1月上旬27 610元/吨比12月下旬27 430元/吨略涨0.6%，但内地市场出售和收购基本停止。Cotlook A指数从11月的155.47美分/磅上升到12月168.22美分/磅，涨幅8.2%。2011年1月上旬171.12美分/磅比12月下旬降3.5%。

五、植棉意向有望扩大，后市转冷，销售清淡有不利影响

自11月下旬以来，国内市场由热转冷，由抢购转为清淡，籽棉售价从6～7元/斤下降到12月的5.0～5.5元/斤，降幅20%。进入1月基本处于停止状态，销售不畅。至12月底，农户储棉还有两成多，其中长江中游和华北农户还有30%～40%，都是3、4级优质籽棉，期望价格回升。分析形成清淡原

因：一是早期惜售；二是收购加工和纺织企业对市场存有观望等待情绪；三是1月国家一次发放进口棉配额260万吨。

总体上，2011年植棉面积会有所回升。在高价利好驱动下，大多棉农有扩大植棉的愿望，今冬种子销售早，价格回升幅度大，形势看好。然而，后市冷淡和价格下降也对意向产生不利影响。

表6-37　2010年12月31日全国及三大流域棉花采收进度

单位:%

项　目	9月		10月		11月		12月15日		12月31日	
	2009年	2010年	2009年	2010年	2009年	2010年	2009年	2010年	2009年	2010年
全国	37.2	32.1	86.9	77.3	98.8	96.2	97.1	97.1	97.9	99.8
长江流域	42.5	26.6	81.8	71.1	98.4	94.9	97.7	97.0	99.2	99.0
黄河流域	43.9	41.2	90.5	88.6	99.3	98.6	95.7	98.1	95.7	100.0
西北内陆	26.1	19.1	85.6	68.9	98.4	94.4	98.4	94.4	99.0	99.8

表6-38　2010年12月31日全国及三大流域棉花交售进度

单位:%

项　目	9月		10月		11月		12月15日		12月31日	
	2009年	2010年	2009年	2010年	2009年	2010年	2009年	2010年	2009年	2010年
全国	10.0	8.3	48.3	46.0	71.0	71.9	80.0	78.2	94.2	81.5
长江流域	14.8	8.1	55.3	54.5	80.2	79.9	90.8	83.8	95.3	85.1
黄河流域	6.8	3.9	31.9	31.6	53.7	57.3	65.2	60.7	89.4	66.9
西北内陆	11.0	13.2	65.5	56.4	82.8	82.6	92.4	93.3	95.6	99.8

表6-39　2010年12月31日全国及三大流域籽棉售价

单位：元/千克

项　目	9/30		10/31		11/30		12/15		12/31	
	2009年	2010年	2009年	2010年	2009年	2010年	2009年	2010年	2009年	2010年
全国	6.34	10.98	6.34	10.98	6.58	10.69	6.47	10.73	6.47	10.59
长江流域	6.46	10.82	6.46	10.82	6.58	10.71	6.63	10.95	6.61	10.66
黄河流域	6.30	10.73	6.30	10.73	6.84	11.30	6.61	11.39	6.63	11.21
西北内陆	6.32	11.38	6.32	11.38	6.25	9.98	6.15	9.83	6.16	9.85
其中兵团	6.32	9.83	6.32	9.83	6.58	10.69	6.15	9.33	6.16	9.32

注：因二次结算，9—12月全国均价不含新疆生产建设兵团。

表 6－40　2007—2010 年 9—12 月平均籽棉价格

单位：元/千克

项　　目	2007 年	2008 年	2009 年	2010 年	同比涨（%）
全国	6.03	4.67	6.31	10.94	73.4
长江流域	5.94	4.59	6.27	10.73	71.1
黄河流域	6.17	4.75	6.42	11.23	74.9
西北内陆	5.82	4.93	6.09	10.76	76.7

中国棉花生产景气报告 NO：239　　出版日期 2010 12 27

全国棉花工厂化育苗和机械化移栽新技术经验交流会议召开

毛树春　韩迎春

为了表彰新典型、总结新情况、交流新经验、明确新任务和实现新发展，“全国棉花工厂化育苗和机械化移栽（简称‘两化’）新技术”经验交流表彰会于12月26日在中国农业科学院棉花研究所举行（图6-6）。与会150多位代表来自湘、鄂、皖、赣、苏、冀、鲁、豫、津、晋、秦等产棉省市农业部门、推广机构、公司、大户和专家学者。会议表彰和奖励了2009—2010年棉花“两化”推广应用取得突出成效的单位、基地和植棉大户代表。交流新技术推广应用和基质综合种苗基地经验，总结了应用新技术创棉花高产超高产、两熟北移和棉麦双高产技术。

图6-6　12月26日，全国棉花工厂化育苗和机械化移栽经验交流会在中棉所召开

棉花工厂化育苗和机械化移栽是现代农业技术，其核心技术是基质育苗（裸苗）移栽。在“十五”国家科技攻关重大项目、农业科技成果转化、“十一五”行业（农业）科研专项和国家棉花产业技术体系等项目资助下，中棉所研

制无土育苗基质、促根剂、保叶剂和移栽机具等一系列专利产品和技术规程，具有苗床成苗率高、移栽成活率高、高产高效和省种省工省力等“三高五省”效果，是一项轻简化的植棉新技术。

一、用“两化”高新技术，推进棉花轻简化种植

国家棉花产业技术体系首席科学家、中棉所喻树迅所长出席会议并讲话（图6－7）。他对各位代表积极推广应用新技术取得的成绩表示衷心感谢，对应用基质育苗技术创立综合种苗基地发展形成的通用技术给予充分肯定，对应用“两化”新技术推进耕作制度改革，两熟北移两纬度以及创高产取得的新进展给予高度评价。喻树迅指出，轻简化、机械化和组织化是棉花的根本出路。比较粮食作物，棉花移栽和收获机械化的需求极为紧迫。明年农业部在9省市建立9个万亩轻简化育苗示范区，科研机构、产业技术体系要全力积极配合，在“千斤棉”创建中加强工厂化育苗和机械化移栽等高新技术的集成应用。

图6－7　国家棉花产业技术体系首席科学家、中棉所所长喻树迅研究员出席会议并讲话

王坤波副所长做总结发言，会议开得很成功，典型经验可资借鉴。基质育苗的核心技术成熟，工厂化和移栽机械化等现代技术发展。王坤波提出抓好明年工作要求：一要提高认识。90年代抗虫棉刚推广时的争议很大，反对声不断，经过5～6年推广已基本普及。“两化”是棉花栽培史上的革命性技术，是

今后 10 年的重大关键技术，从科技推广进入政府主推阶段，要抓住机遇，做出样板，看到新希望。二要积极行动。做好规划，制定方案，着手工作。三要作为中棉所关键重大技术来抓，科技处要做好规划，栽培室全力投入抓好。

湖北省农业厅周明炎、湖南省农业厅吴若云、江苏省作物栽培指导站史伟、山东省棉花技术指导站周建国、河北省农业厅王旗和天津市农业局吴占风等棉花主管发言。

二、表彰一批“两化”推广成绩突出的单位和个人

1. 奖给湖南省常德市科农农业物资有限公司陈志军，颁奖词：依靠科技稳步推进洞庭湖“两化”应用，集成轻简化育苗、创高产超高产的工作成绩突出。

2. 奖给湖北省黄梅县农业局黎青局长，颁奖词：发挥政府主导作用，连续 6 年致力于推进轻简化育苗转化成现实生产力，取得的成绩显著。

3. 奖给江西省九江市种子管理局谢国强，颁奖词：在比较中选择了基质育苗移栽，在抓好常规应用的同时引入抗洪救灾，在科技兴棉和 2010 年科技抗洪救灾方面的成效显著。

4. 奖给安徽宇顺种业有限责任公司，颁奖词：连续 6 年致力于规模化基质育苗的开发，推进安徽沿江两岸的应用，成绩显著。

5. 奖给江苏省盐城德忠种业公司，颁奖词：基质综合种苗基地从 2009 年的一个增加到 2010 年的 5 个，一个公司多个基地年育苗率先突破 4 300 万株，移栽 2 万多亩，公司也获得了相应利润，在利用高新技术推进植棉现代化方面做出了积极的探索。

6. 奖给河南省南阳秋阳棉业技术开发有限公司王立明，颁奖词：打造基质综合种苗基地，培育棉花、烟草、蔬菜和花卉幼苗，在综合种苗开发，降低基质规模化育苗、管理、移栽成本方面有创新性。

7. 奖给山东省润丰种业有限公司周凤礼，颁奖词：依托轻简化育苗移栽，推进蒜棉两熟双高产高效方面取得成效。

8. 奖给河北省邱县众鑫农业种植专业合作社王振国，颁奖词：依托合作组织的优势，大力推进基质规模化育苗，开发麦茬移栽棉双高产方面做出了显著成绩。

9. 奖给天津市武清区农业技术推广中心刘万华，颁奖词：应用基质育苗移栽新方法，试验示范麦茬移栽棉，在推进两熟北移两个维度方面做出的突出

成绩。

10. 奖给陕西省蒲城县农业技术推广中心韩普民，颁奖词：开发基质综合种苗基地，在推进由卖种到卖苗转变方面做出突出成绩。

11. 奖给山西省农科院棉花所杨苏龙，颁奖词：培育植棉大户应用基质育苗移栽新技术，在培训和服务方面做出突出成绩（图6-8）。

图6-8　12月26日，大会表彰2009—2010年“两化”推广应用的先进单位和个人代表

三、经验交流和技术培训

5位代表分别绍了基质综合种苗基地、基质棉、机栽棉创高产和麦茬移栽棉双高产，以及推广应用取得的新经验和新模式。天津市武清区农技中心刘万华推广研究员介绍了两熟北移两纬度取得一熟改两熟的成功经验：一是棉花裸苗移栽成活率达到95%以上；二是实现棉麦双高产，籽棉200千克（皮棉90千克）/亩，春小麦350千克/亩，棉花基本不减产，熟性有保证。三是机械移栽成为可能。四是麦棉两熟生产区域成功北移2个纬度。

河北省邯郸市农业局暴常青局长发言，邯郸市在做好万亩育苗移栽示范的基础上，用3年时间推进全市100万亩麦茬移栽棉双高产工程，中棉所的试验研究和天津的示范经验很受启发，值得借鉴。全市选定基质育苗作为主推技术，同时引进和生产移栽机。

湖北省黄梅县农业局介绍了明年万亩示范区的规划和实施方案，采取集中和分散结合，选好乡村组，实行整村示范；选定品种，成立实施队伍，风险控制，开展培训和指导。

会议还举行了培训。中棉所副研究员韩迎春系统讲解了第二代基质育苗移栽技术和产品。湖北省农科院、国家棉花产业技术体系岗位专家别墅介绍了利用基质育苗移栽创高产、移栽棉田除草剂安全使用技术。江苏南通福来威公司介绍了油菜移栽机的功能（图 6－9）。

图 6－9 全国棉花工厂化育苗和机械化移栽经验交流会代表参观移栽机

四、2011 年工作

国家棉花产业技术体系、中棉所栽培室研究室主任、新技术首席专家毛树春研究员讲解规模化育苗移栽组织管理经验，风险防范和控制，部署了明年的工作。毛树春指出，实现棉花科技成果转化，发展现代植棉业，要加快对公益性服务公司（企业）、协会、农民合作组织和植棉大户的培育和扶持。明年 9 个万亩示范片，中棉所栽培室认真参与计划制定，提供技术支持和帮助，积极开展培训和巡回指导，赠送一批技术资料、光盘和彩色挂图。

继续抓好基质综合种苗基地 10 个，每个基地育苗 500 万株，移栽 2 000～3 000 亩；抓植棉大户 200 家，每家自用百十亩，辐射带动几百亩。相应首席科学家号召，用高新技术创棉花超高产，推进两熟北移和棉麦双高产。以点带面，扩大应用，转化成现实生产力。

附　　录

附表 1　2010 年中国棉花生长指数（CCGI）

项　目	年均		5 月		6 月		7 月		8 月		9 月	
	2009	2010	2009	2010	2009	2010	2009	2010	2009	2010	2009	2010
全国	103	84	127	62	95	85	94	90	102	94	96	91
四川	95	73	103	66	91	72	93	66	96	67	111	96
湖南	98	91	92	91	81	93	87	83	101	87	114	102
湖北	99	74	129	78	89	75	72	73	86	63	116	83
安徽	103	81	83	81	96	81	106	67	94	74	118	100
江西	107	75	97	80	107	74	99	53	89	65	121	104
江苏	103	91	110	78	93	82	118	76	123	101	91	118
河南	106	90	118	85	96	93	106	110	106	78	91	82
河北	93	92	130	76	84	90	94	92	124	107	99	95
山东	110	82	100	46	84	82	117	106	92	96	73	80
山西	100	81	128	62	109	80	103	82	112	95	98	86
陕西	103	90	95	74	98	87	114	91	87	103	104	93
天津	111	83	121	53	98	79	94	86	93	115	111	80
新疆	104	83	146	51	101	88	94	75	83	104	122	95
南疆	104	85	166	71	100	87	93	71	82	104	80	93
北疆	102	79	167	28	101	89	93	79	81	104	80	96
甘肃	107	73	161	0	103	92	96	91	78	85	73	98
辽宁和吉林	89	83	180	37	97	88	86	97	82	93	89	100

附表 2　2010 年中国棉花价格指数（CC Index）

单位：人民币元/吨

月	2008 年	2009 年	2010 年
1	13 622	11 067	14 932
2	13 714	11 214	14 905

（续）

月	2008年	2009年	2010年
3	13 834	11 564	15 561
4	13 804	12 322	16 283
5	13 806	12 771	16 925
6	13 856	12 774	17 894
7	13 769	12 984	18 333
8	13 585	13 136	18 124
9	13 177	13 040	19 328
10	12 322	13 655	24 871
11	10 830	14 310	28 590
12	10 845	14 806	27 035
年均	13 097	12 804	19 398

注：数据来自中国棉花信息网。

附表3　2010年Cotlook A指数

单位：美分/磅

月	2009	2010
	Cotlook A（FE）	Cotlook A（FE）
1	57.70	77.39
2	55.21	80.05
3	51.50	85.80
4	56.78	88.25
5	62.08	90.07
6	61.39	93.04
7	64.80	84.16
8	64.26	90.52
9	64.07	104.73
10	66.82	126.55
11	71.78	155.47
12	76.78	168.22
年均	62.76	103.67

注：数据来自中国棉花信息网每日数据计算结果。FE指远东。

附表4　2009年中国棉花播种面积、总产和单产

单位：千公顷，万吨，千克/公顷

项　目	2008			2009		
	播种面积	总产	单产	播种面积	总产	单产
全国	5754	749.2	1 302	4 952	637.7	1 288
四川	18.5	1.6	865	16.2	1.5	917
湖南	183.0	24.7	1 350	152.6	21.2	1 389
湖北	543.0	51.3	945	460.1	48.1	1 044
安徽	390.1	36.3	931	351.7	34.6	984
江西	66.6	11.2	1 682	75.5	12.5	1 657
江苏	300.5	32.6	1 085	252.3	25.5	1 012
上海	1.5	0.3	2 000	1.3	0.3	1 983
浙江	20.3	2.8	1 379	20.1	2.8	1 397
河南	606.0	65.1	1 074	537.3	51.7	963
河北	690.0	73.7	1 068	620.0	60.5	975
山东	888.3	104.1	1 172	800.4	92.1	1 151
山西	89.1	10.7	1 201	73.3	8.4	1 146
陕西	85.1	10.1	1 187	61.8	8.6	1 388
天津	69.2	8.3	1 199	55.6	7.1	1 275
北京	1.2	0.1	833	0.6	0.1	1 278
新疆	1 718.6	307.6	1 761	1 409.3	252.4	1 791
甘肃	72.7	12.3	1 692	55.7	9.5	1 714
辽宁	1.4	0.2	1 429	0.9	0.1	1 099

注：数据来自国家统计局《中国统计年鉴2010》。

附表5　2010年原棉、棉纱和棉布进出口资料

单位：万吨，亿美元

项　目	原棉				棉纱线				棉机织物（亿米）			
	出口		进口		出口		进口		出口		进口	
	数量	金额	数量	金额	数量	金额	数量	金额	数量	金额	数量	金额
2009年	0.82	0.18	152.7	21.1	53.8	18.2	103.1	23.5	65.5	85.1	9.3	17.1
2010年	0.65	0.09	284.5	56.6	52.5	22.5	111.2	32.1	78.8	113.9	8.6	17.3

注：数据来源于中国《海关统计》。

附表6　2010年全国和主要省（市、区）原棉进口数量和金额

省　份	进口量（万吨）				进口金额（亿美元）			
	2009年	2010年	占2010年比重（%）	比2009年增减（%）	2009年	2010年	占2010年比重（%）	比2009年增减（%）
全国	152.7	283.9	100	85.9	21.14	56.6	100	167.6
山东	79.0	109.1	38.4	38.1	8.72	21.4	37.8	94.8
江苏	26.1	59.1	20.8	126.8	4.49	11.8	20.8	228.6
上海	12.5	23.4	8.3	88.2	1.76	4.6	8.1	165.9
北京	7.3	7.1	2.5	−2.2	1.49	1.4	2.4	245.0
广东	6.2	12.8	4.5	106.9	1.15	2.5	4.3	182.1
浙江	5.0	17.4	6.1	246.2	0.71	3.5	6.2	269.3
河南	2.9	4.8	1.7	65.5	0.69	0.9	1.6	30.4
湖北	2.9	7.5	2.7	156.8	0.41	1.5	2.6	275.7
天津	2.9	6.6	2.3	126.7	0.24	1.3	2.2	358.5
河北	1.9	10.5	3.7	455.0	0.24	2.1	3.7	420.5
新疆	0.8	11.4	4.0	1 325.0	0.13	2.8	4.9	2 053.8
其他	6.0	18.9	6.7	215.8	1.25	3.9	6.9	350.1
前10位合计	146.7	264.9	93.3	80.6	19.9	52.6	93.1	159.7

注：数据来自《海关统计》快报数。

附表7　2009—2010年全国和主要省（市、区）棉纱产量

单位：万吨

地　区	2009年	2010年
全　国	2 405.6	2 738.7
山东省	670.3	734.0
江苏省	401.9	448.0
河南省	340.5	403.6
浙江省	195.6	218.3
福建省	149.4	182.2
湖北省	158.0	167.8
河北省	105.1	121.8
江西省	62.0	79.5

（续）

地　区	2009 年	2010 年
湖南省	64.4	78.7
四川省	36.1	69.2
安徽省	48.3	57.3
广东省	48.3	45.6
新 疆	36.6	39.0
陕西省	24.7	27.0
辽宁省	17.2	15.1
重庆市	13.1	14.0
广 西	9.4	10.1
吉林省	5.7	5.8
上海市	3.8	4.9
山西省	3.8	4.4
天津市	4.3	4.0
黑龙江	1.8	2.9
内 蒙	2.0	2.1
贵州省	1.5	1.3
甘肃省	0.6	0.6
青海省	0.3	0.6
云南省	0.7	0.5
北京市	0.6	0.4
宁 夏	0.1	0.1

注：来自中国棉花信息网。

附表 8　2010 年进口原棉数量和金额前 10 位国家

国　别	进口量（万吨）		进口金额（亿美元）		数量比重（%）		金额比重（%）	
	2009	2010	2009	2010	2009	2010	2009	2010
合计	152.7	283.9	21.14	56.58	100	100	100	100
美国	63.2	100.9	8.72	20	41.4	35.5	41.3	35.3
印度	31.5	86.8	4.49	17.4	20.7	30.6	21.3	30.7
乌兹别克斯坦	14.0	34.5	1.76	6.9	9.2	12.1	8.3	12.2

（续）

国别	进口量（万吨）		进口金额（亿美元）		数量比重（%）		金额比重（%）	
	2009	2010	2009	2010	2009	2010	2009	2010
澳大利亚	10.3	20.5	1.49	4.2	6.7	7.2	7.1	7.3
布基纳法索	8.5	6.7	1.15	1.2	5.6	2.4	5.5	2.1
巴西	5.3	8.8	0.71	1.8	3.5	3.1	3.4	3.1
贝宁	5.1	3.0	0.69	0.5	3.4	1.1	3.3	1.0
喀麦隆	3.0	3.6	0.41	0.7	2.0	1.3	1.9	1.2
墨西哥	1.9	2.6	0.24	0.5	1.2	0.9	1.1	0.8
马里	1.7	2.3	0.24	0.4	1.1	0.8	1.1	0.7
巴基斯坦	1.4	2.9	0.19	0.7	0.9	1.0	0.9	1.2
其他	8.2	13.7	1.25	2.8	5.4	4.8	6.0	5.0
前10位合计	144.5	270.2	19.9	53.8	94.6	95.2	94.3	95.0

注：数据来自《海关统计》快报数。

附表9　2010年棉短绒和废棉进口数量和金额

月	棉短绒				废棉（包括废棉纱线及回收纤维）			
	进口量（万吨）		进口金额（万美元）		进口量（万吨）		进口金额（万美元）	
	2009	2010	2009	2010	2009	2010	2009	2010
合计	16.1	19.0	6 207.6	13 988.6	7.1	10.2	3 463.2	5 038.8
1	0.0	2.1	1.7	1 264.1	0.1	0.7	41.5	287.5
2	0.0	2.4	1.4	1 476.3	0.4	0.5	200.2	264.7
3	0.1	2.8	59.7	1 834.9	0.8	1.0	361.6	489.0
4	1.2	2.1	430.2	1 474.4	0.4	1.1	186.1	546.2
5	1.5	2.2	483.4	1 661.5	0.5	0.8	252.2	369.5
6	1.8	1.5	619.9	1 254.3	0.5	0.9	239.0	384.9
7	2.6	1.2	908.8	907.3	0.4	1.0	194.0	431.9
8	1.1	1.0	416.1	800.0	0.6	1.0	274.3	447.4
9	2.4	1.3	922.2	980.0	0.8	0.8	415.9	390.6
10	1.3	0.65	519.5	524.9	0.5	0.5	230.4	245.1
11	1.7	0.7	787.1	647.0	0.9	0.8	453.0	464.1
12	2.2	1.1	1 057.8	1 163.9	1.2	1.1	615.0	717.9

注：数据来自中国棉花信息网。

附表10　入世前5年，后9年（1997/1998—2010/2011年度）世界棉花产量和进出口量

项　目	产量		进口		出口		产量—出口
	数量（万吨）	比上年（%）	数量（万吨）	比上年（%）	数量（万吨）	比上年（%）	数量（万吨）
1997/98	2009	2.4	565	−9.3	582	−0.4	1 427
1998/99	1 875	−6.7	533	−5.7	512	−12	1 363
1999/00	1 915	2.1	609	14.3	592	15.6	1 323
2000/01	1 940	1.3	571	−6.2	570	−3.7	1 370
2001/02	2 149	10.8	638	11.7	635	11.4	1 514
2002/03	1 981	−7.8	656	2.8	663	4.4	1 318
2003/04	2 107	6.4	741	13.0	723	9.0	1 384
2004/05	2 644	25.5	728	−1.7	762	5.4	1 882
2005/06	2 538	−4.0	969	33.0	971	27.3	1 567
2006/07	2 656	4.6	814	−15.9	808	−16.8	1 848
2007/08	2 624	−1.2	828	1.7	837	3.6	1 787
2008/09	2 384	−9.1	639	−22.9	639	−23.6	1 745
2009/10	2 236	−6.2	733	14.7	733	14.7	1 503
2010/11	2 509	12.2	830	13.2	830	13.2	1 679
入世前5年平均	1 978		583		578		1 399
入世后9年平均	2 409	21.1	771	31	767	32.7	1 629

注：数据来自美国农业部（2011年2月数据）。

附表11　2010年新棉全国棉农籽棉采摘进度

单位:%

日期（月/日）	9/15	9/30	10/15	10/31	11/15	11/30
全国	11.8	32.1	58.6	77.3	89.3	96.2
四川	40.0	50.0	100.0	99.0	100.0	100.0
湖南	17.5	25.0	65.0	82.1	90.2	97.5
湖北	8.1	21.4	40.5	71.3	81.8	95.9
安徽	10.9	20.8	39.1	60.7	75.7	89.1
江西	13.6	20.4	32.9	53.5	87.5	96.3
江苏	11.2	40.6	71.9	79.0	99.5	97.1

（续）

日期（月/日）	9/15	9/30	10/15	10/31	11/15	11/30
河南	3.0	15.0	82.7	84.6	92.8	94.6
河北	23.9	45.0	61.0	90.7	98.4	99.7
山东	16.5	43.9	73.2	87.9	94.7	99.6
山西	18.0	45.2	73.0	92.4	99.9	99.9
陕西	18.1	48.8	82.8	97.4	99.9	99.9
天津	3.0	40.0	80.0	90.0	75.0	99.9
辽宁			99.0	99.0	99.0	99.9
新疆	3.7	18.3	55.5	67.5	84.5	94.1
甘肃	4.0	34.0	80.3	99.0	99.9	99.9

附表12　2010年新棉全国棉农籽棉交售进度

单位：%

日期（月/日）	9/15	9/30	10/15	10/31	11/15	11/30	12/15	12/31
全国	0.7	8.3	29.8	46.0	62.2	71.9	78.2	82.5
四川	0.0	2.7	35.4	87.9	95.6	100.0	99.9	99.0
湖南	2.0	8.0	30.5	53.9	83.6	92.3	97.2	99.0
湖北	0.0	8.2	21.6	60.5	75.0	81.3	87.0	81.3
安徽	3.3	13.3	26.0	38.3	49.4	61.1	68.9	75.0
江西	0.6	10.9	31.9	43.5	77.9	87.9	96.4	88.5
江苏	0.0	0.8	42.1	64.3	82.7	86.3	82.8	99.0
河南	0.2	1.0	1.2	38.6	46.9	55.1	67.0	68.5
河北	0.4	4.0	28.4	25.0	43.5	45.3	46.0	65.0
山东	0.0	4.0	14.5	32.0	50.4	59.1	60.0	61.3
山西	0.0	10.8	44.5	60.6	84.8	86.7	86.7	89.7
陕西	0.0	1.6	23.8	24.8	99.0	100.0	99.0	99.0
天津	0.0	5.0	20.0	45.0	60.0	80.0	90.0	80.0
辽宁	0.0	0.0	0.0	0.0	50.0	75.0	99.0	99.0
新疆	1.1	13.0	44.6	54.7	66.4	81.9	93.5	97.4
甘肃	0.0	10.0	74.1	97.0	99.8	99.8	99.9	99.8

附表 13　2010 年新棉全国棉农籽棉交售价格

单位：元/千克

日期（月/日）	9/15	9/30	10/15	10/31	11/15	11/30	12/15	12/31	1/31	3/31	年均价
全国	8.34	9.15	10.32	10.98	12.26	10.69	10.73	10.59	10.93	11.20	10.94
长江流域	7.60	8.53	9.62	10.82	12.30	10.71	10.95	10.66	10.94	10.65	10.73
黄河流域	9.06	9.10	9.95	10.73	12.46	11.30	11.39	11.21	11.49	11.74	11.23
西北内陆	8.35	9.93	11.24	11.38	12.02	9.98	9.83	9.85	10.62	10.94	10.76
四川		7.93	7.91	8.30	9.30	9.70	9.70	9.70	9.42	9.30	9.70
湖南		8.60	9.32	10.55	11.90	10.14	10.25	10.40	10.57	10.19	10.81
湖北		8.64	9.51	10.87	12.37	10.41	11.52	10.41	10.61	10.84	10.83
安徽	7.86	8.44	9.91	11.15	12.15	11.35	10.94	10.75	10.98	10.98	11.01
江西	7.34	9.04	9.82	10.58	12.63	10.26	10.27	11.00	11.49	11.06	10.78
江苏		9.15	9.78	10.87	11.96	11.33	10.86	11.33	11.57	11.01	11.12
河南		9.00	10.45	11.67	12.97	11.60	12.65	11.74	11.93	12.06	11.80
河北		9.50	8.46	9.99	11.15	10.97	10.71	10.97	11.21	11.52	11.32
山东		10.12	10.89	10.89	13.49	11.45	11.37	11.58	11.83	12.02	11.78
山西		7.84	9.18	10.00	10.90	10.95	10.95	10.77	10.75	11.25	10.94
陕西	9.06	8.53	9.24	10.47	11.22	11.13	11.00	11.13	10.31	10.60	10.97
天津		11.90	10.30	10.50	11.60	11.00	10.00	11.00	10.12	10.80	10.67
辽宁			10.58	11.20	11.20	10.56	11.20	10.60	10.66	10.66	10.96
新疆	8.35	9.93	10.71	11.42	12.08	9.96	9.79	9.82	10.62	10.96	10.94
甘肃		10.10	10.58	10.56	10.56	10.56	10.58	10.56	10.53	10.53	10.54

附表 14　2009 年新棉棉农籽棉交售价格

单位：元/千克

日期（月/日）	9/15	9/30	10/15	10/31	11/15	11/30	12/15	12/31	1/31	3/31	年均价
四川	5.58	5.60	6.4	6.44	6.40	6.40	6.40	6.40	6.82	6.42	6.41
湖南	5.66	5.70	5.98	6.4	6.43	6.49	6.65	6.88	6.60	6.19	6.48
湖北		5.82	5.68	6.42	6.54	6.48	6.67	6.70	5.70	6.49	6.54
安徽		5.76	6.34	6.76	6.81	6.79	6.75	6.59	6.25	6.74	6.79
江西		5.94	5.94	6.48	6.70	6.94	6.94	6.94	5.50	6.45	6.80
江苏		5.80	5.94	6.20	6.46	6.44	6.33	6.25	6.40	6.45	6.44

（续）

日期（月/日）	9/15	9/30	10/15	10/31	11/15	11/30	12/15	12/31	1/31	3/31	年均价
河南		5.60	6.24	6.50	6.93	7.01	6.96	6.97	7.00	6.99	6.95
河北	5.48	5.74	6.02	6.16	6.32	6.60	6.42	6.44	6.47	6.59	6.43
山东	5.80	6.06	6.30	6.84	6.34	7.08	7.18	7.21	7.63	6.99	6.72
山西	5.14	5.20	5.40	5.74	5.82	5.89	5.90	5.90	5.90	5.87	5.88
陕西	5.60	5.54	5.70	6.26	6.40	6.50	6.35	6.35	6.35	5.91	6.40
天津		5.50	6.50	6.80	7.00	7.00	7.00	7.00	7.00	6.71	6.80
辽宁			7.00	7.70	7.60	7.60	7.36	7.36	7.40	7.65	7.60
新疆		5.84	6.06	6.35	6.26	6.27	6.17	6.18	6.15	6.25	6.26
甘肃		5.90	6.00	5.60	5.60	5.60	5.60	5.60	5.60	5.60	5.60

名词解释及中英文缩写释义

1. 名词术语

棉花：由种子表皮细胞延伸成纤维的农作物，主产品为种子纤维，又叫棉纤维，是纺织的主要原料；棉籽富含脂肪和蛋白质，也是植物食用油脂和蛋白质的原料之一。

籽棉：带有棉籽和纤维（棉绒）的棉花。

皮棉：除去棉籽的棉纤维。

原棉：供纺织厂用作纺纱原料的皮棉。

细绒棉：即陆地棉，纤维较为细长的原棉。颜色白、洁白或乳白，纤维长度23～33毫米，细度4 500～6 400米/克，马克隆值3.6～5.6，单强2.5～2.5厘牛。

长绒棉：即海岛棉，纤维长度长、纤维细和强力好的原棉。颜色白、洁白或淡黄色，纤维长度33～40毫米，细度6 500～8 500米/克，马克隆值3.3～3.9，单强4～6厘牛。

棉短绒：用削绒机从毛棉籽表面上剥下来的残留短纤维，长度小于13～15毫米。

废棉及回收纤维：纺纱过程中的飞棉、落棉、“脚棉”以及污染棉。

优质棉：是一个学术名词。有广义和狭义之分，广义指能够满足纺织业需要的原棉，狭义指商品棉等级三级及三级以上的皮棉，又称高等级棉，还有把长绒棉、彩色棉以及高比强棉花品种也归为优质棉。

高产创建：泛指粮棉油创建高产活动，写入2009—2010年党中央、国务院一号文件，旨在通过创建促进农业发展方式的转变。棉花创建区以万亩为单位，皮棉产量长江120千克/亩，黄河100千克/亩，西北150千克/亩。由农业部组织领导于2009年创建。

“千（公）斤棉”竞赛：指棉花高产高效和环境友好；“千（公）斤棉”是双高生态棉的组成部分，是一种棉花超高产的创建活动，籽棉产量长江和黄河500千克/亩，西北1 000千克/亩的目标产量，由棉花产业技术体系于2009年发起创建。

中国棉花生产景气指数： 反映中国棉花的生产和消费的平衡状况，以及生产、消费和价格走向和走势强弱的指标，由中国农业科学院棉花研究所于 2003 年生成。

中国棉花生长指数： 表述全国棉花长势的数量指标，由中国农业科学院棉花研究所于 2003 年生成。

中国棉花价格指数： 国内 328 级棉花到纺织厂的报价，为国内棉花的现货价格。由中国棉花协会、国家发展和改革委员会价格监测中心、全国棉花交易市场于 2002 年生成，并追溯到 1999 年。

郑州棉花期货价格： 郑州期货交易所对未来某一时刻棉花价格的估计，于 2003 年生成。

Cotlook A 指数： 全球棉花现货价格，选择 15 个国家中的 5 个最便宜报价计算平均值，以美国 M 级 1－1/32 英寸（Middling1－1/32″）为标准（相当于中国 328 级），报价单位为美分/磅，由 Cotlook 公司于 60 年代生成。

Cotlook B 指数： 全球 8 个陆地棉品种折算成 SLM 级 1/32 英寸运到北欧的报价中 3 个最便宜报价的平均价，以美国 SLM 级 1－3/32 英寸为标准（相当于中国 427 级），报价单位为美分/磅，由 Cotlook 公司于 60 年代生成。

Bt 棉，转 Bt 基因抗虫棉： 是指棉花细胞染色体上整合外来的苏云金芽孢杆菌的 Bt 基因的棉花品种。

两萎病： 指棉花的枯萎病和黄萎病，属于种子带菌和土壤传播的维管束病害，是一种分布广、发生重、危害大的棉花病害。

烂场： 指收获季节多阴雨天气造成棉花和粮食在大田或在晒场发芽、烂种、霉烂变质等连续性的灾害性天气。

干热风： 亦称“干旱风”、“热干风”，是指大气温度连续高于 35℃以上，且空气湿度极小的天气，是以高温危害为主的农业气象灾害。

安家水： 幼苗移栽后进行灌溉所用的水。

报酬递减律： 指新增一个单位的投入所产生的收益的增量减少。

油后（茬）棉： 油菜收获后栽种的棉花，为晚茬棉。

麦后（茬）棉： 小麦收获后栽种的棉花，为晚茬棉。

四分： 即霜前花与霜后花、正常吐絮的好花与虫口花、僵瓣黄花和污染花，实行分收、分晒、分存与分售。

三丝： 指混入棉花中有害杂物的总称。有害杂物来自人的毛发，家畜家禽鸡鸭鹅的羽绒、猪狗猫的毛发、废地膜和化纤丝，以及有害的铁铜等硬物。

复种指数：指全年总收获面积占耕地面积的百分率。

标准级，328级：指绒长为28毫米的3级商品棉，此为我国的标准级细绒棉的商品棉。

高等级棉：指商品品级在3级及3级以上的皮棉。

期货：在未来某一时间交收的商品。

仓单：按照期货市场的质量和重量规定，运到指定仓库的用于期货交割的货物凭证。

合约：在期货市场上，将质量和重量、交收时间和地点等均事先规定好的合同。

交割：指结算过程中，投资者与证券商之间的资金结算。

一手：等于5吨。

期货仓单：每张期货仓单重量为20吨。

期货交易：是一种金融衍生品，指买卖双方事先就交易的商品数量、质量等级、交割日期、交易价格和交割地点达成协议，在约定的时间地点进行实际交割的交易。

电子撮合交易：也称现货仓单交易，实行网上集中竞价、统一撮合、统一结算、价格行情实时显示的交易方式。

滑准税：又称滑动税，是指对进口税则中的同一种商品按其市场价格标准分别制订不同价格档次的税率而征收的一种进口关税。

粘胶短纤：又称粘胶人造棉，是指长度为38毫米的再生纤维素纤维。以天然纤维素材料如木材、棉短绒、甘蔗楂和植物秸秆为原料，经过化学与机械加工制成的纤维，与棉纤维有互补和替代关系。

涤纶短纤：俗称的确良。采用精对苯二甲酸（PTA）和乙二醇（EG）为原料生产的化学纤维，其棉型短纤维长度为32～39毫米，可与棉纤维混纺，也与棉纤维有互补或替代关系。

32英支纱（3^{2^s}）：用来表示纱线的粗细，是指一磅纱的长度为32米×768米，数值越大表示纱支数越大。其纱越细。

化纤短纤：是指长度在几毫米到几十毫米的化学纤维，常见长度有102毫米、76毫米、51毫米、38毫米和5毫米。

大包（型）棉：指商品棉一个包的皮棉重量为400千克的棉包。

小包（型）棉：指商品棉一个包重量为200千克的棉包。

双结零：中国农业发展银行的一项政策规定，指本年度发放的棉花收购资金及其利息在本年度收回。

仪器化检验：指棉花品质采用先进仪器进行检验。

大容量纤维检验仪器：是国际通用的棉花分级仪器，可测试原棉长度、整齐度、伸展率等 10 余项物理特征，是先进的大容量棉花检验仪器之一。

公证检验：指专业纤检检验机构按照国家标准和技术规范，对棉花的数量和质量进行检验并出具公证检验证书的活动，被检棉花有专门标识，作为贷款、供货、储备库、用棉等多方的结算和补贴核定的凭证。由国家纤维检验局承担。

马克隆值：反映纤维成熟度和细度的一项综合指标。

比较优势：是指某一地区在经济和生产发展中所独具的或资源、或产品与有利条件。

性价比：性能价格比，是一个性能与价格之间的比例关系，具体公式：性价比＝性能/价格。

剪刀差：指工农业产品交换时，工业品价格高于价值，农产品价格低于价值所出现的差额。因用图表表示呈剪刀张开形态而得名。

农业保险：对农业生产过程中，遭受自然灾害和意外事故所造成的经济损失提供保障的一种保险。

话语权：即表达和控制舆论的权力。

国民生产总值（GDP）：一定时期内，一个国家或地区的经济中所生产出的全部最终产品和提供劳务的市场价值的总值。

“厄尔尼诺”：是西班牙语“圣婴”的音译，是指赤道太平洋中东部海洋表面温度持续异常增温的现象。

“拉尼娜”：是西班牙语“小女孩”的意思。指发生在赤道太平洋东中部海水大范围持续异常变冷的现象。拉尼拉一般出现在厄尔尼诺现象之后，是修正厄尔尼诺现象造成的气候失衡的一种自然方式。或者叫做反厄尔尼诺现象。

存款准备金率：指金融机构为保证客户提取存款和资金清算需要而准备的在中央银行的存款。中央银行要求的存款准备金占其存款总额的比例即存款准备金率。中央银行通过调整存款准备金率，可以影响金融机构的信贷扩张能力，从而间接调控货币供应量。

通货膨胀：指因货币供给大于货币实际需求，即实际购买力大于产出供给，导致货币贬值，而引起的物价持续普遍上涨现象。其实质是社会总需求大于社会总供给（供远小于求）。除货币发行供给过量导致通货膨胀以外，还有需求拉动型、成本推动型、结构性和输入型引起的通货膨胀等。

生产者物价指数或工业品出厂价格：衡量企业购买的一篮子物品和劳务的

总费用。由于企业最终要把所有费用以更高的价格转移给消费者。一般认为，生产物价指数的变动与消费物价指数的变动有紧密关联。

消费者物价指数或居民消费价格指数：衡量制造业价格变化的指数。若该指数比预期数值高时，表明有通货膨胀的风险；该指数比预期数值低时，则表明有通货紧缩的风险。

2. 相关组织、机构

中国棉花协会：由棉农及棉农合作组织，棉花生产、收购、加工、经营、仓储、棉纺织企业和棉花研究机构等涉棉企业和组织自愿组成，全国性社会团体法人资格的非营利性行业组织。成立于 2003 年，注册地北京。

全国棉花交易市场：不以营利为目的的棉花服务组织，组织交易、发现价格、规避风险和传递信息，为交易双方提供交易结算、实物交收、质量检验、储运、信息、咨询和人才培训等服务。成立于 1998 年，注册地北京。

郑州商品交易所：不以营利为目的，为棉花期货合约集中竞价交易提供场所、设施及相关服务的机构，自律性管理的法人，隶属于中国证券监督管理委员会。成立于 1990 年，注册地郑州。棉花期货交易于 2003 年 6 月正式推出。

中国棉纺织行业协会：由棉纺织行业的企事业、相关企事业单位和社会团体自愿组成的非营利性的全国性社会经济团体法人，旨在规范行业行为、维护企业权益、为政府建言献策，注册地北京。

中国储备棉管理总公司：经营管理国家储备棉的政策性中央企业，受国务院委托，负责国家储备棉的经营管理，实行自主经营、统一核算和自负盈亏。成立于 2003 年，总公司注册地北京。

中国农业科学院棉花研究所：国家级、公益性的棉花科研事业机构，独立法人。开展棉花应用和应用基础研究，负责组织和主持全国棉花技术科学研究，承担棉花科学技术的研究、示范和推广。成立于 1957 年，注册地河南安阳。

国家棉花产业技术体系：是国家现代农业技术体系的组成部分，成立于 2007 年。以国家稳定经费支持，设置首席科学家、岗位科学家和综合试验站三级，承担研究解决国家和区域重大农业（棉花）产前、产中、产后技术问题和基础性工作。国家棉花产业技术体系以中国农业科学院棉花研究所为依托，组织全国育种、栽培、植保、农机、农经、副产品加工各方面 26 位专家、25 个试验站组成，由首任首席科学家喻树迅领衔。

国际货币基金组织：为世界两大金融机构之一，职责是监察货币汇率和各国贸易情况、提供技术和资金协助，确保全球金融制度运作正常。成立于1946年，总部在美国华盛顿。

国际棉花咨询委员会：由多个作为国际商业主体的棉花生产、消费和贸易国的政府组成的机构。旨在为全球棉花提供即时的与市场相关的统计和科学技术信息。成立于1939年，总部在美国华盛顿。

美国农业部：美国联邦政府的内阁部门之一。

英国棉花展望集团公司：包括考特鲁克有限公司和利物浦棉花服务公司，向全球客户提供原棉价格的 Cotlook 指数及其仲裁服务，位于英国默西塞德，有75年以上的历史。

世界贸易组织：是一个独立于联合国的永久性国际性的贸易组织，旨在公平、公正处理各国贸易活动中所发生的争端，建立平等互利的国际贸易秩序。成立于1995年，总部设在日内瓦。

3. 常见中文缩写

中棉所：中国农业科学院棉花研究所

中棉协：中国棉花协会

郑商所：郑州商品交易所

中纤局：中国纤维检验局

中储棉公司：中国储备棉管理总公司

中农发行：中国农业发展银行

4. 常见英文缩写

CCPPI China Cotton Production Prosperity Index，中国棉花生产景气指数

CCGI China Cotton Growth Index，中国棉花生长指数

CC Index China Cotton Index ，中国棉花价格指数

GDP Gross National Product，国民生产总值

HVI High Volume Instrument，大容量纤维测定仪器

IMF International Monetary Fund，国际货币基金组织

ICAC International Cotton Advisory Committee ，国际棉花咨询委员会

USDA United States Department of Agriculture，美国农业部

WB World Bank，世界银行

WTO World Trade Organization，世界贸易组织

ZCE 郑州商品交易所

ICE 洲际交易所（原纽约期货交易所）

CPI Consumer Price Index，消费者价格指数

PPI Producer Price Index，生产者物价指数

（撰稿：毛树春，冯璐　中国农业科学院棉花研究所，国家棉花产业技术体系）

参 考 文 献

中华人民共和国国家统计局．中华人民共和国 2010 年国民经济和社会发展统计公报［N］，人民日报，2011－03－01.

中华人民共和国海关总署．海关统计［R］．2010，第 12 期．

中国棉花协会主办．会员专刊（内部刊物）［J］．2010，第 1～12 期．

中国棉花协会，全国棉花交易市场，英国 Cotlook 公司．中国棉花信息（内部刊物）［J］．2010，第 440～451 期．

中国棉麻流通经济研究会．中国棉花流通经济（内部资料）［J］．2010，第 1～6 期．

中国棉花杂志社．2010 年中国棉花产业大事记［J］．中国棉花，2011，38（1）：10.

中共中央关于制定国民经济和社会发展第十二个五年规划的建议［N］．人民日报，2010－10－28.

中共中央、国务院关于加快水利改革发展的决定［N］．人民日报，2011－1－30.

出口增长恢复元气，市场份额温故知新［N］．中国纺织报，2011－2－23.

李红梅．棉花不能承受之重［N］．中国纺织报，2011－02－28（5）．

李秀明．棉花紧缺将持续，发展纱锭须谨慎［N］．中国纺织报，2011－02－15.

陆娅楠．暴涨的棉花会压垮谁？［N］．人民日报．2010－11－15（19）．

孙维福．黄河口上中棉人［N］．农民日报，2010－11－12（6）．

陆娅楠．今年棉衣为啥贵了？［N］．人民日报，2010－11－25（18）．

王继征．大涨大跌皆令人犹［N］．中国纺织报，2010－11－30（2）．

陈洪澜．高棉价时代的生存法治［N］．中国纺织报，2011－03－04（5）．

美国农业部．http：//www.usda.gov/wps/portal/usda/usdahome，截止日期 2011 年 1 月．

刘毓湘．1995. 当代世界棉业［M］．北京：中国农业出版社．

谭砚文，关建波．全球棉花贸易 60 年（资料）［Z］．

毛树春．2010. 中国棉花景气报告 2009［M］．北京：中国农业出版社．

中国纺织工业协会．2010. 2009/2010 中国纺织工业发展报告［R］．北京：中国纺织工业出版社．

中国农业科学院棉花研究所．2009. 中国棉花品种志（1978—2007）［M］．北京：中国农业科学技术出版社．

中华人民共和国农业部．国审品种公告第 1453 号［Z］．2010/9/9.

Cotton Varieties Planted. United States 2010 Crop. Agricultural Marketing Service－Cotton Program［R］．U. S. Department of Agriculture，Memphis，Tennessee，September 2010，http：//www. ams. usda. gov.

图书在版编目（CIP）数据

中国棉花景气报告．2010 / 毛树春主编．—北京：中国农业出版社，2011.5
ISBN 978-7-109-15598-5

Ⅰ.①中…　Ⅱ.①毛…　Ⅲ.①棉花-景气指数-研究报告-中国-2010　Ⅳ.①F326.12

中国版本图书馆 CIP 数据核字（2011）第 063893 号

中国农业出版社出版
（北京市朝阳区农展馆北路 2 号）
（邮政编码 100125）
责任编辑　赵　刚

北京中兴印刷有限公司印刷　　新华书店北京发行所发行
2011 年 5 月第 1 版　　2011 年 5 月北京第 1 次印刷

开本：720mm×960mm 1/16　　印张：20　　插页：2
字数：338 千字　　印数：1～1 000 册
定价：40.00 元
（凡本版图书出现印刷、装订错误，请向出版社发行部调换）